行政复议法、行政诉讼法

关联适用全书

法规应用研究中心 ◎ 编

中国法制出版社
CHINA LEGAL PUBLISHING HOUSE

出 版 说 明

法律的生命在于实践。为了方便法官、检察官、律师等法律从业人员，法学研究和教学人员，以及社会大众能够全面、系统地学习新法或重要法律，对照相关规定，掌握重点内容，指引实务操作，我们组织编写了关联适用全书系列。

本系列图书有如下特点：

1. 基础法律的统领性。以新法或重要法律条文为主体内容，统领该领域立法。同时归纳条文主旨，突出条文要义，方便读者明确法条的规范对象。

2. 要点提示的精炼性。对重要法条或新修订之处的主要内容进行释义，旨在用简洁凝练的文字概括立法背景、立法宗旨、法条内涵，解析实务适用中的重点难点。

3. 关联规定的齐备性。将与新法或重要法律相关的法律法规、司法解释、部门规章等法律文件分条逐一列举，旨在方便读者直接对照使用，对该领域立法形成系统性知识架构。

4. 典型案例的指导性。收录与新法或重要法律相关的最高人民法院或最高人民检察院发布的指导性案例、公报案例、典型案例，旨在以案释法，为相关法律的适用和类似案件的审理提供有益参考。

由于编者水平有限，书中内容可能存在不足，敬请广大读者批评指正。如蒙提出建设性意见，我们将不胜感激。

法规应用研究中心
2023 年 9 月

目　录

中华人民共和国行政复议法

第一章　总　则

第 一 条【立法目的】……………………………………… 002
第 二 条【适用范围】……………………………………… 003
第 三 条【工作原则】……………………………………… 006
第 四 条【行政复议机关、机构及其职责】……………… 006
第 五 条【行政复议调解】………………………………… 017
第 六 条【行政复议人员】………………………………… 017
第 七 条【行政复议工作保障】…………………………… 017
第 八 条【行政复议信息化建设】………………………… 017
第 九 条【表彰和奖励】…………………………………… 018
第 十 条【行政复议与行政诉讼的衔接】………………… 018

第二章　行政复议申请

第一节　行政复议范围

第十一条【行政复议范围的一般规定】…………………… 018
第十二条【行政复议范围的排除】………………………… 026
第十三条【对规范性文件的附带审查】…………………… 032

第二节　行政复议参加人

第十四条【申请人】………………………………………… 033

第十五条【代表人】 035
第十六条【第三人】 036
第十七条【代理人】 038
第十八条【法律援助】 040
第十九条【被申请人】 041

第三节 申请的提出

第二十条【一般申请期限】 043
第二十一条【最长申请期限】 048
第二十二条【申请方式】 049
第二十三条【复议前置】 052

第四节 行政复议管辖

第二十四条【县级以上地方人民政府管辖】 056
第二十五条【国务院部门管辖】 059
第二十六条【原级行政复议决定的救济途径】 059
第二十七条【垂直领导行政机关等管辖】 060
第二十八条【司法行政部门的管辖】 061
第二十九条【行政复议与行政诉讼的选择】 061

第三章 行政复议受理

第三十条【受理条件】 062
第三十一条【申请材料补正】 068
第三十二条【部分案件的复核处理】 072
第三十三条【驳回复议申请】 072
第三十四条【复议前置后的行政诉讼】 072
第三十五条【对行政复议受理的监督】 072

第四章　行政复议审理

第一节　一般规定

第三十六条【审理程序及要求】……………………………… 074

第三十七条【审理依据】……………………………………… 075

第三十八条【提级审理】……………………………………… 075

第三十九条【复议中止】……………………………………… 075

第 四 十 条【恢复审理】……………………………………… 078

第四十一条【复议终止】……………………………………… 078

第四十二条【复议期间行政行为不停止执行及其例外】………… 081

第二节　行政复议证据

第四十三条【证据种类】……………………………………… 082

第四十四条【举证责任】……………………………………… 083

第四十五条【调查取证】……………………………………… 083

第四十六条【被申请人收集和补充证据限制】………………… 084

第四十七条【申请人等查阅、复制权利】……………………… 085

第三节　普通程序

第四十八条【被申请人书面答复】…………………………… 086

第四十九条【听取意见程序】………………………………… 090

第 五 十 条【听证情形和人员组成】………………………… 091

第五十一条【听证程序和要求】……………………………… 092

第五十二条【行政复议委员会组成和职责】…………………… 092

第四节　简易程序

第五十三条【简易程序适用情形】…………………………… 094

第五十四条【简易程序的具体要求】…………………………… 094

第五十五条【简易程序向普通程序转换】……………………… 095

第五节 行政复议附带审查

第五十六条【规范性文件审查处理】 ………………………… 095
第五十七条【行政行为依据审查处理】 ……………………… 098
第五十八条【附带审查处理程序】 …………………………… 099
第五十九条【附带审查处理结果】 …………………………… 099
第 六 十 条【接受转送机关的职责】 ………………………… 099

第五章 行政复议决定

第六十一条【行政复议决定程序】 …………………………… 100
第六十二条【行政复议审理期限】 …………………………… 100
第六十三条【变更行政行为】 ………………………………… 101
第六十四条【撤销或者部分撤销、责令重作行政行为】 …… 103
第六十五条【确认行政行为违法】 …………………………… 112
第六十六条【限期履行法定职责】 …………………………… 113
第六十七条【确认行政行为无效】 …………………………… 116
第六十八条【维持行政行为】 ………………………………… 116
第六十九条【驳回复议请求】 ………………………………… 119
第 七 十 条【被申请人不提交书面答复等情形的处理】 …… 120
第七十一条【行政协议案件处理】 …………………………… 122
第七十二条【行政复议期间赔偿请求的处理】 ……………… 122
第七十三条【行政复议调解处理】 …………………………… 126
第七十四条【行政复议和解处理】 …………………………… 126
第七十五条【行政复议决定书】 ……………………………… 127
第七十六条【行政复议意见书】 ……………………………… 127
第七十七条【复议文书的履行及不履行的后果】 …………… 128
第七十八条【行政复议决定书、调解书的强制执行】 ……… 130
第七十九条【行政复议决定书公开和文书抄告】 …………… 133

第六章　法律责任

第 八 十 条【行政复议机关不依法履职的法律责任】……… 134

第八十一条【行政复议机关工作人员法律责任】……… 137

第八十二条【被申请人不书面答复等行为的法律责任】……… 138

第八十三条【被申请人不履行有关文书的法律责任】……… 139

第八十四条【拒绝、阻扰调查取证等行为的法律责任】……… 140

第八十五条【违法事实材料移送】……… 140

第八十六条【职务违法犯罪线索移送】……… 140

第七章　附　　则

第八十七条【受理申请不收费】……… 141

第八十八条【期间计算和文书送达】……… 141

第八十九条【适用范围补充规定】……… 147

第 九 十 条【施行日期】……… 147

中华人民共和国行政诉讼法

第一章　总　　则

第 一 条【立法目的】……… 149

第 二 条【诉权】……… 150

第 三 条【行政机关负责人出庭应诉】……… 151

第 四 条【独立行使审判权】……… 161

第 五 条【以事实为根据，以法律为准绳原则】……… 161

第 六 条【合法性审查原则】……… 162

第 七 条【合议、回避、公开审判和两审终审原则】……… 163

第 八 条【法律地位平等原则】 …………………………………… 164
第 九 条【本民族语言文字原则】 ………………………………… 165
第 十 条【辩论原则】 ……………………………………………… 165
第 十一 条【法律监督原则】 ……………………………………… 166

第二章 受案范围

第 十二 条【行政诉讼受案范围】 ………………………………… 178
第 十三 条【受案范围的排除】 …………………………………… 190

第三章 管 辖

第 十四 条【基层人民法院管辖第一审行政案件】 ……………… 193
第 十五 条【中级人民法院管辖的第一审行政案件】 …………… 194
第 十六 条【高级人民法院管辖的第一审行政案件】 …………… 197
第 十七 条【最高人民法院管辖的第一审行政案件】 …………… 197
第 十八 条【一般地域管辖和法院跨行政区域管辖】 …………… 198
第 十九 条【限制人身自由行政案件的管辖】 …………………… 198
第 二十 条【不动产行政案件的管辖】 …………………………… 199
第二十一条【选择管辖】 …………………………………………… 199
第二十二条【移送管辖】 …………………………………………… 200
第二十三条【指定管辖】 …………………………………………… 201
第二十四条【管辖权转移】 ………………………………………… 202

第四章 诉讼参加人

第二十五条【原告资格】 …………………………………………… 202
第二十六条【被告资格】 …………………………………………… 217
第二十七条【共同诉讼】 …………………………………………… 223
第二十八条【代表人诉讼】 ………………………………………… 223

第二十九条【诉讼第三人】·················· 224

第 三 十 条【法定代理人】·················· 226

第三十一条【委托代理人】·················· 227

第三十二条【当事人及诉讼代理人权利】·············· 228

第五章 证 据

第三十三条【证据种类】··················· 229

第三十四条【被告举证责任】·················· 231

第三十五条【行政机关收集证据的限制】············· 235

第三十六条【被告延期提供证据和补充证据】··········· 236

第三十七条【原告可以提供证据】················ 238

第三十八条【原告举证责任】·················· 238

第三十九条【法院要求当事人提供或者补充证据】········· 242

第 四 十 条【法院调取证据】·················· 243

第四十一条【申请法院调取证据】················ 244

第四十二条【证据保全】···················· 245

第四十三条【证据适用规则】·················· 246

第六章 起诉和受理

第四十四条【行政复议与行政诉讼的关系】············ 247

第四十五条【经行政复议的起诉期限】·············· 248

第四十六条【起诉期限】····················· 250

第四十七条【行政机关不履行法定职责的起诉期限】········ 252

第四十八条【起诉期限的扣除和延长】·············· 253

第四十九条【起诉条件】····················· 254

第 五 十 条【起诉方式】···················· 258

第五十一条【登记立案】···················· 259

第五十二条【法院不立案的救济】 ………………………… 261

第五十三条【规范性文件的附带审查】 …………………… 262

第七章 审理和判决

第一节 一般规定

第五十四条【公开审理原则】 ………………………… 263

第五十五条【回避】 …………………………………… 264

第五十六条【诉讼不停止执行】 ……………………… 265

第五十七条【先予执行】 ……………………………… 267

第五十八条【拒不到庭或中途退庭的法律后果】 …… 272

第五十九条【妨害行政诉讼强制措施】 ……………… 273

第 六 十 条【调解】 …………………………………… 276

第六十一条【民事争议和行政争议交叉】 …………… 279

第六十二条【撤诉】 …………………………………… 280

第六十三条【审理依据】 ……………………………… 284

第六十四条【规范性文件审查和处理】 ……………… 285

第六十五条【裁判文书公开】 ………………………… 286

第六十六条【有关行政机关工作人员和被告的处理】 … 287

第二节 第一审普通程序

第六十七条【发送起诉状和提出答辩状】 …………… 288

第六十八条【审判组织形式】 ………………………… 289

第六十九条【驳回原告诉讼请求判决】 ……………… 290

第 七 十 条【撤销判决和重作判决】 ………………… 291

第七十一条【重作判决对被告的限制】 ……………… 292

第七十二条【履行判决】 ……………………………… 293

第七十三条【给付判决】 ……………………………… 298

第七十四条【确认违法判决】 ………………………… 299

第七十五条【确认无效判决】………………………………… 303

　　第七十六条【确认违法和无效判决的补充规定】…………… 304

　　第七十七条【变更判决】………………………………………… 305

　　第七十八条【行政协议履行及补偿判决】…………………… 306

　　第七十九条【复议决定和原行政行为一并裁判】…………… 307

　　第 八 十 条【公开宣判】………………………………………… 308

　　第八十一条【第一审审限】……………………………………… 308

 第三节　简易程序

　　第八十二条【简易程序适用情形】……………………………… 309

　　第八十三条【简易程序的审判组织形式和审限】…………… 310

　　第八十四条【简易程序与普通程序的转换】………………… 311

 第四节　第二审程序

　　第八十五条【上诉】……………………………………………… 312

　　第八十六条【二审审理方式】…………………………………… 314

　　第八十七条【二审审查范围】…………………………………… 314

　　第八十八条【二审审限】………………………………………… 315

　　第八十九条【二审裁判】………………………………………… 316

 第五节　审判监督程序

　　第 九 十 条【当事人申请再审】………………………………… 321

　　第九十一条【再审事由】………………………………………… 323

　　第九十二条【人民法院依职权再审】…………………………… 328

　　第九十三条【抗诉和检察建议】………………………………… 330

第八章　执　行

　　第九十四条【生效裁判和调解书的执行】…………………… 339

　　第九十五条【申请强制执行和执行管辖】…………………… 341

第九十六条【对行政机关拒绝履行的执行措施】 ………… 342

第九十七条【非诉执行】 ………………………………… 344

第九章　涉外行政诉讼

第九十八条【涉外行政诉讼的法律适用原则】 ………… 349

第九十九条【同等与对等原则】 ………………………… 350

第 一 百 条【中国律师代理】 …………………………… 351

第十章　附　　则

第一百零一条【适用民事诉讼法规定】 ………………… 352

第一百零二条【诉讼费用】 ……………………………… 353

第一百零三条【施行日期】 ……………………………… 355

案例索引目录

1. 毛某诉河南省某市公安局、市政府行政处罚及行政复议监督案 …… 025
2. 刘彩丽诉广东省英德市人民政府行政复议案 …………………… 107
3. 张某与某市人民政府行政复议调解检察监督案 ………………… 111
4. 糜某诉浙江省某市住房和城乡建设局、某市人民政府信息公开及行政复议检察监督案 ………………………………………… 143
5. 某连锁超市诉北京市某区市场监督管理局行政处罚决定及某区人民政府行政复议案 …………………………………………… 156
6. 某集团公司诉黑龙江省大庆市某区人民政府住房和城乡建设局行政处罚案 ……………………………………………………… 158
7. 王某某诉吉林省某市人力资源和社会保障局行政确认案 ……… 159
8. 山东省某包装公司及魏某安全生产违法行政非诉执行检察监督案 … 171
9. 湖南省某市人民检察院对市人民法院行政诉讼执行活动检察监督案 ……………………………………………………………… 174
10. 王明德诉乐山市人力资源和社会保障局工伤认定案 …………… 184
11. 罗镕荣诉吉安市物价局物价行政处理案 ………………………… 187
12. 江苏省溧阳市人民检察院督促整治网吧违规接纳未成年人行政公益诉讼案 ……………………………………………………… 208
13. 山西省检察机关督促整治浑源矿企非法开采行政公益诉讼案 … 211
14. 沙明保等诉马鞍山市花山区人民政府房屋强制拆除行政赔偿案 …… 240
15. 魏某等19人诉山西省某市发展和改革局不履行法定职责检察监督案 ……………………………………………………………… 294
16. 云南省剑川县人民检察院诉剑川县森林公安局怠于履行法定职责环境行政公益诉讼案 …………………………………… 300

17. 张道文、陶仁等诉四川省简阳市人民政府侵犯客运人力三轮车经营权案 ·· 317
18. 胡宝刚、郑伶徇私舞弊不移交刑事案件案 ·················· 326
19. 吉林省检察机关督促履行环境保护监管职责行政公益诉讼案 ········ 333
20. 湖北省某县水利局申请强制执行肖某河道违法建设处罚决定监督案 ·· 346

中华人民共和国行政复议法

（1999年4月29日第九届全国人民代表大会常务委员会第九次会议通过　根据2009年8月27日第十一届全国人民代表大会常务委员会第十次会议《关于修改部分法律的决定》第一次修正　根据2017年9月1日第十二届全国人民代表大会常务委员会第二十九次会议《关于修改〈中华人民共和国法官法〉等八部法律的决定》第二次修正　2023年9月1日第十四届全国人民代表大会常务委员会第五次会议修订　2023年9月1日中华人民共和国主席令第9号公布　自2024年1月1日起施行）

目　　录

第一章　总　　则

第二章　行政复议申请

　第一节　行政复议范围

　第二节　行政复议参加人

　第三节　申请的提出

　第四节　行政复议管辖

第三章　行政复议受理

第四章　行政复议审理

　第一节　一般规定

　第二节　行政复议证据

　第三节　普通程序

　第四节　简易程序

　第五节　行政复议附带审查

第五章　行政复议决定
第六章　法律责任
第七章　附　　则

第一章　总　　则

第一条 立法目的①

为了防止和纠正违法的或者不当的行政行为，保护公民、法人和其他组织的合法权益，监督和保障行政机关依法行使职权，发挥行政复议化解行政争议的主渠道作用，推进法治政府建设，根据宪法，制定本法。

要点提示

行政复议是政府系统自我纠错的监督制度和解决"民告官"行政争议的救济制度，是推进法治政府建设的重要抓手，也是维护公民、法人和其他组织合法权益的重要渠道。

根据本条规定，行政复议法的立法目的是：保护公民、法人和其他组织的合法权益，监督和保障行政机关依法行使职权，发挥行政复议化解行政争议的主渠道作用，推进法治政府建设。

关于发挥行政复议化解行政争议的主渠道作用，实践中，应加大对行政复议法的学习和宣传力度，使群众知道行政复议是便民、快捷、公平、经济的行政救济机制，进一步引导当事人通过行政复议等法定途径解决问题，充分发挥行政复议制度合法、公正、公开、高效、便民、为民的天然优势。其中，不仅要让行政机关工作人员充分了解和掌握行政复议法的基本制度规范，还要让广大人民群众和行政相对人，充分知晓法律条文的内容和含义，学会运用行政复议这一重要的法律制度解决行政争议，提高人

---

① 条文主旨为编者所加，全书同。

民群众对行政复议的认知度、认可度和参与度，把行政争议化解在问题和矛盾的初期、基层和内部。

❖ 关联规定[①]

《宪法》（2018 年 3 月 11 日）

第四十一条　中华人民共和国公民对于任何国家机关和国家工作人员，有提出批评和建议的权利；对于任何国家机关和国家工作人员的违法失职行为，有向有关国家机关提出申诉、控告或者检举的权利，但是不得捏造或者歪曲事实进行诬告陷害。

对于公民的申诉、控告或者检举，有关国家机关必须查清事实，负责处理。任何人不得压制和打击报复。

由于国家机关和国家工作人员侵犯公民权利而受到损失的人，有依照法律规定取得赔偿的权利。

第二条　适用范围

公民、法人或者其他组织认为行政机关的行政行为侵犯其合法权益，向行政复议机关提出行政复议申请，行政复议机关办理行政复议案件，适用本法。

前款所称行政行为，包括法律、法规、规章授权的组织的行政行为。

❖ 要点提示

行政复议，是指公民、法人或者其他组织等行政相对人，不服行政主体作出的行政行为，认为该行为侵犯其合法权益，按照法定的程序和条

---

① 本书【关联规定】部分的法律文件名称为简称，日期为公布时间或者最后一次修正、修订时间。法律文件名称中有发文机关的，经国务院机构改革，部分机构的名称和职能已发生变化，详见《国务院机构改革方案》，以下不再提示。

件，向作出该行为的上一级行政机关或者法律、法规规定的行政机关提出申请，由受理该申请的行政机关依照法定程序和权限，对引起争议的原行政行为的合法性和适当性进行全面审查并作出决定的活动。

关联规定

1.《行政许可法》（2019年4月23日）

第七条　公民、法人或者其他组织对行政机关实施行政许可，享有陈述权、申辩权；有权依法申请行政复议或者提起行政诉讼；其合法权益因行政机关违法实施行政许可受到损害的，有权依法要求赔偿。

第二十三条　法律、法规授权的具有管理公共事务职能的组织，在法定授权范围内，以自己的名义实施行政许可。被授权的组织适用本法有关行政机关的规定。

第三十八条　申请人的申请符合法定条件、标准的，行政机关应当依法作出准予行政许可的书面决定。

行政机关依法作出不予行政许可的书面决定的，应当说明理由，并告知申请人享有依法申请行政复议或者提起行政诉讼的权利。

第五十三条　实施本法第十二条第二项所列事项的行政许可的，行政机关应当通过招标、拍卖等公平竞争的方式作出决定。但是，法律、行政法规另有规定的，依照其规定。

行政机关通过招标、拍卖等方式作出行政许可决定的具体程序，依照有关法律、行政法规的规定。

行政机关按照招标、拍卖程序确定中标人、买受人后，应当作出准予行政许可的决定，并依法向中标人、买受人颁发行政许可证件。

行政机关违反本条规定，不采用招标、拍卖方式，或者违反招标、拍卖程序，损害申请人合法权益的，申请人可以依法申请行政复议或者提起行政诉讼。

2.《行政强制法》（2011年6月30日）

第八条　公民、法人或者其他组织对行政机关实施行政强制，享有陈述权、申辩权；有权依法申请行政复议或者提起行政诉讼；因行政机关违法实施行政强制受到损害的，有权依法要求赔偿。

公民、法人或者其他组织因人民法院在强制执行中有违法行为或者扩大强制执行范围受到损害的，有权依法要求赔偿。

第七十条 法律、行政法规授权的具有管理公共事务职能的组织在法定授权范围内，以自己的名义实施行政强制，适用本法有关行政机关的规定。

3.《行政处罚法》(2021年1月22日)

第七条 公民、法人或者其他组织对行政机关所给予的行政处罚，享有陈述权、申辩权；对行政处罚不服的，有权依法申请行政复议或者提起行政诉讼。

公民、法人或者其他组织因行政机关违法给予行政处罚受到损害的，有权依法提出赔偿要求。

4.《国家赔偿法》(2012年10月26日)

第三条 行政机关及其工作人员在行使行政职权时有下列侵犯人身权情形之一的，受害人有取得赔偿的权利：

（一）违法拘留或者违法采取限制公民人身自由的行政强制措施的；

（二）非法拘禁或者以其他方法非法剥夺公民人身自由的；

（三）以殴打、虐待等行为或者唆使、放纵他人以殴打、虐待等行为造成公民身体伤害或者死亡的；

（四）违法使用武器、警械造成公民身体伤害或者死亡的；

（五）造成公民身体伤害或者死亡的其他违法行为。

第四条 行政机关及其工作人员在行使行政职权时有下列侵犯财产权情形之一的，受害人有取得赔偿的权利：

（一）违法实施罚款、吊销许可证和执照、责令停产停业、没收财物等行政处罚的；

（二）违法对财产采取查封、扣押、冻结等行政强制措施的；

（三）违法征收、征用财产的；

（四）造成财产损害的其他违法行为。

第九条 赔偿义务机关有本法第三条、第四条规定情形之一的，应当给予赔偿。

赔偿请求人要求赔偿，应当先向赔偿义务机关提出，也可以在申请行政复议或者提起行政诉讼时一并提出。

第三条 工作原则

行政复议工作坚持中国共产党的领导。

行政复议机关履行行政复议职责，应当遵循合法、公正、公开、高效、便民、为民的原则，坚持有错必纠，保障法律、法规的正确实施。

❋ 要点提示

本条在总则中明确"行政复议工作坚持中国共产党的领导"，将党中央关于行政复议体制改革的各项要求全面、完整、准确体现到法律规定中。根据本条规定，行政复议工作坚持中国共产党领导。

第四条 行政复议机关、机构及其职责

县级以上各级人民政府以及其他依照本法履行行政复议职责的行政机关是行政复议机关。

行政复议机关办理行政复议事项的机构是行政复议机构。行政复议机构同时组织办理行政复议机关的行政应诉事项。

行政复议机关应当加强行政复议工作，支持和保障行政复议机构依法履行职责。上级行政复议机构对下级行政复议机构的行政复议工作进行指导、监督。

国务院行政复议机构可以发布行政复议指导性案例。

✺ 要点提示

本条进一步完善对行政复议机关及行政复议机构的规定,强化行政复议机关领导行政复议工作的法定责任。其第一款取消了地方人民政府工作部门的行政复议职责,规定由县级以上地方人民政府统一行使,同时根据本法第二十五条、第二十七条的规定,保留实行垂直领导的行政机关、税务和国家安全机关的特殊情形,并相应调整国务院部门的管辖权限。

✺ 关联规定

1.《行政复议法实施条例》(2007年5月29日)

第二条 各级行政复议机关应当认真履行行政复议职责,领导并支持本机关负责法制工作的机构(以下简称行政复议机构)依法办理行政复议事项,并依照有关规定配备、充实、调剂专职行政复议人员,保证行政复议机构的办案能力与工作任务相适应。

第三条 行政复议机构除应当依照行政复议法第三条的规定履行职责外,还应当履行下列职责:

(一)依照行政复议法第十八条的规定转送有关行政复议申请;

(二)办理行政复议法第二十九条规定的行政赔偿等事项;

(三)按照职责权限,督促行政复议申请的受理和行政复议决定的履行;

(四)办理行政复议、行政应诉案件统计和重大行政复议决定备案事项;

(五)办理或者组织办理未经行政复议直接提起行政诉讼的行政应诉事项;

(六)研究行政复议工作中发现的问题,及时向有关机关提出改进建议,重大问题及时向行政复议机关报告。

第四条 专职行政复议人员应当具备与履行行政复议职责相适应的品行、专业知识和业务能力,并取得相应资格。具体办法由国务院法制机构会同国务院有关部门规定。

2.《国家外汇管理局行政复议程序》（2020年10月23日）

第二条 公民、法人或者其他组织认为外汇局的具体行政行为侵犯其合法权益，向有管辖权的外汇局提出行政复议申请，作为行政复议机关的外汇局（以下简称行政复议机关）受理行政复议申请、作出行政复议决定，适用本程序。

第三条 本程序所称的作为行政复议机关的外汇局，包括国家外汇管理局及其有管辖支局的分局、外汇管理部和中心支局。

第四条 行政复议机关办理行政复议案件时，依法履行下列职责：

（一）决定受理或者不予受理行政复议申请；

（二）向有关组织和人员调查取证，查阅文件和资料；

（三）对申请人提起复议的内容进行审查，并作出行政复议决定；

（四）对外汇局违反本程序规定的行为依照规定的权限和程序提出处理建议；

（五）处理或者转送具体行政行为所依据的规定的审查申请；

（六）办理因不服行政复议决定等原因提起的行政诉讼应诉事项；

（七）法律、法规规定的其他职责。

行政复议机关中初次从事行政复议的人员，应当通过国家统一法律职业资格考试取得法律职业资格。

行政复议机关履行行政复议职责，应当遵循合法、公正、公开、及时、便民的原则，坚持有错必纠，保障法律、法规的正确实施。

3.《国家国际发展合作署行政复议实施办法》（2020年3月30日）

第三条 申请人对国际发展合作署的具体行政行为不服的，可以向国际发展合作署申请行政复议。

4.《自然资源行政复议规定》（2019年7月19日）

第四条 本规定所称行政复议机关，是指依据法律法规规定履行行政复议职责的自然资源主管部门。

本规定所称行政复议机构，是指自然资源主管部门的法治工作机构。

行政复议机关可以委托所属事业单位承担有关行政复议的事务性工作。

第九条 县级以上自然资源主管部门应当将行政复议工作情况纳入本部门考核内容，考核结果作为评价领导班子、评先表彰、干部使用的重要依据。

第十条 行政复议机构统一受理行政复议申请。

行政复议机关的其他机构收到行政复议申请的，应当自收到之日起1个工作日内将申请材料转送行政复议机构。

行政复议机构应当对收到的行政复议申请进行登记。

5. 《税务行政复议规则》（2018年6月15日）

第三条 本规则所称税务行政复议机关（以下简称行政复议机关），指依法受理行政复议申请、对具体行政行为进行审查并作出行政复议决定的税务机关。

6. 《工业和信息化部行政复议实施办法》（2017年7月3日）

第三条 工业和信息化部法制工作机构具体办理行政复议事项，履行下列职责：

（一）受理行政复议申请；

（二）向有关组织和人员调查取证，组织听证；

（三）审查被复议的具体行政行为是否合法、适当；

（四）依法决定行政复议中止、终止；

（五）拟订行政复议决定，督促行政复议决定的履行；

（六）提出行政复议意见书或者建议书；

（七）指导下级部门行政复议相关工作，组织行政复议人员培训；

（八）法律、行政法规和规章规定的其他职责。

7. 《住房城乡建设行政复议办法》（2015年9月7日）

第四条 行政复议机关负责法制工作的机构作为行政复议机构，办理行政复议有关事项，履行下列职责：

（一）受理行政复议申请；

（二）向有关组织和人员调查取证，查阅文件和资料，组织行政复议听证；

（三）通知第三人参加行政复议；

（四）主持行政复议调解，审查行政复议和解协议；

（五）审查申请行政复议的行政行为是否合法与适当，提出处理建议，拟订行政复议决定；

（六）法律、法规、规章规定的其他职责。

第五条　行政复议机关可以根据行政复议工作的需要，设立行政复议委员会，其主要职责是：

（一）制定行政复议工作的规则、程序；

（二）对重大、复杂、疑难的行政复议案件提出处理意见；

（三）对行政复议涉及的有权处理的规范性文件的审查提出处理意见；

（四）其他需要决定的重大行政复议事项。

8.《海关行政复议办法》（2014年3月13日）

第三条　各级海关行政复议机关应当认真履行行政复议职责，领导并且支持本海关负责法制工作的机构（以下简称海关行政复议机构）依法办理行政复议事项，依照有关规定配备、充实、调剂专职行政复议人员，为行政复议工作提供财政保障，保证海关行政复议机构的办案能力与工作任务相适应。

第四条　海关行政复议机构履行下列职责：

（一）受理行政复议申请；

（二）向有关组织和人员调查取证，查阅文件和资料，组织行政复议听证；

（三）审查被申请行政复议的具体行政行为是否合法与适当，拟定行政复议决定，主持行政复议调解，审查和准许行政复议和解；

（四）办理海关行政赔偿事项；

（五）依照行政复议法第三十三条的规定，办理海关行政复议决定的依法强制执行或者申请人民法院强制执行事项；

（六）处理或者转送申请人依照本办法第三十一条提出的对有关规定的审查申请；

（七）指导、监督下级海关的行政复议工作，依照规定提出复议意见；

（八）对下级海关及其部门和工作人员违反行政复议法、行政复议法实施条例和本办法规定的行为依照规定的权限和程序提出处理建议；

（九）办理或者组织办理不服海关具体行政行为提起行政诉讼的应诉事项；

（十）办理行政复议、行政应诉、行政赔偿案件统计和备案事项；

（十一）研究行政复议过程中发现的问题，及时向有关机关和部门提出建议，重大问题及时向行政复议机关报告；

（十二）其他与行政复议工作有关的事项。

9.《国家知识产权局行政复议规程》（2012年7月18日）

第五条 对下列情形之一，不能申请行政复议：

（一）专利申请人对驳回专利申请的决定不服的；

（二）复审请求人对复审请求审查决定不服的；

（三）专利权人或者无效宣告请求人对无效宣告请求审查决定不服的；

（四）专利权人或者专利实施强制许可的被许可人对强制许可使用费的裁决不服的；

（五）国际申请的申请人对国家知识产权局作为国际申请的受理单位、国际检索单位和国际初步审查单位所作决定不服的；

（六）集成电路布图设计登记申请人对驳回登记申请的决定不服的；

（七）集成电路布图设计登记申请人对复审决定不服的；

（八）集成电路布图设计权利人对撤销布图设计登记的决定不服的；

（九）集成电路布图设计权利人、非自愿许可取得人对非自愿许可报酬的裁决不服的；

（十）集成电路布图设计权利人、被控侵权人对集成电路布图设计专有权侵权纠纷处理决定不服的；

（十一）法律、法规规定的其他不能申请行政复议的情形。

10.《农业部行政复议工作规定》（2010年12月22日）

第五条 （农业行政复议机构职责）农业行政复议机构负责办理行政复议案件，具体履行下列职责：

（一）审查行政复议申请，并决定是否受理；

（二）审理调查申请行政复议的具体行政行为是否合法与适当，拟订行政复议决定；

（三）依照《行政复议法》第二十六条、第二十七条的规定处理有关审查申请；

（四）办理《行政复议法》第二十九条规定的行政赔偿等事项；

（五）组织办理因不服行政复议决定而提起的行政诉讼应诉事宜；

（六）统计分析行政复议、行政应诉案件情况；

（七）组织对农业系统行政复议人员进行业务培训，提高行政复议人员的专业素质；

（八）研究行政复议工作中发现的问题，及时向有关机关提出改进建议；

（九）法律、行政法规规定的其他职责。

11.《中国证券监督管理委员会行政复议办法》（2010年5月4日）

第二条 公民、法人或者其他组织认为中国证监会或其派出机构、授权组织的具体行政行为侵犯其合法权益的，依照《行政复议法》、《行政复议法实施条例》和本办法的规定向中国证监会申请行政复议。

中国证监会作为行政复议机关，受理行政复议申请，对被申请行政复议的具体行政行为进行审查并作出决定。

对中国证监会具体行政行为不服申请原级行政复议的，原承办具体行政行为有关事项的部门或者机构（以下简称原承办部门）负责向行政复议机构作出答复。

对中国证监会派出机构或者授权组织的具体行政行为不服申请行政复议的，由派出机构或者授权组织负责向行政复议机构作出答复。

第三条　中国证监会负责法制工作的机构作为行政复议机构具体办理行政复议事项，除应当依照《行政复议法》第三条、《行政复议法实施条例》第三条的规定履行职责外，还应当履行下列职责：

（一）组织行政复议听证；

（二）根据需要提请召开行政复议委员会工作会议；

（三）提出审查意见；

（四）办理行政复议和解、组织行政复议调解等事项；

（五）指导派出机构的行政应诉工作；

（六）法律、行政法规规定的其他职责。

12.《人力资源社会保障行政复议办法》（2010年3月16日）

第三条　各级人力资源社会保障行政部门是人力资源社会保障行政复议机关（以下简称行政复议机关），应当认真履行行政复议职责，遵循合法、公正、公开、及时、便民的原则，坚持有错必纠，保障法律、法规和人力资源社会保障规章的正确实施。

行政复议机关应当依照有关规定配备专职行政复议人员，为行政复议工作提供财政保障。

第四条　行政复议机关负责法制工作的机构（以下简称行政复议机构）具体办理行政复议事项，履行下列职责：

（一）处理行政复议申请；

（二）向有关组织和人员调查取证，查阅文件和资料，组织行政复议听证；

（三）依照行政复议法实施条例第九条的规定，办理第三人参加行政复议事项；

（四）依照行政复议法实施条例第四十一条的规定，决定行政复议中止、恢复行政复议审理事项；

（五）依照行政复议法实施条例第四十二条的规定，拟订行政复议终止决定；

（六）审查申请行政复议的具体行政行为是否合法与适当，提出处理建议，拟订行政复议决定，主持行政复议调解，审查和准许行政复议和解协议；

（七）处理或者转送对行政复议法第七条所列有关规定的审查申请；

（八）依照行政复议法第二十九条的规定，办理行政赔偿等事项；

（九）依照行政复议法实施条例第三十七条的规定，办理鉴定事项；

（十）按照职责权限，督促行政复议申请的受理和行政复议决定的履行；

（十一）对人力资源社会保障部门及其工作人员违反行政复议法、行政复议法实施条例和本办法规定的行为依照规定的权限和程序提出处理建议；

（十二）研究行政复议过程中发现的问题，及时向有关机关和部门提出建议，重大问题及时向行政复议机关报告；

（十三）办理因不服行政复议决定提起行政诉讼的行政应诉事项；

（十四）办理或者组织办理未经行政复议直接提起行政诉讼的行政应诉事项；

（十五）办理行政复议、行政应诉案件统计和重大行政复议决定备案事项；

（十六）组织培训；

（十七）法律、法规规定的其他职责。

13.《中国保险监督管理委员会行政复议办法》（2010年1月6日）

第三条 中国保监会负责法制工作的机构作为中国保监会的行政复议机构，具体办理行政复议事项，履行下列职责：

（一）受理行政复议申请；

（二）向有关组织和人员调查取证，查阅文件和资料；

（三）审查申请行政复议的具体行政行为是否合法与适当，拟订行政复议决定；

（四）处理或者转送对本办法第七条所列有关规定的审查申请；

（五）办理行政复议统计和重大行政复议决定备案事项；

（六）对违反本办法规定的行为依照规定的权限和程序提出处理建议；

（七）督促行政复议决定的执行；

（八）法律、行政法规和中国保监会规章规定的其他职责。

14.《**环境行政复议办法**》（2008 年 12 月 30 日）

第四条 依法履行行政复议职责的环境保护行政主管部门为环境行政复议机关。环境行政复议机关负责法制工作的机构（以下简称环境行政复议机构），具体办理行政复议事项，履行下列职责：

（一）受理行政复议申请；

（二）向有关组织和人员调查取证，查阅文件和资料；

（三）审查被申请行政复议的具体行政行为是否合法与适当，拟定行政复议决定；

（四）按照职责权限，督促行政复议申请的受理和行政复议决定的履行；

（五）处理或者转送本办法第二十九条规定的审查申请；

（六）办理行政复议法第二十九条规定的行政赔偿等事项；

（七）办理或者组织办理本部门的行政应诉事项；

（八）办理行政复议、行政应诉案件统计和重大行政复议决定备案事项；

（九）研究行政复议工作中发现的问题，及时向有关机关提出改进建议，重大问题及时向环境行政复议机关报告；

（十）法律、法规和规章规定的其他职责。

15.《**安全生产行政复议规定**》（2007 年 10 月 8 日）

第三条 依法履行行政复议职责的安全监管监察部门是安全生产行政复议机关。安全生产行政复议机关负责法制工作的机构是本机关的行政复议机构（以下简称安全生产行政复议机构）。

安全生产行政复议机关应当领导、支持本机关行政复议机构依法办理行政复议事项，并依照有关规定充实、配备专职行政复议人员，保证行政复议机构的办案能力与工作任务相适应。

第四条 国家安全生产监督管理总局办理行政复议案件按照下列程序，统一受理，分工负责：

（一）政策法规司按照本规定规定的期限，对行政复议申请进行初步审查，做出受理或者不予受理的决定。对决定受理的，将案卷材料转送相关业务司局分口承办；

（二）相关业务司局收到案卷材料后，应当在30日内了解核实有关情况，提出处理意见；

（三）政策法规司根据处理意见，在20日内拟定行政复议决定书，提交本局负责人集体讨论或者主管负责人审定；

（四）本局负责人集体讨论通过或者主管负责人同意后，政策法规司制作行政复议决定书，并送达申请人、被申请人和第三人。

国家煤矿安全监察局和省级及省级以下安全监管监察部门办理行政复议案件参照上述程序执行。

16.《公安机关办理行政复议案件程序规定》（2002年11月2日）

第二条 本规定所称公安行政复议机关，是指县级以上地方各级人民政府公安机关，新疆生产建设兵团公安机关，公安交通管理机构、公安边防部门、出入境边防检查总站。

铁路、交通、民航、森林公安机关办理行政复议案件，适用本规定。

第三条 本规定所称公安行政复议机构，是指公安行政复议机关负责法制工作的机构。

公安行政复议机构具体办理行政复议案件，公安机关业务部门内设的法制机构不办理行政复议案件。

第五条 行政复议调解

行政复议机关办理行政复议案件，可以进行调解。

调解应当遵循合法、自愿的原则，不得损害国家利益、社会公共利益和他人合法权益，不得违反法律、法规的强制性规定。

❋ 要点提示

为发挥调解在行政复议中的作用，本法将调解的内容规定至总则中，明确调解向前延伸至行政复议案件审理前。

第六条 行政复议人员

国家建立专业化、职业化行政复议人员队伍。

行政复议机构中初次从事行政复议工作的人员，应当通过国家统一法律职业资格考试取得法律职业资格，并参加统一职前培训。

国务院行政复议机构应当会同有关部门制定行政复议人员工作规范，加强对行政复议人员的业务考核和管理。

第七条 行政复议工作保障

行政复议机关应当确保行政复议机构的人员配备与所承担的工作任务相适应，提高行政复议人员专业素质，根据工作需要保障办案场所、装备等设施。县级以上各级人民政府应当将行政复议工作经费列入本级预算。

第八条 行政复议信息化建设

行政复议机关应当加强信息化建设，运用现代信息技术，方便公民、法人或者其他组织申请、参加行政复议，提高工作质量和效率。

第九条 表彰和奖励

对在行政复议工作中做出显著成绩的单位和个人，按照国家有关规定给予表彰和奖励。

第十条 行政复议与行政诉讼的衔接

公民、法人或者其他组织对行政复议决定不服的，可以依照《中华人民共和国行政诉讼法》的规定向人民法院提起行政诉讼，但是法律规定行政复议决定为最终裁决的除外。

❋ 要点提示

最终裁决，是指公民、法人或其他组织申请行政复议后，行政复议机关的决定为最终决定，既不能再申请复议，也不能再提起诉讼。

第二章 行政复议申请

第一节 行政复议范围

第十一条 行政复议范围的一般规定

有下列情形之一的，公民、法人或者其他组织可以依照本法申请行政复议：

（一）对行政机关作出的行政处罚决定不服；

（二）对行政机关作出的行政强制措施、行政强制执行决定不服；

（三）申请行政许可，行政机关拒绝或者在法定期限内不予答复，或者对行政机关作出的有关行政许可的其他决定不服；

（四）对行政机关作出的确认自然资源的所有权或者使用权的决定不服；

（五）对行政机关作出的征收征用决定及其补偿决定不服；

（六）对行政机关作出的赔偿决定或者不予赔偿决定不服；

（七）对行政机关作出的不予受理工伤认定申请的决定或者工伤认定结论不服；

（八）认为行政机关侵犯其经营自主权或者农村土地承包经营权、农村土地经营权；

（九）认为行政机关滥用行政权力排除或者限制竞争；

（十）认为行政机关违法集资、摊派费用或者违法要求履行其他义务；

（十一）申请行政机关履行保护人身权利、财产权利、受教育权利等合法权益的法定职责，行政机关拒绝履行、未依法履行或者不予答复；

（十二）申请行政机关依法给付抚恤金、社会保险待遇或者最低生活保障等社会保障，行政机关没有依法给付；

（十三）认为行政机关不依法订立、不依法履行、未按照约定履行或者违法变更、解除政府特许经营协议、土地房屋征收补偿协议等行政协议；

（十四）认为行政机关在政府信息公开工作中侵犯其合法权益；

（十五）认为行政机关的其他行政行为侵犯其合法权益。

要点提示

本条扩大了行政复议受案范围，明确对行政协议、政府信息公开、行政机关作出的赔偿决定等行为不服的可以申请行政复议，明确行政协议包括"政府特许经营协议、土地房屋征收补偿协议等",明确行政机关不履行法定职责包括"拒绝履行、未依法履行或者不予答复"。①

本条第二项规定的行政强制措施,是指行政机关在行政管理过程中,为制止违法行为、防止证据损毁、避免危害发生、控制危险扩大等情形,依法对公民的人身自由实施暂时性限制,或者对公民、法人或者其他组织的财物实施暂时性控制的行为。

关联规定

1.《政府信息公开条例》(2019年4月3日)

第五十一条 公民、法人或者其他组织认为行政机关在政府信息公开工作中侵犯其合法权益的,可以向上一级行政机关或者政府信息公开工作主管部门投诉、举报,也可以依法申请行政复议或者提起行政诉讼。

2.《税务行政复议规则》(2018年6月15日)

第十四条 行政复议机关受理申请人对税务机关下列具体行政行为不服提出的行政复议申请:

(一)征税行为,包括确认纳税主体、征税对象、征税范围、减税、免税、退税、抵扣税款、适用税率、计税依据、纳税环节、纳税期限、纳税地点和税款征收方式等具体行政行为,征收税款、加收滞纳金,扣缴义务人、受税务机关委托的单位和个人作出的代扣代缴、代收代缴、代征行为等。

(二)行政许可、行政审批行为。

(三)发票管理行为,包括发售、收缴、代开发票等。

(四)税收保全措施、强制执行措施。

---

① 全国人大常委会法工委发言人杨合庆认为,根据经济社会发展和行政复议工作实际,将一些涉及公民、法人和其他组织合法权益的多发、易发案件,在行政复议范围中进一步明确列举,可以为人民群众申请行政复议提供指引,也为监督行政机关的此类行政行为提供明确法律依据,同时也有利于进一步发挥行政复议化解行政争议的主渠道作用。参见徐航、王岭:《行政复议法修订草案迎三审:更好体现"公正高效、便民为民"》,载中国人大网,http://www.npc.gov.cn/npc/kgfb/202308/040feba806984141b72537e832b5a5b6.shtml,2023年9月1日访问。

（五）行政处罚行为：

1. 罚款；

2. 没收财物和违法所得；

3. 停止出口退税权。

（六）不依法履行下列职责的行为：

1. 颁发税务登记；

2. 开具、出具完税凭证、外出经营活动税收管理证明；

3. 行政赔偿；

4. 行政奖励；

5. 其他不依法履行职责的行为。

（七）资格认定行为。

（八）不依法确认纳税担保行为。

（九）政府信息公开工作中的具体行政行为。

（十）纳税信用等级评定行为。

（十一）通知出入境管理机关阻止出境行为。

（十二）其他具体行政行为。

3. 《交通运输行政复议规定》（2015年9月9日）

第七条 对下列具体行政行为不服的，可以向交通运输部申请行政复议：

（一）省级人民政府交通运输主管部门的具体行政行为；

（二）交通运输部海事局的具体行政行为；

（三）长江航务管理局、珠江航务管理局的具体行政行为；

（四）交通运输部的具体行政行为。

对交通运输部直属海事管理机构的具体行政行为不服的，应当向交通运输部海事局申请行政复议。

4. 《海关行政复议办法》（2014年3月13日）

第九条 有下列情形之一的，公民、法人或者其他组织可以向海关申请行政复议：

（一）对海关作出的警告，罚款，没收货物、物品、运输工具和特制设备，追缴无法没收的货物、物品、运输工具的等值价款，没收违法所得，暂停从事有关业务，撤销注册登记及其他行政处罚决定不服的；

（二）对海关作出的收缴有关货物、物品、违法所得、运输工具、特制设备决定不服的；

（三）对海关作出的限制人身自由的行政强制措施不服的；

（四）对海关作出的扣留有关货物、物品、运输工具、账册、单证或者其他财产，封存有关进出口货物、账簿、单证等行政强制措施不服的；

（五）对海关收取担保的具体行政行为不服的；

（六）对海关采取的强制执行措施不服的；

（七）对海关确定纳税义务人、确定完税价格、商品归类、确定原产地、适用税率或者汇率、减征或者免征税款、补税、退税、征收滞纳金、确定计征方式以及确定纳税地点等其他涉及税款征收的具体行政行为有异议的（以下简称纳税争议）；

（八）认为符合法定条件，申请海关办理行政许可事项或者行政审批事项，海关未依法办理的；

（九）对海关检查运输工具和场所，查验货物、物品或采取其他监管措施不服的；

（十）对海关作出的责令退运、不予放行、责令改正、责令拆毁和变卖等行政决定不服的；

（十一）对海关稽查决定或者其他稽查具体行政行为不服的；

（十二）对海关作出的企业分类决定以及按照该分类决定进行管理的措施不服的；

（十三）认为海关未依法采取知识产权保护措施，或者对海关采取的知识产权保护措施不服的；

（十四）认为海关未依法办理接受报关、放行等海关手续的；

（十五）认为海关违法收取滞报金或者其他费用，违法要求履行其他义务的；

（十六）认为海关没有依法履行保护人身权利、财产权利的法定职责的；

（十七）认为海关在政府信息公开工作中的具体行政行为侵犯其合法权益的；

（十八）认为海关的其他具体行政行为侵犯其合法权益的。

前款第（七）项规定的纳税争议事项，公民、法人或者其他组织应当依据海关法的规定先向海关行政复议机关申请行政复议，对海关行政复议决定不服的，再向人民法院提起行政诉讼。

5.《农业部行政复议工作规定》（2010年12月22日）

第十条　（初步审查） 行政复议机构应当对行政复议申请是否符合下列条件进行初步审查：

（一）有明确的申请人和被申请人；

（二）申请人与具体行政行为有利害关系；

（三）有具体的行政复议请求和事实依据；

（四）在法定申请期限内提出；

（五）属于《行政复议法》规定的行政复议范围；

（六）属于农业部的职责范围；

（七）不属于本规定第十一条规定的情形。

6.《中国证券监督管理委员会行政复议办法》（2010年5月4日）

第七条 公民、法人或者其他组织对中国证监会或其派出机构、授权组织作出的具体行政行为不服，有下列情形之一的，可以向中国证监会申请行政复议：

（一）对中国证监会或其派出机构作出的警告、罚款、没收违法所得、责令关闭、撤销任职资格或者证券从业资格、暂停或者撤销业务许可、吊销业务许可证等行政处罚决定不服的；

（二）对中国证监会或其派出机构作出的证券、期货市场禁入决定不服的；

（三）对中国证监会或其派出机构作出的冻结、查封、限制交易等行政强制措施不服的；

（四）对中国证监会或其派出机构作出的限制业务活动、限期撤销境内分支机构、限制分配红利、限制转让财产、责令限制股东行使股东权利以及责令更换董事、监事、高级管理人员或者限制其权利等行政监管措施不服的；

（五）认为中国证监会或其派出机构、授权组织侵犯其合法的经营自主权的；

（六）认为符合法定条件，申请办理证券、期货行政许可事项，中国证监会或其派出机构没有依法办理的；

（七）认为中国证监会或其派出机构在政府信息公开工作中的具体行政行为侵犯其合法权益的；

（八）认为中国证监会或其派出机构、授权组织的其他具体行政行为侵犯其合法权益的。

7.《人力资源社会保障行政复议办法》（2010年3月16日）

第七条 有下列情形之一的，公民、法人或者其他组织可以依法申请行政复议：

（一）对人力资源社会保障部门作出的警告、罚款、没收违法所得、依法予以关闭、吊销许可证等行政处罚决定不服的；

（二）对人力资源社会保障部门作出的行政处理决定不服的；

（三）对人力资源社会保障部门作出的行政许可、行政审批不服的；

（四）对人力资源社会保障部门作出的行政确认不服的；

（五）认为人力资源社会保障部门不履行法定职责的；

（六）认为人力资源社会保障部门违法收费或者违法要求履行义务的；

（七）认为人力资源社会保障部门作出的其他具体行政行为侵犯其合法权益的。

第八条 公民、法人或者其他组织对下列事项，不能申请行政复议：

（一）人力资源社会保障部门作出的行政处分或者其他人事处理决定；

（二）劳动者与用人单位之间发生的劳动人事争议；

（三）劳动能力鉴定委员会的行为；

（四）劳动人事争议仲裁委员会的仲裁、调解等行为；

（五）已就同一事项向其他有权受理的行政机关申请行政复议的；

（六）向人民法院提起行政诉讼，人民法院已经依法受理的；

（七）法律、行政法规规定的其他情形。

典型案例

毛某诉河南省某市公安局、市政府行政处罚及行政复议监督案[①]

◎ 关键词

行政处罚　抗诉　行政行为法律后果承担

◎ 案例简介

毛某系一名钩机车司机，2013年12月28日在河南省某市政府主导的合村并城改造项目施工中，将郑某部分房屋设施推倒损坏。郑某报案后，某市公安局某派出所于2013年12月31日受理立案。2017年11月10日，某市公安局以故意毁坏财物为由，对毛某作出行政拘留10日的处罚决定。申请复议被维持后，毛某起诉至法院，要求撤销行政处罚及行政复议决定。一审法院认为，毛某在他人指使下故意损毁公私财物，公安机关的处罚决定及市政府的复议决定，认定事实清楚，适用法律正确，符合法定程序，判决驳回诉讼请求。毛某提出上诉、申请再审均未获支持。毛某向检察机关申请监督。某市检察院审查后提请抗诉。

河南省检察院依法受理并经调查核实，查明：2019年2月13日，省高级法院就郑某诉某市政府确认拆迁行为违法一案作出生效判决，确认政府拆迁行为违法。审查认为，案涉合村并城改造项目是由该市人民政府主导实施的行政行为，毛某实施的拆除行为是在政府主导下强制拆除行为的一部分，由此产生的法律后果应由该市人民政府承担，而非毛某个人承

[①] 2021年度十大行政检察典型案例之七，载最高人民检察院网站，https://www.spp.gov.cn/xwfbh/wsfbh/202201/t20220124_542379.shtml，2023年8月1日访问。

担。同时，毛某虽客观上实施了拆除行为，但公安机关提供的证据不能证明其具有损毁公私财物的主观故意。最后，行政处罚办案期限明显超期，公安机关主张的"为了查明案情进行鉴定的期间，不计入办理治安案件的期限"不能成立。据此，2021年7月13日向省高级法院提出抗诉。2021年10月30日，该院采纳检察机关抗诉意见，依法作出改判，撤销案涉行政处罚决定及行政复议决定。

◎ 意义

在政府主导实施的征收拆迁过程中，为实现行政征收目的，公民个人在行政机关组织下实施的具体拆除行为不具有独立的法律属性，应当认定为行政征收实施过程中的事实行为，由此产生的法律后果由作出征收决定的行政机关承担。公安机关将其认定为故意损毁公私财物的个人行为并进行行政处罚的，系适用法律错误，检察机关应当监督人民法院依法再审，撤销原行政处罚，切实维护公民合法权益。

第十二条 行政复议范围的排除

下列事项不属于行政复议范围：

（一）国防、外交等国家行为；

（二）行政法规、规章或者行政机关制定、发布的具有普遍约束力的决定、命令等规范性文件；

（三）行政机关对行政机关工作人员的奖惩、任免等决定；

（四）行政机关对民事纠纷作出的调解。

要点提示

在完善行政复议范围有关规定方面，本条将原行政复议不受理事项中的"行政机关作出的处分或者其他人事处理决定"修改为"行政机关对行政机关工作人员的奖惩、任免等决定"。另外，行政机关对民事纠纷作出的调解对双方当事人是否有约束力取决于其是否自愿接受。因此，一方如不服行政机关对民事纠纷作出的调解，可以再向法院提起民事诉讼或者申请仲裁解决其争议。

❋ 关联规定

1.《国家国际发展合作署行政复议实施办法》（2020年3月30日）

第八条　行政复议申请有下列情形之一的，不予受理：

（一）申请复议的事项不属于《中华人民共和国行政复议法》第六条规定的复议范围的；

（二）申请人不具备复议申请主体资格的；

（三）申请人错列被申请人且拒绝变更的；

（四）申请复议超过了法定的申请期限且无正当理由的；

（五）申请人提起行政诉讼，法院已经受理或者尚未决定是否受理，又申请行政复议的；

（六）申请人向其他有管辖权的行政机关申请复议，该复议机关已经依法受理的；

（七）申请人撤回复议申请，无正当理由再行申请复议的；

（八）行政复议申请不具备其他法定要件的。

法制机构应当制作不予受理行政复议申请决定书，以书面形式告知申请人。

2.《自然资源行政复议规定》（2019年7月19日）

第十三条　有下列情形之一的，行政复议机关不予受理：

（一）未按照本规定第十二条规定的补正通知要求提供补正材料的；

（二）对下级自然资源主管部门作出的行政复议决定或者行政复议告知不服，申请行政复议的；

（三）其他不符合法定受理条件的。

对同一申请人以基本相同的事实和理由重复提出同一行政复议申请的，行政复议机关不再重复受理。

3.《住房城乡建设行政复议办法》(2015年9月7日)

第十条 有下列情形之一的,申请人提出行政复议申请,行政复议机关不予受理:

(一) 不服县级以上人民政府住房城乡建设主管部门作出的行政处分、人事任免有关决定,或者认为住房城乡建设主管部门应当履行但未依法履行有关行政处分、人事任免职责的;

(二) 不服县级以上人民政府住房城乡建设主管部门对有权处理的信访事项,根据《信访条例》作出的处理意见、复查意见、复核意见和不再受理决定的;

(三) 不服县级以上人民政府住房城乡建设主管部门制定的规范性文件,以及作出的行政调解行为、行政和解行为、行政复议决定的;

(四) 以行政复议申请名义,向行政复议机关提出批评、意见、建议、控告、检举、投诉,以及其他信访请求的;

(五) 申请人已就同一事项先向其他有权受理的行政复议机关提出行政复议申请的,或者人民法院已就该事项立案登记的;

(六) 被复议的行政行为已为其他生效法律文书的效力所羁束的;

(七) 法律、法规规定的不应纳入行政复议范围的其他情形。

4.《海关行政复议办法》(2014年3月13日)

第十条 海关工作人员不服海关作出的处分或者其他人事处理决定,依照有关法律、行政法规的规定提出申诉的,不适用本办法。

5.《国家知识产权局行政复议规程》(2012年7月18日)

第五条 对下列情形之一,不能申请行政复议:

(一) 专利申请人对驳回专利申请的决定不服的;

(二) 复审请求人对复审请求审查决定不服的;

(三) 专利权人或者无效宣告请求人对无效宣告请求审查决定不服的;

(四) 专利权人或者专利实施强制许可的被许可人对强制许可使用费的裁决不服的;

（五）国际申请的申请人对国家知识产权局作为国际申请的受理单位、国际检索单位和国际初步审查单位所作决定不服的；

（六）集成电路布图设计登记申请人对驳回登记申请的决定不服的；

（七）集成电路布图设计登记申请人对复审决定不服的；

（八）集成电路布图设计权利人对撤销布图设计登记的决定不服的；

（九）集成电路布图设计权利人、非自愿许可取得人对非自愿许可报酬的裁决不服的；

（十）集成电路布图设计权利人、被控侵权人对集成电路布图设计专有权侵权纠纷处理决定不服的；

（十一）法律、法规规定的其他不能申请行政复议的情形。

6.《农业部行政复议工作规定》（2010 年 12 月 22 日）

第十一条 （否定列举不予受理的范围） 行政复议申请属于下列情形的，农业行政复议机关不予受理：

（一）行政复议申请已由其他单位依法受理的；

（二）申请人就同一具体行政行为向人民法院提起行政诉讼，人民法院已经依法受理的；

（三）对不具有强制力的行政指导行为、农业技术服务行为等申请行政复议的；

（四）对植物新品种权的授予、不授予以及确认无效、更名等决定不服申请行政复议的；

（五）对农业技术鉴定行为申请行政复议的；

（六）超出法定申请期限提出行政复议申请的；

（七）其他不属于行政复议范围的。

对已生效的行政复议决定不服或者经行政复议机构同意，自愿撤回行政复议申请后，以同一事实和理由再次申请行政复议的，农业行政复议机关不再重复处理。

7.《中国证券监督管理委员会行政复议办法》(2010 年 5 月 4 日)

第八条　中国证监会或其派出机构、授权组织的下列行为不属于行政复议申请的范围：

（一）中国证监会或其派出机构、授权组织对其工作人员作出的行政处分以及其他人事处理决定；

（二）中国证监会或其派出机构、授权组织对证券、期货民事争议所作的调解行为；

（三）由中国证监会或其派出机构作出的行政调解和行政和解行为；

（四）不具有强制力的证券、期货行政指导行为；

（五）中国证监会或其派出机构对公民、法人或者其他组织提起申诉的重复处理行为；

（六）证券、期货交易所或证券、期货业协会依据自律规则，对公民、法人或者其他组织作出的决定；

（七）对公民、法人或者其他组织的权利义务不产生实际影响的行为。

8.《人力资源社会保障行政复议办法》(2010 年 3 月 16 日)

第八条　公民、法人或者其他组织对下列事项，不能申请行政复议：

（一）人力资源社会保障部门作出的行政处分或者其他人事处理决定；

（二）劳动者与用人单位之间发生的劳动人事争议；

（三）劳动能力鉴定委员会的行为；

（四）劳动人事争议仲裁委员会的仲裁、调解等行为；

（五）已就同一事项向其他有权受理的行政机关申请行政复议的；

（六）向人民法院提起行政诉讼，人民法院已经依法受理的；

（七）法律、行政法规规定的其他情形。

9.《中国保险监督管理委员会行政复议办法》(2010 年 1 月 6 日)

第六条　对中国保监会或者其派出机构的下列行为不能申请行政复议：

（一）对其工作人员作出的行政处分或者其他人事处理决定；

（二）不具有强制力的行政指导行为；

（三）对公民、法人或者其他组织的权利义务不产生实际影响的行为。

10. 《国家发展和改革委员会行政复议实施办法》（2006年7月1日）

第十条 下列情形不作为申请复议处理：

（一）对发展改革机关工作人员的个人违法违纪行为进行举报、控告或者对工作人员的态度作风提出异议，或者其他信访事项；

（二）对发展改革机关的业务政策、工作制度、工作方式和程序提出异议的；

（三）请求解答法律、法规、规章或者发展改革机关制定（参与制定）的规范性文件的；

（四）对发展改革机关做出的行政处分或人事决定不服的。

11. 《公安机关办理行政复议案件程序规定》（2002年11月2日）

第二十八条 下列情形不属于公安行政复议范围：

（一）对办理刑事案件中依法采取的刑事强制措施、刑事侦查措施等刑事司法行为不服的；

（二）对公安机关依法调解不服的；

（三）对处理火灾事故、交通事故以及办理其他行政案件中作出的鉴定结论等不服的；

（四）对申诉被驳回不服的；

（五）其他依法不应当受理的行政复议申请。

申请人认为公安机关的刑事司法行为属于滥用职权、超越职权插手经济纠纷的，公安行政复议机关应当在作出不予受理决定之前，及时报上一级公安行政复议机关。

第十三条 对规范性文件的附带审查

公民、法人或者其他组织认为行政机关的行政行为所依据的下列规范性文件不合法，在对行政行为申请行政复议时，可以一并向行政复议机关提出对该规范性文件的附带审查申请：

（一）国务院部门的规范性文件；

（二）县级以上地方各级人民政府及其工作部门的规范性文件；

（三）乡、镇人民政府的规范性文件；

（四）法律、法规、规章授权的组织的规范性文件。

前款所列规范性文件不含规章。规章的审查依照法律、行政法规办理。

要点提示

本条规定的是对规范性文件的审查。对规范性文件的审查申请不能单独提起，必须在对行政行为申请复议时一并提起。而且并不是对所有的规范性文件都可以提起审查申请。根据本条第二款和本法第十二条规定，对行政法规、规章或者行政机关制定、发布的具有普遍约束力的决定、命令等规范性文件是不能提起行政复议的。

关联规定

1.《行政复议法实施条例》（2007年5月29日）

第二十六条 依照行政复议法第七条的规定，申请人认为具体行政行为所依据的规定不合法的，可以在对具体行政行为申请行政复议的同时一并提出对该规定的审查申请；申请人在对具体行政行为提出行政复议申请时尚不知道该具体行政行为所依据的规定的，可以在行政复议机关作出行政复议决定前向行政复议机关提出对该规定的审查申请。

2.《国家国际发展合作署行政复议实施办法》（2020年3月30日）

第十三条　申请人在申请行政复议时，依法一并提出审查作出具体行政行为所依据的规范性文件，法制机构一并受理。有权处理的，应当在三十日内依法处理；无权处理的，应当在七日内按照法定程序转送有权处理的国家机关依法处理。处理期间，中止对具体行政行为的审查。

3.《中国保险监督管理委员会行政复议办法》（2010年1月6日）

第七条　公民、法人或者其他组织认为中国保监会或者其派出机构的具体行政行为所依据的规定不合法，在对具体行政行为申请行政复议时，可以一并向中国保监会提出对该规定的审查申请；申请人在对具体行政行为提出行政复议申请时，尚不知道该具体行政行为所依据的规定的，可以在中国保监会作出行政复议决定前向中国保监会提出对该规定的审查申请。

前款规定不适用于规章。规章的审查依照法律、行政法规办理。

第二节　行政复议参加人

第十四条　申请人

依照本法申请行政复议的公民、法人或者其他组织是申请人。

有权申请行政复议的公民死亡的，其近亲属可以申请行政复议。有权申请行政复议的法人或者其他组织终止的，其权利义务承受人可以申请行政复议。

有权申请行政复议的公民为无民事行为能力人或者限制民事行为能力人的，其法定代理人可以代为申请行政复议。

关联规定

1.《行政复议法实施条例》（2007年5月29日）

第五条　依照行政复议法和本条例的规定申请行政复议的公民、法人或者其他组织为申请人。

第六条 合伙企业申请行政复议的，应当以核准登记的企业为申请人，由执行合伙事务的合伙人代表该企业参加行政复议；其他合伙组织申请行政复议的，由合伙人共同申请行政复议。

前款规定以外的不具备法人资格的其他组织申请行政复议的，由该组织的主要负责人代表该组织参加行政复议；没有主要负责人的，由共同推选的其他成员代表该组织参加行政复议。

第七条 股份制企业的股东大会、股东代表大会、董事会认为行政机关作出的具体行政行为侵犯企业合法权益的，可以以企业的名义申请行政复议。

2.《税务行政复议规则》（2018年6月15日）

第二十条 合伙企业申请行政复议的，应当以核准登记的企业为申请人，由执行合伙事务的合伙人代表该企业参加行政复议；其他合伙组织申请行政复议的，由合伙人共同申请行政复议。

前款规定以外的不具备法人资格的其他组织申请行政复议的，由该组织的主要负责人代表该组织参加行政复议；没有主要负责人的，由共同推选的其他成员代表该组织参加行政复议。

第二十一条 股份制企业的股东大会、股东代表大会、董事会认为税务具体行政行为侵犯企业合法权益的，可以以企业的名义申请行政复议。

第二十二条 有权申请行政复议的公民死亡的，其近亲属可以申请行政复议；有权申请行政复议的公民为无行为能力人或者限制行为能力人，其法定代理人可以代理申请行政复议。

有权申请行政复议的法人或者其他组织发生合并、分立或终止的，承受其权利义务的法人或者其他组织可以申请行政复议。

第二十四条 非具体行政行为的行政管理相对人，但其权利直接被该具体行政行为所剥夺、限制或者被赋予义务的公民、法人或其他组织，在行政管理相对人没有申请行政复议时，可以单独申请行政复议。

3.《海关行政复议办法》（2014 年 3 月 13 日）

第十一条　依照本办法规定申请行政复议的公民、法人或者其他组织是海关行政复议申请人。

第十二条　有权申请行政复议的公民死亡的，其近亲属可以申请行政复议。

第十三条　有权申请行政复议的法人或者其他组织终止的，承受其权利的公民、法人或者其他组织可以申请行政复议。

法人或者其他组织实施违反海关法的行为后，有合并、分立或者其他资产重组情形，海关以原法人、组织作为当事人予以行政处罚并且以承受其权利义务的法人、组织作为被执行人的，被执行人可以以自己的名义申请行政复议。

4.《人力资源社会保障行政复议办法》（2010 年 3 月 16 日）

第九条　依照本办法规定申请行政复议的公民、法人或者其他组织为人力资源社会保障行政复议申请人。

第十五条　代表人

同一行政复议案件申请人人数众多的，可以由申请人推选代表人参加行政复议。

代表人参加行政复议的行为对其所代表的申请人发生效力，但是代表人变更行政复议请求、撤回行政复议申请、承认第三人请求的，应当经被代表的申请人同意。

❖ 关联规定

1.《行政复议法实施条例》（2007 年 5 月 29 日）

第八条　同一行政复议案件申请人超过 5 人的，推选 1 至 5 名代表参加行政复议。

2.《国家国际发展合作署行政复议实施办法》（2020年3月30日）

第五条 同申请行政复议的具体行政行为有利害关系的其他公民、法人或者其他组织要求作为第三人参加行政复议，应当以书面形式提出申请，经国际发展合作署审查同意，可以作为第三人参加行政复议。

行政复议期间，国际发展合作署法制机构（以下简称法制机构）认为申请人以外的公民、法人或者其他组织与被审查的具体行政行为有利害关系的，可以通知其作为第三人参加行政复议。

3.《税务行政复议规则》（2018年6月15日）

第二十五条 同一行政复议案件申请人超过5人的，应当推选1至5名代表参加行政复议。

4.《人力资源社会保障行政复议办法》（2010年3月16日）

第十条 同一行政复议案件申请人超过5人的，推选1至5名代表参加行政复议，并提交全体行政复议申请人签字的授权委托书以及全体行政复议申请人的身份证复印件。

第十六条 第三人

申请人以外的同被申请行政复议的行政行为或者行政复议案件处理结果有利害关系的公民、法人或者其他组织，可以作为第三人申请参加行政复议，或者由行政复议机构通知其作为第三人参加行政复议。

第三人不参加行政复议，不影响行政复议案件的审理。

关联规定

1.《行政复议法实施条例》（2007年5月29日）

第九条 行政复议期间，行政复议机构认为申请人以外的公民、法人或者其他组织与被审查的具体行政行为有利害关系的,可以通知其作为第三人参加行政复议。

行政复议期间,申请人以外的公民、法人或者其他组织与被审查的具体行政行为有利害关系的,可以向行政复议机构申请作为第三人参加行政复议。

第三人不参加行政复议,不影响行政复议案件的审理。

2.《税务行政复议规则》(2018年6月15日)

第二十三条 行政复议期间,行政复议机关认为申请人以外的公民、法人或者其他组织与被审查的具体行政行为有利害关系的,可以通知其作为第三人参加行政复议。

行政复议期间,申请人以外的公民、法人或者其他组织与被审查的税务具体行政行为有利害关系的,可以向行政复议机关申请作为第三人参加行政复议。

第三人不参加行政复议,不影响行政复议案件的审理。

3.《海关行政复议办法》(2014年3月13日)

第十四条 行政复议期间,海关行政复议机构认为申请人以外的公民、法人或者其他组织与被审查的具体行政行为有利害关系的,应当通知其作为第三人参加行政复议。

行政复议期间,申请人以外的公民、法人或者其他组织认为与被审查的海关具体行政行为有利害关系的,可以向海关行政复议机构申请作为第三人参加行政复议。申请作为第三人参加行政复议的,应当对其与被审查的海关具体行政行为有利害关系负举证责任。

通知或者同意第三人参加行政复议的,应当制作《第三人参加行政复议通知书》,送达第三人。

第三人不参加行政复议,不影响行政复议案件的审理。

4.《人力资源社会保障行政复议办法》(2010年3月16日)

第十一条 依照行政复议法实施条例第九条的规定,公民、法人或者其他组织申请作为第三人参加行政复议，应当提交《第三人参加行政复议申请书》，该申请书应当列明其参加行政复议的事实和理由。

申请作为第三人参加行政复议的，应当对其与被审查的具体行政行为有利害关系负举证责任。

行政复议机构通知或者同意第三人参加行政复议的，应当制作《第三人参加行政复议通知书》，送达第三人，并注明第三人参加行政复议的日期。

第十七条 代理人

申请人、第三人可以委托一至二名律师、基层法律服务工作者或者其他代理人代为参加行政复议。

申请人、第三人委托代理人的，应当向行政复议机构提交授权委托书、委托人及被委托人的身份证明文件。授权委托书应当载明委托事项、权限和期限。申请人、第三人变更或者解除代理人权限的，应当书面告知行政复议机构。

❖ 关联规定

1.《行政复议法实施条例》（2007年5月29日）

第十条　申请人、第三人可以委托1至2名代理人参加行政复议。申请人、第三人委托代理人的，应当向行政复议机构提交授权委托书。授权委托书应当载明委托事项、权限和期限。公民在特殊情况下无法书面委托的，可以口头委托。口头委托的，行政复议机构应当核实并记录在卷。申请人、第三人解除或者变更委托的，应当书面报告行政复议机构。

2.《税务行政复议规则》（2018年6月15日）

第三十一条　申请人、第三人可以委托1至2名代理人参加行政复议。申请人、第三人委托代理人的，应当向行政复议机构提交授权委托书。授权委托书应当载明委托事项、权限和期限。公民在特殊情况下无法书面委托的，可以口头委托。口头委托的，行政复议机构应当核实并记录在卷。申请人、第三人解除或者变更委托的，应当书面告知行政复议机构。

被申请人不得委托本机关以外人员参加行政复议。

3.《海关行政复议办法》（2014年3月13日）

第十五条 申请人、第三人可以委托1至2名代理人参加行政复议。

委托代理人参加行政复议的，应当向海关行政复议机构提交授权委托书。授权委托书应当载明下列事项：

（一）委托人姓名或者名称，委托人为法人或者其他组织的，还应当载明法定代表人或者主要负责人的姓名、职务；

（二）代理人姓名、性别、年龄、职业、地址及邮政编码；

（三）委托事项和代理期间；

（四）代理人代为提起、变更、撤回行政复议申请、参加行政复议调解、达成行政复议和解、参加行政复议听证、递交证据材料、收受行政复议法律文书等代理权限；

（五）委托日期及委托人签章。

公民在特殊情况下无法书面委托的，可以口头委托。公民口头委托的，海关行政复议机构应当核实并且记录在卷。

申请人、第三人解除或者变更委托的，应当书面报告海关行政复议机构。

4.《人力资源社会保障行政复议办法》（2010年3月16日）

第十二条 申请人、第三人可以委托1至2名代理人参加行政复议。

申请人、第三人委托代理人参加行政复议的，应当向行政复议机构提交授权委托书。授权委托书应当载明下列事项：

（一）委托人姓名或者名称，委托人为法人或者其他组织的，还应当载明法定代表人或者主要负责人的姓名、职务；

（二）代理人姓名、性别、职业、住所以及邮政编码；

（三）委托事项、权限和期限；

（四）委托日期以及委托人签字或者盖章。

申请人、第三人解除或者变更委托的，应当书面报告行政复议机构。

第十八条 法律援助

符合法律援助条件的行政复议申请人申请法律援助的，法律援助机构应当依法为其提供法律援助。

关联规定

《法律援助法》（2021年8月20日）

第四十四条 法律援助机构收到法律援助申请后，发现有下列情形之一的，可以决定先行提供法律援助：

（一）距法定时效或者期限届满不足七日，需要及时提起诉讼或者申请仲裁、行政复议；

（二）需要立即申请财产保全、证据保全或者先予执行；

（三）法律、法规、规章规定的其他情形。

法律援助机构先行提供法律援助的，受援人应当及时补办有关手续，补充有关材料。

第四十九条 申请人、受援人对法律援助机构不予法律援助、终止法律援助的决定有异议的，可以向设立该法律援助机构的司法行政部门提出。

司法行政部门应当自收到异议之日起五日内进行审查，作出维持法律援助机构决定或者责令法律援助机构改正的决定。

申请人、受援人对司法行政部门维持法律援助机构决定不服的，可以依法申请行政复议或者提起行政诉讼。

第十九条 被申请人

公民、法人或者其他组织对行政行为不服申请行政复议的，作出行政行为的行政机关或者法律、法规、规章授权的组织是被申请人。

两个以上行政机关以共同的名义作出同一行政行为的，共同作出行政行为的行政机关是被申请人。

行政机关委托的组织作出行政行为的，委托的行政机关是被申请人。

作出行政行为的行政机关被撤销或者职权变更的，继续行使其职权的行政机关是被申请人。

❋ 关联规定

1.《行政诉讼法》（2017年6月27日）

第二十六条　公民、法人或者其他组织直接向人民法院提起诉讼的，作出行政行为的行政机关是被告。

经复议的案件，复议机关决定维持原行政行为的，作出原行政行为的行政机关和复议机关是共同被告；复议机关改变原行政行为的，复议机关是被告。

复议机关在法定期限内未作出复议决定，公民、法人或者其他组织起诉原行政行为的，作出原行政行为的行政机关是被告；起诉复议机关不作为的，复议机关是被告。

两个以上行政机关作出同一行政行为的，共同作出行政行为的行政机关是共同被告。

行政机关委托的组织所作的行政行为，委托的行政机关是被告。

行政机关被撤销或者职权变更的，继续行使其职权的行政机关是被告。

第七十九条　复议机关与作出原行政行为的行政机关为共同被告的案件，人民法院应当对复议决定和原行政行为一并作出裁判。

2.《行政复议法实施条例》（2007年5月29日）

第十一条 公民、法人或者其他组织对行政机关的具体行政行为不服，依照行政复议法和本条例的规定申请行政复议的，作出该具体行政行为的行政机关为被申请人。

第十二条 行政机关与法律、法规授权的组织以共同的名义作出具体行政行为的，行政机关和法律、法规授权的组织为共同被申请人。

行政机关与其他组织以共同名义作出具体行政行为的，行政机关为被申请人。

第十三条 下级行政机关依照法律、法规、规章规定，经上级行政机关批准作出具体行政行为的，批准机关为被申请人。

第十四条 行政机关设立的派出机构、内设机构或者其他组织，未经法律、法规授权，对外以自己名义作出具体行政行为的，该行政机关为被申请人。

3.《税务行政复议规则》（2018年6月15日）

第二十六条 申请人对具体行政行为不服申请行政复议的，作出该具体行政行为的税务机关为被申请人。

第二十七条 申请人对扣缴义务人的扣缴税款行为不服的，主管该扣缴义务人的税务机关为被申请人；对税务机关委托的单位和个人的代征行为不服的，委托税务机关为被申请人。

第二十八条 税务机关与法律、法规授权的组织以共同的名义作出具体行政行为的，税务机关和法律、法规授权的组织为共同被申请人。

税务机关与其他组织以共同名义作出具体行政行为的，税务机关为被申请人。

第二十九条 税务机关依照法律、法规和规章规定，经上级税务机关批准作出具体行政行为的，批准机关为被申请人。

申请人对经重大税务案件审理程序作出的决定不服的，审理委员会所在税务机关为被申请人。

第三十条 税务机关设立的派出机构、内设机构或者其他组织，未经法律、法规授权，以自己名义对外作出具体行政行为的，税务机关为被申请人。

第三节　申请的提出

第二十条　一般申请期限

公民、法人或者其他组织认为行政行为侵犯其合法权益的，可以自知道或者应当知道该行政行为之日起六十日内提出行政复议申请；但是法律规定的申请期限超过六十日的除外。

因不可抗力或者其他正当理由耽误法定申请期限的，申请期限自障碍消除之日起继续计算。

行政机关作出行政行为时，未告知公民、法人或者其他组织申请行政复议的权利、行政复议机关和申请期限的，申请期限自公民、法人或者其他组织知道或者应当知道申请行政复议的权利、行政复议机关和申请期限之日起计算，但是自知道或者应当知道行政行为内容之日起最长不得超过一年。

关联规定

1.《行政复议法实施条例》（2007年5月29日）

第十五条　行政复议法第九条第一款规定的行政复议申请期限的计算，依照下列规定办理：

（一）当场作出具体行政行为的，自具体行政行为作出之日起计算；

（二）载明具体行政行为的法律文书直接送达的，自受送达人签收之日起计算；

（三）载明具体行政行为的法律文书邮寄送达的，自受送达人在邮件签收单上签收之日起计算；没有邮件签收单的，自受送达人在送达回执上签名之日起计算；

（四）具体行政行为依法通过公告形式告知受送达人的，自公告规定的期限届满之日起计算；

（五）行政机关作出具体行政行为时未告知公民、法人或者其他组织，事后补充告知的，自该公民、法人或者其他组织收到行政机关补充告知的通知之日起计算；

（六）被申请人能够证明公民、法人或者其他组织知道具体行政行为的，自证据材料证明其知道具体行政行为之日起计算。

行政机关作出具体行政行为，依法应当向有关公民、法人或者其他组织送达法律文书而未送达的，视为该公民、法人或者其他组织不知道该具体行政行为。

第十六条 公民、法人或者其他组织依照行政复议法第六条第（八）项、第（九）项、第（十）项的规定申请行政机关履行法定职责，行政机关未履行的，行政复议申请期限依照下列规定计算：

（一）有履行期限规定的，自履行期限届满之日起计算；

（二）没有履行期限规定的，自行政机关收到申请满60日起计算。

公民、法人或者其他组织在紧急情况下请求行政机关履行保护人身权、财产权的法定职责，行政机关不履行的，行政复议申请期限不受前款规定的限制。

第十七条 行政机关作出的具体行政行为对公民、法人或者其他组织的权利、义务可能产生不利影响的，应当告知其申请行政复议的权利、行政复议机关和行政复议申请期限。

2.《交通运输行政复议规定》（2015年9月9日）

第八条 公民、法人或者其他组织向交通运输行政复议机关申请交通运输行政复议，应当自知道该具体行政行为之日起六十日内提出行政复议申请；但是法律规定的申请期限超过六十日的除外。

因不可抗力或者其他正当理由耽误法定申请期限的，申请人应当在交通运输行政复议申请书中注明，或者向交通运输行政复议机关说明，并由交通运输行政复议机关记录在《交通运输行政复议申请笔录》（见附件1）中，经交通运输行政复议机关依法确认的，申请期限自障碍消除之日起继续计算。

3.《住房城乡建设行政复议办法》（2015年9月7日）

　　第十三条　申请人认为行政行为侵犯其合法权益的，可以自知道或者应当知道该行政行为之日起60日内提出行政复议申请；但是法律规定的申请期限超过60日的除外。因不可抗力或者其他正当理由耽误法定申请期限的，申请期限自障碍消除之日起继续计算。

　　申请人认为行政机关不履行法定职责的，可以在法律、法规、规章规定的履行期限届满后，按照前款规定提出行政复议申请；法律、法规、规章没有规定履行期限的，可以自向行政机关提出申请满60日后，按照前款规定提出行政复议申请。

　　对涉及不动产的行政行为从作出之日起超过20年、其他行政行为从作出之日起超过5年申请行政复议的，行政复议机关不予受理。

4.《海关行政复议办法》（2014年3月13日）

　　第二十三条　公民、法人或者其他组织认为海关具体行政行为侵犯其合法权益的，可以自知道该具体行政行为之日起60日内提出行政复议申请。

　　前款规定的行政复议申请期限依照下列规定计算：

　　（一）当场作出具体行政行为的，自具体行政行为作出之日起计算；

　　（二）载明具体行政行为的法律文书直接送达的，自受送达人签收之日起计算；

　　（三）载明具体行政行为的法律文书依法留置送达的，自送达人和见证人在送达回证上签注的留置送达之日起计算；

　　（四）载明具体行政行为的法律文书邮寄送达的，自受送达人在邮政签收单上签收之日起计算；没有邮政签收单的，自受送达人在送达回执上签名之日起计算；

　　（五）具体行政行为依法通过公告形式告知受送达人的，自公告规定的期限届满之日起计算；

（六）被申请人作出具体行政行为时未告知有关公民、法人或者其他组织，事后补充告知的，自公民、法人或者其他组织收到补充告知的通知之日起计算；

（七）被申请人作出具体行政行为时未告知有关公民、法人或者其他组织，但是有证据材料能够证明有关公民、法人或者其他组织知道该具体行政行为的，自证据材料证明其知道具体行政行为之日起计算。

具体行政行为具有持续状态的，自该具体行政行为终了之日起计算。

海关作出具体行政行为，依法应当向有关公民、法人或者其他组织送达法律文书而未送达的，视为该有关公民、法人或者其他组织不知道该具体行政行为。

申请人因不可抗力或者其他正当理由耽误法定申请期限的，申请期限自障碍消除之日起继续计算。

5.《国家知识产权局行政复议规程》（2012年7月18日）

第八条 公民、法人或者其他组织认为国家知识产权局的具体行政行为侵犯其合法权益的，可以自知道该具体行政行为之日起60日内提出行政复议申请。

因不可抗力或者其他正当理由耽误前款所述期限的，该期限自障碍消除之日起继续计算。

6.《中国保险监督管理委员会行政复议办法》（2010年1月6日）

第八条 公民、法人或者其他组织认为中国保监会或者其派出机构的具体行政行为侵犯其合法权益的，可以自知道该具体行政行为之日起六十日内提出行政复议申请。法律规定的申请期限超过六十日的除外。

因不可抗力或者其他正当理由耽误法定申请期限的，经行政复议机构依法审查属实，申请期限自障碍消除之日起继续计算。

7.《公安机关办理行政复议案件程序规定》（2002年11月2日）

第二十条 申请人因不可抗力以外的其他正当理由耽误法定申请期限

的，应当提交相应的证明材料，由公安行政复议机构认定。

前款规定中的其他正当理由包括：

（一）申请人因严重疾病不能在法定申请期限内申请行政复议的；

（二）申请人为无行为能力人或者限制行为能力人，其法定代理人在法定申请期限内不能确定的；

（三）法人或者其他组织合并、分立或者终止，承受其权利的法人或者其他组织在法定申请期限内不能确定的；

（四）公安行政复议机构认定的其他耽误法定申请期限的正当理由。

第二十一条 公安机关作出具体行政行为时，未告知公民、法人或者其他组织行政复议权或者申请行政复议期限的，申请行政复议期限从公民、法人或者其他组织知道或者应当知道行政复议权或者申请行政复议期限之日起计算。

公安机关作出具体行政行为时，未制作或者未送达法律文书，公民、法人或者其他组织不服申请行政复议的，只要能够证明具体行政行为存在，公安行政复议机关应当受理。申请行政复议期限从证明具体行政行为存在之日起计算。

第二十二条 下列时间可以认定为申请人知道具体行政行为的时间：

（一）当场作出具体行政行为的，具体行政行为作出时间为知道的时间；

（二）作出具体行政行为的法律文书直接送交受送达人的，受送达人签收的时间为知道的时间；送达时本人不在的，与其共同居住的有民事行为能力的亲属签收的时间为知道的时间；本人指定代收人的，代收人签收的时间为知道的时间；受送达人为法人或者其他组织的，其收发部门签收的时间为知道的时间；

（三）受送达人拒绝接收作出具体行政行为的法律文书，有送达人、见证人在送达回证上签名或者盖章的，送达回证上签署的时间为知道的时间；

（四）通过邮寄方式送达当事人的，当事人签收邮件的时间为知道的时间；

（五）通过公告形式告知当事人的，公告规定的时间届满之日的次日为知道的时间；

（六）法律、法规、规章和其他规范性文件未规定履行期限的，公安机关收到履行法定职责申请之日起60日的次日为申请人知道的时间；法律、法规、规章和其他规范性文件规定了履行期限的，期限届满之日的次日为知道的时间。

第二十三条 公民、法人或者其他组织申请公安机关履行法定职责，法律、法规、规章和其他规范性文件未规定履行期限的，公安机关在接到申请之日起60日内不履行，公民、法人或者其他组织可以依法申请行政复议。法律、法规、规章和其他规范性文件规定了履行期限的，从其规定。

申请人的合法权益正在受到侵犯或者处于其他紧急情况下请求公安机关履行法定职责，公安机关不履行的，申请人从即日起可以申请行政复议。

第二十四条 申请人在被限制人身自由期间申请行政复议的，执行场所应当登记并在3日内将其行政复议申请书转交公安行政复议机关。

转交行政复议申请的时间，不计入行政复议申请审查期限。

第二十一条　最长申请期限

因不动产提出的行政复议申请自行政行为作出之日起超过二十年，其他行政复议申请自行政行为作出之日起超过五年的，行政复议机关不予受理。

🏛 关联规定

《住房城乡建设行政复议办法》（2015年9月7日）

第十三条 申请人认为行政行为侵犯其合法权益的，可以自知道或者应当知道该行政行为之日起60日内提出行政复议申请；但是法律规定的申请期限超过60日的除外。因不可抗力或者其他正当理由耽误法定申请期限的，申请期限自障碍消除之日起继续计算。

申请人认为行政机关不履行法定职责的，可以在法律、法规、规章规定的履行期限届满后，按照前款规定提出行政复议申请；法律、法规、规章没有规定履行期限的，可以自向行政机关提出申请满60日后，按照前款规定提出行政复议申请。

对涉及不动产的行政行为从作出之日起超过20年、其他行政行为从作出之日起超过5年申请行政复议的，行政复议机关不予受理。

第二十二条　申请方式

申请人申请行政复议，可以书面申请；书面申请有困难的，也可以口头申请。

书面申请的，可以通过邮寄或者行政复议机关指定的互联网渠道等方式提交行政复议申请书，也可以当面提交行政复议申请书。行政机关通过互联网渠道送达行政行为决定书的，应当同时提供提交行政复议申请书的互联网渠道。

口头申请的，行政复议机关应当当场记录申请人的基本情况、行政复议请求、申请行政复议的主要事实、理由和时间。

申请人对两个以上行政行为不服的，应当分别申请行政复议。

要点提示

本条第二款规定，行政机关通过互联网渠道送达行政行为决定书的，应当同时提供提交行政复议申请书的互联网渠道。这是行政复议申请的一项便民举措。其他便民举措在本法第二十三条第二款、第三十一条第一款、第三十二条等条款中亦有体现。"便民为民"是行政复议的一项制度优势，在提出申请、案件受理、案件审理等各个阶段丰富便民举措，将方便人民群众及时通过行政复议渠道解决行政争议，打造行政复议便捷高效的制度"名片"。

关联规定

1.《行政复议法实施条例》(2007年5月29日)

第十八条 申请人书面申请行政复议的,可以采取当面递交、邮寄或者传真等方式提出行政复议申请。

有条件的行政复议机构可以接受以电子邮件形式提出的行政复议申请。

第十九条 申请人书面申请行政复议的,应当在行政复议申请书中载明下列事项:

(一)申请人的基本情况,包括:公民的姓名、性别、年龄、身份证号码、工作单位、住所、邮政编码;法人或者其他组织的名称、住所、邮政编码和法定代表人或者主要负责人的姓名、职务;

(二)被申请人的名称;

(三)行政复议请求、申请行政复议的主要事实和理由;

(四)申请人的签名或者盖章;

(五)申请行政复议的日期。

第二十条 申请人口头申请行政复议的,行政复议机构应当依照本条例第十九条规定的事项,当场制作行政复议申请笔录交申请人核对或者向申请人宣读,并由申请人签字确认。

第二十一条 有下列情形之一的,申请人应当提供证明材料:

(一)认为被申请人不履行法定职责的,提供曾经要求被申请人履行法定职责而被申请人未履行的证明材料;

(二)申请行政复议时一并提出行政赔偿请求的,提供受具体行政行为侵害而造成损害的证明材料;

(三)法律、法规规定需要申请人提供证据材料的其他情形。

第二十二条 申请人提出行政复议申请时错列被申请人的,行政复议机构应当告知申请人变更被申请人。

2.《国家国际发展合作署行政复议实施办法》(2020年3月30日)

第四条 申请人申请行政复议,应当提交书面行政复议申请书正本一份，并按照被申请人数目提交副本。复议申请书应当载明下列事项：

（一）申请人的基本情况，包括：公民的姓名、性别、年龄、身份证号码、工作单位、住所、邮政编码、送达地址、联系方式；法人或者其他组织的名称、住所、邮政编码、统一社会信用代码和法定代表人或者主要负责人的姓名、职务；

（二）被申请人的名称、地址；

（三）行政复议具体要求、主要事实和理由（包括知道具体行政行为的时间）；

（四）申请人的签名或者盖章；

（五）申请行政复议的日期。

申请人为自然人的，应当提交居民身份证或者其他有效证件复印件；申请人为法人或者其他组织的，应当提交营业执照或者其他有效证件复印件、法定代表人或者主要负责人居民身份证或者其他有效证件复印件。

申请人委托代理人代为申请的，还应当提交授权委托书和代理人的居民身份证或者其他有效证件复印件。

行政复议申请书应当附具必要的证据材料。

3.《公安机关办理行政复议案件程序规定》（2002年11月2日）

第十七条　申请行政复议，可以书面申请，也可以口头申请。

第十八条　书面申请的，应当提交《行政复议申请书》，载明以下内容：

（一）申请人及其代理人的姓名、性别、出生年月日、工作单位、住所、联系方式，法人或者其他组织的名称、地址、法定代表人或者主要负责人的姓名、职务、住所、联系方式；

（二）被申请人的名称、地址、法定代表人的姓名；

（三）行政复议请求；

（四）申请行政复议的事实和理由；

（五）申请行政复议的日期。

《行政复议申请书》应当由申请人签名或者捺手印。

第十九条　口头申请的，公安行政复议机构应当当场记录申请人的基本情况、行政复议请求、申请行政复议的主要事实、理由和时间，经申请人核对或者向申请人宣读并确认无误后，由申请人签名或者捺指印。

第二十三条　复议前置

有下列情形之一的，申请人应当先向行政复议机关申请行政复议，对行政复议决定不服的，可以再依法向人民法院提起行政诉讼：

（一）对当场作出的行政处罚决定不服；

（二）对行政机关作出的侵犯其已经依法取得的自然资源的所有权或者使用权的决定不服；

（三）认为行政机关存在本法第十一条规定的未履行法定职责情形；

（四）申请政府信息公开，行政机关不予公开；

（五）法律、行政法规规定应当先向行政复议机关申请行政复议的其他情形。

对前款规定的情形，行政机关在作出行政行为时应当告知公民、法人或者其他组织先向行政复议机关申请行政复议。

要点提示

"复议前置"是指公民、法人或者其他组织不服行政机关的具体行政行为，在向人民法院提起行政诉讼之前，必须先申请复议，对复议不服的，才能再向人民法院提起行政诉讼。

本条扩大了行政复议前置范围，明确对依法当场作出的行政处罚决定、行政不作为不服的，应当先申请行政复议；将申请政府信息公开，行政机关不予公开的情形纳入行政复议前置范围，并将行政复议前置其他情形的设定权限由"法律、法规"修改为"法律、行政法规"。

❋ 关联规定

1.《行政诉讼法》（2017年6月27日）

第四十四条　对属于人民法院受案范围的行政案件，公民、法人或者其他组织可以先向行政机关申请复议，对复议决定不服的，再向人民法院提起诉讼；也可以直接向人民法院提起诉讼。

法律、法规规定应当先向行政机关申请复议，对复议决定不服再向人民法院提起诉讼的，依照法律、法规的规定。

2.《税务行政复议规则》（2018年6月15日）

第十四条　行政复议机关受理申请人对税务机关下列具体行政行为不服提出的行政复议申请：

（一）征税行为，包括确认纳税主体、征税对象、征税范围、减税、免税、退税、抵扣税款、适用税率、计税依据、纳税环节、纳税期限、纳税地点和税款征收方式等具体行政行为，征收税款、加收滞纳金，扣缴义务人、受税务机关委托的单位和个人作出的代扣代缴、代收代缴、代征行为等。

（二）行政许可、行政审批行为。

（三）发票管理行为，包括发售、收缴、代开发票等。

（四）税收保全措施、强制执行措施。

（五）行政处罚行为：

1. 罚款；

2. 没收财物和违法所得；

3. 停止出口退税权。

（六）不依法履行下列职责的行为：

1. 颁发税务登记；

2. 开具、出具完税凭证、外出经营活动税收管理证明；

3. 行政赔偿；

4. 行政奖励；

5. 其他不依法履行职责的行为。

（七）资格认定行为。

（八）不依法确认纳税担保行为。

（九）政府信息公开工作中的具体行政行为。

（十）纳税信用等级评定行为。

（十一）通知出入境管理机关阻止出境行为。

（十二）其他具体行政行为。

第三十三条 申请人对本规则第十四条第（一）项规定的行为不服的，应当先向行政复议机关申请行政复议；对行政复议决定不服的，可以向人民法院提起行政诉讼。

申请人按照前款规定申请行政复议的，必须依照税务机关根据法律、法规确定的税额、期限，先行缴纳或者解缴税款和滞纳金，或者提供相应的担保，才可以在缴清税款和滞纳金以后或者所提供的担保得到作出具体行政行为的税务机关确认之日起60日内提出行政复议申请。

申请人提供担保的方式包括保证、抵押和质押。作出具体行政行为的税务机关应当对保证人的资格、资信进行审查，对不具备法律规定资格或者没有能力保证的，有权拒绝。作出具体行政行为的税务机关应当对抵押人、出质人提供的抵押担保、质押担保进行审查，对不符合法律规定的抵押担保、质押担保，不予确认。

第三十四条 申请人对本规则第十四条第（一）项规定以外的其他具体行政行为不服，可以申请行政复议，也可以直接向人民法院提起行政诉讼。

申请人对税务机关作出逾期不缴纳罚款加处罚款的决定不服的，应当先缴纳罚款和加处罚款，再申请行政复议。

3.《海关行政复议办法》（2014年3月13日）

第九条 有下列情形之一的，公民、法人或者其他组织可以向海关申请行政复议：

（一）对海关作出的警告，罚款，没收货物、物品、运输工具和特制设备，追缴无法没收的货物、物品、运输工具的等值价款，没收违法所得，暂停从事有关业务，撤销注册登记及其他行政处罚决定不服的；

（二）对海关作出的收缴有关货物、物品、违法所得、运输工具、特制设备决定不服的；

（三）对海关作出的限制人身自由的行政强制措施不服的；

（四）对海关作出的扣留有关货物、物品、运输工具、账册、单证或者其他财产，封存有关进出口货物、账簿、单证等行政强制措施不服的；

（五）对海关收取担保的具体行政行为不服的；

（六）对海关采取的强制执行措施不服的；

（七）对海关确定纳税义务人、确定完税价格、商品归类、确定原产地、适用税率或者汇率、减征或者免征税款、补税、退税、征收滞纳金、确定计征方式以及确定纳税地点等其他涉及税款征收的具体行政行为有异议的（以下简称纳税争议）；

（八）认为符合法定条件，申请海关办理行政许可事项或者行政审批事项，海关未依法办理的；

（九）对海关检查运输工具和场所，查验货物、物品或者采取其他监管措施不服的；

（十）对海关作出的责令退运、不予放行、责令改正、责令拆毁和变卖等行政决定不服的；

（十一）对海关稽查决定或者其他稽查具体行政行为不服的；

（十二）对海关作出的企业分类决定以及按照该分类决定进行管理的措施不服的；

（十三）认为海关未依法采取知识产权保护措施，或者对海关采取的知识产权保护措施不服的；

（十四）认为海关未依法办理接受报关、放行等海关手续的；

（十五）认为海关违法收取滞报金或者其他费用，违法要求履行其他义务的；

（十六）认为海关没有依法履行保护人身权利、财产权利的法定职责的；

（十七）认为海关在政府信息公开工作中的具体行政行为侵犯其合法权益的；

（十八）认为海关的其他具体行政行为侵犯其合法权益的。

前款第（七）项规定的纳税争议事项，公民、法人或者其他组织应当依据海关法的规定先向海关行政复议机关申请行政复议，对海关行政复议决定不服的，再向人民法院提起行政诉讼。

第四节　行政复议管辖

第二十四条　县级以上地方人民政府管辖

县级以上地方各级人民政府管辖下列行政复议案件：

（一）对本级人民政府工作部门作出的行政行为不服的；

（二）对下一级人民政府作出的行政行为不服的；

（三）对本级人民政府依法设立的派出机关作出的行政行为不服的；

（四）对本级人民政府或者其工作部门管理的法律、法规、规章授权的组织作出的行政行为不服的。

除前款规定外，省、自治区、直辖市人民政府同时管辖对本机关作出的行政行为不服的行政复议案件。

省、自治区人民政府依法设立的派出机关参照设区的市级人民政府的职责权限，管辖相关行政复议案件。

对县级以上地方各级人民政府工作部门依法设立的派出机构依照法律、法规、规章规定，以派出机构的名义作出的行政行为不服的行政复议案件，由本级人民政府管辖；其中，对直辖市、设区的市人民政府工作部门按照行政区划设立的派出机构作出的行政行为不服的，也可以由其所在地的人民政府管辖。

❊ 要点提示

2020 年，我国进行了行政复议体制改革，要求除特殊情形外，地方各级人民政府的工作部门不再履行行政复议职责,这项职责由县级以上地方各级人民政府统一行使。根据改革要求,本条对行政复议管辖作了调整,主要是贯彻行政复议"便民、为民"的原则,发挥化解行政争议的主渠道作用。一方面,将分散在各部门的行政复议职责进行有机整合,让老百姓第一时间"找对门",方便公民、法人和其他组织申请行政复议。另一方面,由地方各级人民政府统一行使行政复议职责,便于优化行政复议资源配置,将分散的职责进行有机整合并实现重心下移,将矛盾解决在基层和萌芽状态。

关联规定

1.《地方各级人民代表大会和地方各级人民政府组织法》(2022 年 3 月 11 日)

第八十五条 省、自治区的人民政府在必要的时候,经国务院批准,可以设立若干派出机关。

县、自治县的人民政府在必要的时候,经省、自治区、直辖市的人民政府批准,可以设立若干区公所,作为它的派出机关。

市辖区、不设区的市的人民政府,经上一级人民政府批准,可以设立若干街道办事处,作为它的派出机关。

2.《行政复议法实施条例》(2007 年 5 月 29 日)

第十二条 行政机关与法律、法规授权的组织以共同的名义作出具体行政行为的,行政机关和法律、法规授权的组织为共同被申请人。

行政机关与其他组织以共同名义作出具体行政行为的,行政机关为被申请人。

第十四条 行政机关设立的派出机构、内设机构或者其他组织,未经法律、法规授权,对外以自己名义作出具体行政行为的,该行政机关为被申请人。

3.《人力资源社会保障行政复议办法》(2010 年 3 月 16 日)

第十五条 对人力资源社会保障行政部门按照国务院规定设立的社会保险经办机构(以下简称社会保险经办机构)依照法律、法规规定作出的具体行政行为不服，可以向直接管理该社会保险经办机构的人力资源社会保障行政部门申请行政复议。

第十六条 对依法受委托的属于事业组织的公共就业服务机构、职业技能考核鉴定机构以及街道、乡镇人力资源社会保障工作机构等作出的具体行政行为不服的，可以向委托其行使行政管理职能的人力资源社会保障行政部门的上一级人力资源社会保障行政部门申请复议，也可以向该人力资源社会保障行政部门的本级人民政府申请行政复议。委托的人力资源社会保障行政部门为被申请人。

第十七条 对人力资源社会保障部门和政府其他部门以共同名义作出的具体行政行为不服的，可以向其共同的上一级行政部门申请复议。共同作出具体行政行为的人力资源社会保障部门为共同被申请人之一。

第十八条 人力资源社会保障部门设立的派出机构、内设机构或者其他组织，未经法律、法规授权，对外以自己名义作出具体行政行为的，该人力资源社会保障部门为被申请人。

4.《中国保险监督管理委员会行政复议办法》（2010年1月6日）

第五条 公民、法人或者其他组织对中国保监会或者其派出机构作出的、属于行政复议法第六条规定的具体行政行为不服，可以向中国保监会申请行政复议。

5.《公安机关办理行政复议案件程序规定》（2002年11月2日）

第十三条 对公安边防部门以自己名义作出的具体行政行为不服的，向其上一级公安边防部门申请行政复议；对公安边防部门以地方公安机关名义作出的具体行政行为不服的，向其所在地的县级以上地方人民政府公安机关申请行政复议。

第十四条 对公安派出所依法作出的具体行政行为不服的，向设立该公安派出所的公安机关申请行政复议。

第十五条 对法律、法规授权的公安机关内设机构或者派出机构超出法定授权范围作出的具体行政行为不服的，向该内设机构所属的公安机关或者设立该派出机构的公安机关申请行政复议。

对没有法律、法规授权的公安机关的内设机构或者派出机构以自己的名义作出的具体行政行为不服的，向该内设机构所属的公安机关或者设立该派出机构的公安机关的上一级公安机关申请行政复议。

第十六条 对经上级公安机关批准的具体行政行为不服的，向在对外发生法律效力的文书上加盖印章的公安机关的上一级公安机关申请行政复议。

第二十五条　国务院部门管辖

国务院部门管辖下列行政复议案件：

（一）对本部门作出的行政行为不服的；

（二）对本部门依法设立的派出机构依照法律、行政法规、部门规章规定，以派出机构的名义作出的行政行为不服的；

（三）对本部门管理的法律、行政法规、部门规章授权的组织作出的行政行为不服的。

第二十六条　原级行政复议决定的救济途径

对省、自治区、直辖市人民政府依照本法第二十四条第二款的规定、国务院部门依照本法第二十五条第一项的规定作出的行政复议决定不服的，可以向人民法院提起行政诉讼；也可以向国务院申请裁决，国务院依照本法的规定作出最终裁决。

❋ 要点提示

不服省部级行政机关的行政行为申请行政复议，必须先原级复议，对原级复议还不服的，才可以向国务院申请行政复议；对省部级行政机关自己复议自己的复议决定不服的，申请人有权选择向人民法院提起行政诉讼或向国务院申请裁决；国务院作出的裁决是终局的裁决，不能对此提起行政诉讼。

❋ 关联规定

《行政复议法实施条例》（2007年5月29日）

第二十三条　申请人对两个以上国务院部门共同作出的具体行政行为不服的，依照行政复议法第十四条的规定，可以向其中任何一个国务院部门提出行政复议申请，由作出具体行政行为的国务院部门共同作出行政复议决定。

第二十七条　垂直领导行政机关等管辖

对海关、金融、外汇管理等实行垂直领导的行政机关、税务和国家安全机关的行政行为不服的，向上一级主管部门申请行政复议。

❋ 要点提示

对实行垂直领导的行政机关（海关、金融、外汇管理）、税务和国家安全机关的行政行为不服，申请行政复议的，申请人只能向其上一级主管部门申请复议。

❋ 关联规定

1.《行政复议法实施条例》（2007年5月29日）

第二十四条　申请人对经国务院批准实行省以下垂直领导的部门作出的具体行政行为不服的，可以选择向该部门的本级人民政府或者上一级主管部门申请行政复议；省、自治区、直辖市另有规定的，依照省、自治区、直辖市的规定办理。

2.《税务行政复议规则》（2018年6月15日）

第十六条　对各级税务局的具体行政行为不服的，向其上一级税务局申请行政复议。

对计划单列市税务局的具体行政行为不服的，向国家税务总局申请行政复议。

第二十八条　司法行政部门的管辖

对履行行政复议机构职责的地方人民政府司法行政部门的行政行为不服的，可以向本级人民政府申请行政复议，也可以向上一级司法行政部门申请行政复议。

第二十九条　行政复议与行政诉讼的选择

公民、法人或者其他组织申请行政复议，行政复议机关已经依法受理的，在行政复议期间不得向人民法院提起行政诉讼。

公民、法人或者其他组织向人民法院提起行政诉讼，人民法院已经依法受理的，不得申请行政复议。

❋ 关联规定

1.《行政诉讼法》（2017年6月27日）

第十八条　行政案件由最初作出行政行为的行政机关所在地人民法院管辖。经复议的案件，也可以由复议机关所在地人民法院管辖。

经最高人民法院批准，高级人民法院可以根据审判工作的实际情况，确定若干人民法院跨行政区域管辖行政案件。

2.《行政复议法实施条例》（2007年5月29日）

第二十八条　行政复议申请符合下列规定的，应当予以受理：

（一）有明确的申请人和符合规定的被申请人；

（二）申请人与具体行政行为有利害关系；

（三）有具体的行政复议请求和理由；

（四）在法定申请期限内提出；

（五）属于行政复议法规定的行政复议范围；

（六）属于收到行政复议申请的行政复议机构的职责范围；

（七）其他行政复议机关尚未受理同一行政复议申请，人民法院尚未受理同一主体就同一事实提起的行政诉讼。

第三章　行政复议受理

第三十条　受理条件

行政复议机关收到行政复议申请后，应当在五日内进行审查。对符合下列规定的，行政复议机关应当予以受理：

（一）有明确的申请人和符合本法规定的被申请人；

（二）申请人与被申请行政复议的行政行为有利害关系；

（三）有具体的行政复议请求和理由；

（四）在法定申请期限内提出；

（五）属于本法规定的行政复议范围；

（六）属于本机关的管辖范围；

（七）行政复议机关未受理过该申请人就同一行政行为提出的行政复议申请，并且人民法院未受理过该申请人就同一行政行为提起的行政诉讼。

对不符合前款规定的行政复议申请，行政复议机关应当在审查期限内决定不予受理并说明理由；不属于本机关管辖的，还应当在不予受理决定中告知申请人有管辖权的行政复议机关。

行政复议申请的审查期限届满，行政复议机关未作出不予受理决定的，审查期限届满之日起视为受理。

❀ 关联规定

1.《行政复议法实施条例》（2007年5月29日）

第二十七条　公民、法人或者其他组织认为行政机关的具体行政行为侵犯其合法权益提出行政复议申请，除不符合行政复议法和本条例规定的申请条件的，行政复议机关必须受理。

第二十八条　行政复议申请符合下列规定的，应当予以受理：

（一）有明确的申请人和符合规定的被申请人；

（二）申请人与具体行政行为有利害关系；

（三）有具体的行政复议请求和理由；

（四）在法定申请期限内提出；

（五）属于行政复议法规定的行政复议范围；

（六）属于收到行政复议申请的行政复议机构的职责范围；

（七）其他行政复议机关尚未受理同一行政复议申请，人民法院尚未受理同一主体就同一事实提起的行政诉讼。

2.《自然资源行政复议规定》（2019年7月19日）

第十条　行政复议机构统一受理行政复议申请。

行政复议机关的其他机构收到行政复议申请的，应当自收到之日起1个工作日内将申请材料转送行政复议机构。

行政复议机构应当对收到的行政复议申请进行登记。

3.《税务行政复议规则》（2018年6月15日）

第四十四条　行政复议申请符合下列规定的，行政复议机关应当受理：

（一）属于本规则规定的行政复议范围。

（二）在法定申请期限内提出。

（三）有明确的申请人和符合规定的被申请人。

（四）申请人与具体行政行为有利害关系。

（五）有具体的行政复议请求和理由。

（六）符合本规则第三十三条和第三十四条规定的条件。

（七）属于收到行政复议申请的行政复议机关的职责范围。

（八）其他行政复议机关尚未受理同一行政复议申请，人民法院尚未受理同一主体就同一事实提起的行政诉讼。

第四十五条　行政复议机关收到行政复议申请以后，应当在5日内审查，决定是否受理。对不符合本规则规定的行政复议申请，决定不予受理，并书面告知申请人。

对不属于本机关受理的行政复议申请，应当告知申请人向有关行政复议机关提出。

行政复议机关收到行政复议申请以后未按照前款规定期限审查并作出不予受理决定的，视为受理。

4.《交通运输行政复议规定》（2015年9月9日）

第十一条　交通运输行政复议机关收到交通运输行政复议申请后，应当在五日内进行审查。对符合《行政复议法》规定的行政复议申请，应当决定予以受理，并制作《交通运输行政复议申请受理通知书》（见附件2）送达申请人、被申请人；对不符合《行政复议法》规定的行政复议申请，决定不予受理，并制作《交通运输行政复议申请不予受理决定书》（见附件3）送达申请人；对符合《行政复议法》规定，但是不属于本机关受理的行政复议申请，应当告知申请人向有关行政复议机关提出。

除前款规定外，交通运输行政复议申请自交通运输行政复议机关设置的法制工作机构收到之日起即为受理。

5.《住房城乡建设行政复议办法》（2015年9月7日）

第十七条　行政复议机关收到行政复议申请后，应当在5日内进行审查，对不符合本办法第十八条规定的行政复议申请，决定不予受理，并书面告知申请人；对不属于本机关受理的行政复议申请，应当告知申请人向有关行政复议机关提出。

除前款规定外，行政复议申请自行政复议机构收到之日起即为受理。

第十八条　行政复议机关对符合下列条件的行政复议申请，应当予以受理：

（一）有明确的申请人和符合规定的被申请人；

（二）申请人与行政行为有利害关系；

（三）有具体的行政复议请求和理由；

（四）在法定申请期限内提出；

（五）属于本办法规定的行政复议范围；

（六）属于收到行政复议申请的行政复议机构的职责范围；

（七）申请人尚未就同一事项向其他有权受理的行政复议机关提出行政复议申请，人民法院尚未就申请人同一事项立案登记的；

（八）符合法律、法规规定的其他条件。

6.《海关行政复议办法》（2014年3月13日）

第三十二条 海关行政复议机关收到行政复议申请后，应当在5日内进行审查。行政复议申请符合下列规定的，应当予以受理：

（一）有明确的申请人和符合规定的被申请人；

（二）申请人与具体行政行为有利害关系；

（三）有具体的行政复议请求和理由；

（四）在法定申请期限内提出；

（五）属于本办法第九条第一款规定的行政复议范围；

（六）属于收到行政复议申请的海关行政复议机构的职责范围；

（七）其他行政复议机关尚未受理同一行政复议申请，人民法院尚未受理同一主体就同一事实提起的行政诉讼。

对符合前款规定决定受理行政复议申请的，应当制作《行政复议申请受理通知书》和《行政复议答复通知书》分别送达申请人和被申请人。《行政复议申请受理通知书》应当载明受理日期、合议人员或者案件审理人员，告知申请人申请回避和申请举行听证的权利。《行政复议答复通知书》应当载明受理日期、提交答复的要求和合议人员或者案件审理人员，告知被申请人申请回避的权利。

对不符合本条第一款规定决定不予受理的，应当制作《行政复议申请不予受理决定书》，并且送达申请人。《行政复议申请不予受理决定书》应当载明不予受理的理由和法律依据，告知申请人主张权利的其他途径。

第三十五条 对符合本办法规定，且属于本海关受理的行政复议申请，自海关行政复议机构收到之日起即为受理。

海关行政复议机构收到行政复议申请的日期，属于申请人当面递交的，由海关行政复议机构经办人在申请书上注明收到日期，并且由递交人签字确认；属于直接从邮递渠道收取或者其他单位、部门转来的，由海关行政复议机构签收确认；属于申请人以传真或者电子邮件方式提交的，以海关行政复议机构接收传真之日或者海关互联网电子邮件系统记载的收件日期为准。

7.《中国证券监督管理委员会行政复议办法》（2010年5月4日）

第十六条　对符合《行政复议法实施条例》第十八条、第二十八条的规定，属于行政复议机关受理的行政复议申请，自行政复议机构收到之日起即为受理。

行政复议机构收到行政复议申请的日期，属于申请人当面递交的，由行政复议机构经办人在申请书上注明收到日期，并且由递交人签字确认；属于直接从邮递渠道收取或者其他单位、部门转来的，由行政复议机构签收确认；属于申请人以传真方式提交的，以行政复议机构接收传真之日为准。

第二十条　下列情形不视为申请行政复议，行政复议机构可以告知申请人处理结果或者转由其他机构处理并告知申请人：

（一）对中国证监会工作人员的个人违法违纪行为进行举报、控告的；

（二）不涉及中国证监会具体行政行为，只对中国证监会规章或者规范性文件有异议的；

（三）对行政处罚认定的事实、适用的依据、处罚种类、处罚幅度及处罚程序等没有异议，仅因经济困难，请求减、免、缓缴罚款的；

（四）请求解答法律、行政法规、规章的；

（五）其他以行政复议申请名义，进行信访投诉的情形。

8.《人力资源社会保障行政复议办法》（2010年3月16日）

第二十六条　行政复议机构收到行政复议申请后，应当在5日内进行审查，按照下列情况分别作出处理：

（一）对符合行政复议法实施条例第二十八条规定条件的，依法予以受理，制作《行政复议受理通知书》和《行政复议提出答复通知书》，送达申请人和被申请人；

（二）对符合本办法第七条规定的行政复议范围，但不属于本机关受理范围的，应当书面告知申请人向有关行政复议机关提出；

（三）对不符合法定受理条件的，应当作出不予受理决定，制作《行政复议不予受理决定书》，送达申请人，该决定书中应当说明不予受理的理由和依据。

对不符合前款规定的行政复议申请，行政复议机构应当将有关处理情况告知申请人。

第二十七条　人力资源社会保障行政部门的其他工作机构收到复议申请的，应当及时转送行政复议机构。

除不符合行政复议法定条件或者不属于本机关受理的行政复议申请外，行政复议申请自行政复议机构收到之日起即为受理。

9.《中国保险监督管理委员会行政复议办法》（2010年1月6日）

第二十条　行政复议机构应当在收到申请人提交的或派出机构转呈的行政复议申请之日起五日内进行审查，对不符合行政复议法、行政复议实施条例和本办法规定的受理条件的行政复议申请，决定不予受理，并书面告知申请人。对符合行政复议法、行政复议实施条例和本办法规定的受理条件的行政复议申请，自行政复议机构收到之日起即为受理。

第二十四条　下列情形不视为申请行政复议，行政复议机构可以转由其他机构处理并告知申请人：

（一）对中国保监会或者其派出机构工作人员的个人违法违纪行为进行举报、控告的；

（二）其他以行政复议申请名义，进行信访投诉的情形。

10.《公安机关办理行政复议案件程序规定》（2002年11月2日）

第二十五条　公安行政复议机构负责接受公民、法人和其他组织提出的行政复议申请。

公安行政复议机关的其他内设机构收到《行政复议申请书》的，应当登记并于当日转送公安行政复议机构；口头申请行政复议的，其他内设机构应当告知其依法向公安行政复议机构提出申请。

第二十六条　公安行政复议机构收到行政复议申请后，应当对该申请是否符合下列条件进行初步审查：

（一）提出申请的公民、法人和其他组织是否具备申请人资格；

（二）是否有明确的被申请人和行政复议请求；

（三）是否符合行政复议范围；

（四）是否超过行政复议期限；

（五）是否属于本机关受理。

第二十七条　公安行政复议机构自收到行政复议申请之日起5日内应当分别作出以下处理：

（一）符合行政复议法规定的，予以受理；

（二）不符合行政复议法规定的，决定不予受理，并制发《行政复议申请不予受理决定书》；

（三）符合行政复议法规定，但不属于本机关受理的，应当告知申请人向有权受理的行政复议机关提出。

第三十一条　申请材料补正

行政复议申请材料不齐全或者表述不清楚，无法判断行政复议申请是否符合本法第三十条第一款规定的，行政复议机关应当自收到申请之日起五日内书面通知申请人补正。补正通知应当一次性载明需要补正的事项。

申请人应当自收到补正通知之日起十日内提交补正材料。有正当理由不能按期补正的，行政复议机关可以延长合理的补正期限。无正当理由逾期不补正的，视为申请人放弃行政复议申请，并记录在案。

行政复议机关收到补正材料后，依照本法第三十条的规定处理。

关联规定

1.《行政复议法实施条例》（2007 年 5 月 29 日）

第二十九条　行政复议申请材料不齐全或者表述不清楚的，行政复议机构可以自收到该行政复议申请之日起 5 日内书面通知申请人补正。补正通知应当载明需要补正的事项和合理的补正期限。无正当理由逾期不补正的，视为申请人放弃行政复议申请。补正申请材料所用时间不计入行政复议审理期限。

2.《住房城乡建设行政复议办法》（2015 年 9 月 7 日）

第十九条　行政复议申请材料不齐全或者表述不清楚的，行政复议机构可以自收到该行政复议申请之日起 5 日内书面通知申请人补正。补正通知书应当载明下列事项：

（一）行政复议申请书中需要补充、说明、修改的具体内容；

（二）需要补正的材料、证据；

（三）合理的补正期限；

（四）逾期未补正的法律后果。

申请人应当按照补正通知书要求提交补正材料。申请人无正当理由逾期不补正的，视为放弃行政复议申请。申请人超过补正通知书载明的补正期限补正，或者补正材料不符合补正通知书要求的，行政复议机关可以不予受理其行政复议申请。

补正申请材料所用时间不计入行政复议审理期限。

3.《海关行政复议办法》（2014 年 3 月 13 日）

第三十三条　行政复议申请材料不齐全或者表述不清楚的，海关行政复议机构可以自收到该行政复议申请之日起 5 日内书面通知申请人补正。

补正通知应当载明以下事项：

（一）行政复议申请书中需要修改、补充的具体内容；

（二）需要补正的有关证明材料的具体类型及其证明对象；

（三）补正期限。

申请人应当在收到补正通知之日起 10 日内向海关行政复议机构提交需要补正的材料。补正申请材料所用时间不计入行政复议审理期限。

申请人无正当理由逾期不补正的，视为其放弃行政复议申请。申请人有权在本办法第二十三条规定的期限内重新提出行政复议申请。

第三十四条 申请人以传真、电子邮件方式递交行政复议申请书、证明材料的，海关行政复议机构不得以其未递交原件为由拒绝受理。

海关行政复议机构受理申请人以传真、电子邮件方式提出的行政复议申请后，应当告知申请人自收到《行政复议申请受理通知书》之日起 10 日内提交有关材料的原件。

4.《中国证券监督管理委员会行政复议办法》（2010 年 5 月 4 日）

第十七条 依照《行政复议法实施条例》第二十九条的规定，行政复议机构可以自收到该行政复议申请之日起 5 日内书面通知申请人补正，有下列情形之一的，属于行政复议申请材料不齐全或者表述不清楚：

（一）未依照《行政复议法实施条例》第十九条第（一）项的规定提供申请人基本情况；

（二）无申请人身份证明文件；

（三）无明确的被申请人；

（四）行政复议请求不具体、不明确；

（五）委托代理申请复议的手续不全或者权限不明确；

（六）未依照《行政复议法实施条例》第二十一条的规定提供证明材料；

（七）其他行政复议申请材料不齐全或者表述不清楚的情形。

申请人收到补正通知后，无正当理由逾期不补正的，视为放弃行政复议申请。

第十八条　申请人采取传真方式提出行政复议申请的，行政复议机构可以要求申请人依照《行政复议法实施条例》第二十九条、本办法第十七条的规定补充提交申请材料的原件。

第十九条　行政复议申请材料不齐全或者表述不清楚，或者采取传真方式提出行政复议申请，行政复议机构书面通知申请人补正或者提交原件的，受理的审查期限应当自收到补正后的行政复议申请材料或者原件之日起算。

5.《中国保险监督管理委员会行政复议办法》（2010年1月6日）

第二十一条　行政复议申请材料不齐全或者表述不清楚的，行政复议机构可以自收到该行政复议申请之日起五日内书面通知申请人补正。补正通知应当载明需要补正的事项和合理的补正期限。无正当理由逾期不补正的，视为申请人放弃行政复议申请。补正申请材料所用时间不计入行政复议审理期限。

申请人采取传真方式提出行政复议申请的，行政复议机构可以要求申请人依照行政复议实施条例第二十九条和本办法第二十二条的规定补充提交申请材料的原件。

第二十二条　有下列情形之一的，属于行政复议申请材料不齐全或者表述不清楚：

（一）未依照本办法第十六条第（一）项的规定提供申请人基本情况；

（二）无明确的被申请人；

（三）行政复议请求不具体、不明确；

（四）委托代理的手续不全或者权限不明确；

（五）未依照本办法第十八条的规定提供证明材料；

（六）其他行政复议申请材料不齐全或者表述不清楚的情形。

第二十三条　行政复议申请材料不齐全或者表述不清楚，或者采取传真方式提出行政复议申请，行政复议机构书面通知申请人补正申请材料或者提交申请材料原件的，受理的审查期限自收到补正后的申请材料或申请材料原件之日起算。

第三十二条 部分案件的复核处理

对当场作出或者依据电子技术监控设备记录的违法事实作出的行政处罚决定不服申请行政复议的，可以通过作出行政处罚决定的行政机关提交行政复议申请。

行政机关收到行政复议申请后，应当及时处理；认为需要维持行政处罚决定的，应当自收到行政复议申请之日起五日内转送行政复议机关。

第三十三条 驳回复议申请

行政复议机关受理行政复议申请后，发现该行政复议申请不符合本法第三十条第一款规定的，应当决定驳回申请并说明理由。

第三十四条 复议前置后的行政诉讼

法律、行政法规规定应当先向行政复议机关申请行政复议、对行政复议决定不服再向人民法院提起行政诉讼的，行政复议机关决定不予受理、驳回申请或者受理后超过行政复议期限不作答复的，公民、法人或者其他组织可以自收到决定书之日起或者行政复议期限届满之日起十五日内，依法向人民法院提起行政诉讼。

第三十五条 对行政复议受理的监督

公民、法人或者其他组织依法提出行政复议申请，行政复议机关无正当理由不予受理、驳回申请或者受理后超过行政复议期限不作答复的，申请人有权向上级行政机关反映，上级行政机关应当责令其纠正；必要时，上级行政复议机关可以直接受理。

关联规定

1.《行政复议法实施条例》（2007年5月29日）

第三十一条　依照行政复议法第二十条的规定，上级行政机关认为行政复议机关不予受理行政复议申请的理由不成立的，可以先行督促其受理；经督促仍不受理的，应当责令其限期受理，必要时也可以直接受理；认为行政复议申请不符合法定受理条件的，应当告知申请人。

2.《自然资源行政复议规定》（2019年7月19日）

第二十二条　对受理的行政复议案件，行政复议机构可以根据案件审理的需要，征求本行政复议机关相关机构的意见。

相关机构应当按照本机构职责范围，按期对行政复议案件提出明确意见，并说明理由。

3.《人力资源社会保障行政复议办法》（2010年3月16日）

第二十九条　申请人依法提出行政复议申请，行政复议机关无正当理由不予受理的，上一级人力资源社会保障行政部门可以根据申请人的申请或者依职权先行督促其受理；经督促仍不受理的，应当责令其限期受理，并且制作《责令受理行政复议申请通知书》；必要时，上一级人力资源社会保障行政部门也可以直接受理。

上一级人力资源社会保障行政部门经审查认为行政复议申请不符合法定受理条件的，应当告知申请人。

第四章　行政复议审理

第一节　一般规定

第三十六条　审理程序及要求

行政复议机关受理行政复议申请后，依照本法适用普通程序或者简易程序进行审理。行政复议机构应当指定行政复议人员负责办理行政复议案件。

行政复议人员对办理行政复议案件过程中知悉的国家秘密、商业秘密和个人隐私，应当予以保密。

❖ 关联规定

《**海关行政复议办法**》（2014年3月13日）

第四十六条　海关行政复议案件实行合议制审理。合议人员为不得少于3人的单数。合议人员由海关行政复议机构负责人指定的行政复议人员或者海关行政复议机构聘任或者特邀的其他具有专业知识的人员担任。

被申请人所属人员不得担任合议人员。对海关总署作出的具体行政行为不服向海关总署申请行政复议的，原具体行政行为经办部门的人员不得担任合议人员。

对于事实清楚、案情简单、争议不大的海关行政复议案件，也可以不适用合议制，但是应当由2名以上行政复议人员参加审理。

第四十七条　海关行政复议机构负责人应当指定一名行政复议人员担任主审，具体负责对行政复议案件事实的审查，并且对所认定案件事实的真实性和适用法律的准确性承担主要责任。

合议人员应当根据复议查明的事实，依据有关法律、行政法规和海关规章的规定，提出合议意见，并且对提出的合议意见的正确性负责。

第三十七条 审理依据

行政复议机关依照法律、法规、规章审理行政复议案件。

行政复议机关审理民族自治地方的行政复议案件，同时依照该民族自治地方的自治条例和单行条例。

第三十八条 提级审理

上级行政复议机关根据需要，可以审理下级行政复议机关管辖的行政复议案件。

下级行政复议机关对其管辖的行政复议案件，认为需要由上级行政复议机关审理的，可以报请上级行政复议机关决定。

第三十九条 复议中止

行政复议期间有下列情形之一的，行政复议中止：

（一）作为申请人的公民死亡，其近亲属尚未确定是否参加行政复议；

（二）作为申请人的公民丧失参加行政复议的行为能力，尚未确定法定代理人参加行政复议；

（三）作为申请人的公民下落不明；

（四）作为申请人的法人或者其他组织终止，尚未确定权利义务承受人；

（五）申请人、被申请人因不可抗力或者其他正当理由，不能参加行政复议；

（六）依照本法规定进行调解、和解，申请人和被申请人同意中止；

（七）行政复议案件涉及的法律适用问题需要有权机关作出解释或者确认；

（八）行政复议案件审理需要以其他案件的审理结果为依据，而其他案件尚未审结；

（九）有本法第五十六条或者第五十七条规定的情形；

（十）需要中止行政复议的其他情形。

行政复议中止的原因消除后，应当及时恢复行政复议案件的审理。

行政复议机关中止、恢复行政复议案件的审理，应当书面告知当事人。

关联规定

1.《行政复议法实施条例》（2007 年 5 月 29 日）

第四十一条　行政复议期间有下列情形之一，影响行政复议案件审理的，行政复议中止：

（一）作为申请人的自然人死亡，其近亲属尚未确定是否参加行政复议的；

（二）作为申请人的自然人丧失参加行政复议的能力，尚未确定法定代理人参加行政复议的；

（三）作为申请人的法人或者其他组织终止，尚未确定权利义务承受人的；

（四）作为申请人的自然人下落不明或者被宣告失踪的；

（五）申请人、被申请人因不可抗力，不能参加行政复议的；

（六）案件涉及法律适用问题，需要有权机关作出解释或者确认的；

（七）案件审理需要以其他案件的审理结果为依据，而其他案件尚未审结的；

（八）其他需要中止行政复议的情形。

行政复议中止的原因消除后，应当及时恢复行政复议案件的审理。

行政复议机构中止、恢复行政复议案件的审理，应当告知有关当事人。

2.《自然资源行政复议规定》（2019年7月19日）

第二十五条　行政复议期间有下列情形之一的，行政复议中止：

（一）双方当事人书面提出协商解决申请，行政复议机构认为有利于实质性解决纠纷，维护申请人合法权益的；

（二）申请人不以保护自身合法权益为目的，反复提起行政复议申请，扰乱复议机关行政管理秩序的；

（三）法律法规规定需要中止审理的其他情形。

属于前款第一项规定情形的，双方当事人应当明确协商解决的期限。期限届满未能协商解决的，案件恢复审理。

属于前款第二项规定情形，情节严重的，行政复议机关应当及时向有关国家机关通报。

行政复议机构中止行政复议案件审理的，应当书面通知当事人，并告知中止原因；行政复议中止的原因消除后，应当及时恢复行政复议案件的审理。

3.《海关行政复议办法》（2014年3月13日）

第五十五条　行政复议期间有下列情形之一，影响行政复议案件审理的，行政复议中止，海关行政复议机构应当制作《行政复议中止决定书》，并且送达申请人、被申请人和第三人：

（一）作为申请人的自然人死亡，其近亲属尚未确定是否参加行政复议的；

（二）作为申请人的自然人丧失参加行政复议的能力，尚未确定法定代理人参加行政复议的；

（三）作为申请人的法人或者其他组织终止，尚未确定权利义务承受人的；

（四）作为申请人的自然人下落不明或者被宣告失踪的；

（五）申请人、被申请人因不可抗力，不能参加行政复议的；

（六）案件涉及法律适用问题，需要有权机关作出解释或者确认的；

（七）案件审理需要以其他案件的审理结果为依据，而其他案件尚未审结的；

（八）申请人依照本办法第三十一条提出对有关规定的审查申请，有权处理的海关、行政机关正在依法处理期间的；

（九）其他需要中止行政复议的情形。

行政复议中止的原因消除后，海关行政复议机构应当及时恢复行政复议案件的审理，制作《行政复议恢复审理通知书》，并且送达申请人、被申请人和第三人。

第四十条 恢复审理

行政复议期间，行政复议机关无正当理由中止行政复议的，上级行政机关应当责令其恢复审理。

第四十一条 复议终止

行政复议期间有下列情形之一的，行政复议机关决定终止行政复议：

（一）申请人撤回行政复议申请，行政复议机构准予撤回；

（二）作为申请人的公民死亡，没有近亲属或者其近亲属放弃行政复议权利；

（三）作为申请人的法人或者其他组织终止，没有权利义务承受人或者其权利义务承受人放弃行政复议权利；

（四）申请人对行政拘留或者限制人身自由的行政强制措施不服申请行政复议后，因同一违法行为涉嫌犯罪，被采取刑事强制措施；

（五）依照本法第三十九条第一款第一项、第二项、第四项的规定中止行政复议满六十日，行政复议中止的原因仍未消除。

❋ 要点提示

实践中申请人撤回行政复议申请主要有两种情况：（1）申请人主动申请撤回行政复议申请。即申请人在行政机关未改变行政行为的情况下，主动向行政复议机关申请撤回自己的申请；（2）申请人被动撤回行政复议申请。即申请人在行政机关改变原行政行为的情况下，向行政复议机关申请撤回自己的申请。

❋ 关联规定

1.《行政复议法实施条例》（2007年5月29日）

第三十八条　申请人在行政复议决定作出前自愿撤回行政复议申请的，经行政复议机构同意，可以撤回。

申请人撤回行政复议申请的，不得再以同一事实和理由提出行政复议申请。但是，申请人能够证明撤回行政复议申请违背其真实意思表示的除外。

第四十二条　行政复议期间有下列情形之一的，行政复议终止：

（一）申请人要求撤回行政复议申请，行政复议机构准予撤回的；

（二）作为申请人的自然人死亡，没有近亲属或者其近亲属放弃行政复议权利的；

（三）作为申请人的法人或者其他组织终止，其权利义务的承受人放弃行政复议权利的；

（四）申请人与被申请人依照本条例第四十条的规定，经行政复议机构准许达成和解的；

（五）申请人对行政拘留或者限制人身自由的行政强制措施不服申请行政复议后，因申请人同一违法行为涉嫌犯罪，该行政拘留或者限制人身自由的行政强制措施变更为刑事拘留的。

依照本条例第四十一条第一款第（一）项、第（二）项、第（三）项规定中止行政复议，满 60 日行政复议中止的原因仍未消除的，行政复议终止。

2.《税务行政复议规则》（2018 年 6 月 15 日）

第七十一条　申请人在行政复议决定作出以前撤回行政复议申请的，经行政复议机构同意，可以撤回。

申请人撤回行政复议申请的，不得再以同一事实和理由提出行政复议申请。但是，申请人能够证明撤回行政复议申请违背其真实意思表示的除外。

3.《交通运输行政复议规定》（2015 年 9 月 9 日）

第十五条　交通运输行政复议决定作出前，申请人要求撤回行政复议申请的，经说明理由并由复议机关记录在案，可以撤回。申请人撤回行政复议申请，应当提交撤回交通运输行政复议的书面申请书或者在《撤回交通运输行政复议申请笔录》（见附件 7）上签名或者署印。

撤回行政复议申请的，交通运输行政复议终止，交通运输行政复议机关应当制作《交通运输行政复议终止通知书》（见附件 8）送达申请人、被申请人、第三人。

4.《住房城乡建设行政复议办法》（2015 年 9 月 7 日）

第二十八条　行政复议决定作出前，申请人可以撤回行政复议申请。

申请人撤回行政复议申请的，不得再以同一事实和理由提出行政复议申请。但是，申请人能够证明撤回行政复议申请违背其真实意思表示的除外。

5.《海关行政复议办法》（2014 年 3 月 13 日）

第八十条　申请人在行政复议决定作出前自愿撤回行政复议申请的，经海关行政复议机构同意，可以撤回。

申请人撤回行政复议申请的，不得再以同一事实和理由提出行政复议申请。但是，申请人能够证明撤回行政复议申请违背其真实意思表示的除外。

6.《国家知识产权局行政复议规程》（2012年7月18日）

第十八条　行政复议决定作出之前，复议申请人可以要求撤回行政复议申请。准予撤回的，行政复议程序终止。

7.《公安机关办理行政复议案件程序规定》（2002年11月2日）

第六十一条　有下列情形之一的，不允许申请人撤回行政复议申请：

（一）撤回行政复议申请可能损害国家利益、公共利益或者他人合法权益的；

（二）撤回行政复议申请不是出于申请人自愿的；

（三）其他不允许撤回行政复议申请的情形。

第四十二条　复议期间行政行为不停止执行及其例外

行政复议期间行政行为不停止执行；但是有下列情形之一的，应当停止执行：

（一）被申请人认为需要停止执行；

（二）行政复议机关认为需要停止执行；

（三）申请人、第三人申请停止执行，行政复议机关认为其要求合理，决定停止执行；

（四）法律、法规、规章规定停止执行的其他情形。

❖ 关联规定

《中国保险监督管理委员会行政复议办法》（2010年1月6日）

第二十五条　复议期间具体行政行为不停止执行；但是，有下列情形之一的，可以停止执行：

（一）被申请人认为需要停止执行的；

（二）中国保监会认为需要停止执行的；

（三）申请人申请停止执行，中国保监会认为其要求合理，决定停止执行的；

（四）法律规定停止执行的。

第二节　行政复议证据

第四十三条　证据种类

行政复议证据包括：

（一）书证；

（二）物证；

（三）视听资料；

（四）电子数据；

（五）证人证言；

（六）当事人的陈述；

（七）鉴定意见；

（八）勘验笔录、现场笔录。

以上证据经行政复议机构审查属实，才能作为认定行政复议案件事实的根据。

关联规定

《行政复议法实施条例》（2007年5月29日）

第三十七条　行政复议期间涉及专门事项需要鉴定的，当事人可以自行委托鉴定机构进行鉴定，也可以申请行政复议机构委托鉴定机构进行鉴定。鉴定费用由当事人承担。鉴定所用时间不计入行政复议审理期限。

第四十四条 举证责任

被申请人对其作出的行政行为的合法性、适当性负有举证责任。

有下列情形之一的，申请人应当提供证据：

（一）认为被申请人不履行法定职责的，提供曾经要求被申请人履行法定职责的证据，但是被申请人应当依职权主动履行法定职责或者申请人因正当理由不能提供的除外；

（二）提出行政赔偿请求的，提供受行政行为侵害而造成损害的证据，但是因被申请人原因导致申请人无法举证的，由被申请人承担举证责任；

（三）法律、法规规定需要申请人提供证据的其他情形。

要点提示

本条旨在建立健全行政复议证据规则，明确申请人与被申请人的举证责任。

第四十五条 调查取证

行政复议机关有权向有关单位和个人调查取证，查阅、复制、调取有关文件和资料，向有关人员进行询问。

调查取证时，行政复议人员不得少于两人，并应当出示行政复议工作证件。

被调查取证的单位和个人应当积极配合行政复议人员的工作，不得拒绝或者阻挠。

关联规定

《行政复议法实施条例》（2007年5月29日）

第三十三条　行政复议机构认为必要时，可以实地调查核实证据；对重大、复杂的案件，申请人提出要求或者行政复议机构认为必要时，可以采取听证的方式审理。

第三十四条　行政复议人员向有关组织和人员调查取证时，可以查阅、复制、调取有关文件和资料，向有关人员进行询问。

调查取证时，行政复议人员不得少于2人，并应当向当事人或者有关人员出示证件。被调查单位和人员应当配合行政复议人员的工作，不得拒绝或者阻挠。

需要现场勘验的，现场勘验所用时间不计入行政复议审理期限。

第四十六条　被申请人收集和补充证据限制

行政复议期间，被申请人不得自行向申请人和其他有关单位或者个人收集证据；自行收集的证据不作为认定行政行为合法性、适当性的依据。

行政复议期间，申请人或者第三人提出被申请行政复议的行政行为作出时没有提出的理由或者证据的，经行政复议机构同意，被申请人可以补充证据。

要点提示

行政机关在作出某种行政行为时，必须先掌握这一行政行为成立所需要的基本事实，并具有充分的证据。不能在主要事实不清、证据缺失的情况下，先作行政行为，然后再去调查取证。这种"先决定、后取证"的做法，损害了相对人的权益，与依法行政的原则是相悖的。而且，也容易导致被申请人在事后调查取证时，滥用职权，向申请人和其他有关组织或者个人施加压力，妨碍行政管理相对人依法行使行政复议申请权，影响行政复议机关了解真实情况和正确作出行政复议决定等不良后果。

关联规定

《公安机关办理行政复议案件程序规定》（2002 年 11 月 2 日）

第五十六条 在行政复议过程中，被申请人不得自行向申请人和其他组织或者个人收集证据。

有下列情形之一的，经公安行政复议机关准许，被申请人可以补充相关证据：

（一）在作出具体行政行为时已经收集证据，但因不可抗力等正当理由不能提供的；

（二）申请人或者第三人在行政复议过程中，提出了其在公安机关实施具体行政行为过程中没有提出的反驳理由或者证据的。

第四十七条 申请人等查阅、复制权利

> 行政复议期间，申请人、第三人及其委托代理人可以按照规定查阅、复制被申请人提出的书面答复、作出行政行为的证据、依据和其他有关材料，除涉及国家秘密、商业秘密、个人隐私或者可能危及国家安全、公共安全、社会稳定的情形外，行政复议机构应当同意。

关联规定

1.《行政复议法实施条例》（2007 年 5 月 29 日）

第三十五条 行政复议机关应当为申请人、第三人查阅有关材料提供必要条件。

2.《海关行政复议办法》（2014 年 3 月 13 日）

第五十三条 申请人、第三人可以查阅被申请人提出的书面答复、提

交的作出具体行政行为的证据、依据和其他有关材料,除涉及国家秘密、商业秘密、海关工作秘密或者个人隐私外,海关行政复议机关不得拒绝,并且应当为申请人、第三人查阅有关材料提供必要条件。

有条件的海关行政复议机关应当设立专门的行政复议接待室或者案卷查阅室,配备相应的监控设备。

第五十四条 申请人、第三人查阅有关材料依照下列规定办理:

(一)申请人、第三人向海关行政复议机构提出阅卷要求;

(二)海关行政复议机构确定查阅时间后提前通知申请人或者第三人;

(三)查阅时,申请人、第三人应当出示身份证件;

(四)查阅时,海关行政复议机构工作人员应当在场;

(五)申请人、第三人可以摘抄查阅材料的内容;

(六)申请人、第三人不得涂改、毁损、拆换、取走、增添查阅的材料。

第三节 普通程序

第四十八条 被申请人书面答复

行政复议机构应当自行政复议申请受理之日起七日内,将行政复议申请书副本或者行政复议申请笔录复印件发送被申请人。被申请人应当自收到行政复议申请书副本或者行政复议申请笔录复印件之日起十日内,提出书面答复,并提交作出行政行为的证据、依据和其他有关材料。

● 关联规定

1. 《行政复议法实施条例》(2007 年 5 月 29 日)

第三十六条 依照行政复议法第十四条的规定申请原级行政复议的案件,由原承办具体行政行为有关事项的部门或者机构提出书面答复,并提交作出具体行政行为的证据、依据和其他有关材料。

2.《国家国际发展合作署行政复议实施办法》（2020年3月30日）

第十条　业务部门应当自收到申请书副本之日起十日内提出书面答复，并提交当初作出具体行政行为的证据、依据和其他有关材料。书面答复应当载明以下内容：

（一）作出具体行政行为的事实依据和有关证据材料；

（二）作出具体行政行为所依据的法律、法规、规章和规范性文件的具体条款及其内容；

（三）作出答复的时间、联系人。

在行政复议过程中，业务部门不得自行向申请人和其他有关组织或者个人收集证据。

3.《自然资源行政复议规定》（2019年7月19日）

第二十条　被申请人应当自收到答复通知书之日起10日内，提交行政复议答复书。

行政复议答复书应当载明下列事项：

（一）被申请人的名称、地址、法定代表人的姓名、职务；

（二）委托代理人的姓名、单位、职务、联系方式；

（三）作出行政行为的事实和有关证据；

（四）作出行政行为所依据的法律、法规、规章和规范性文件的具体条款和内容；

（五）对申请人复议请求的意见和理由；

（六）作出答复的日期。

4.《住房城乡建设行政复议办法》（2015年9月7日）

第二十条　行政复议机关应当自行政复议申请受理之日起7日内，向被申请人发出答复通知书，并将行政复议申请书副本或者行政复议申请笔录复印件发送被申请人。被申请人应当自收到答复通知书之日起10日内，提出书面答复。

第二十一条 被申请人的书面答复应当载明以下内容：

（一）被申请人的基本情况；

（二）作出行政行为的过程和相关情况；

（三）作出行政行为的事实依据和有关证据材料；

（四）对申请人提出的事实和理由进行答辩；

（五）作出行政行为所依据的法律、法规、规章和规范性文件；

（六）作出答复的时间。

5.《海关行政复议办法》（2014年3月13日）

第四十三条 被申请人应当自收到申请书副本或者行政复议申请笔录复印件之日起10日内，向海关行政复议机构提交《行政复议答复书》，并且提交当初作出具体行政行为的证据、依据和其他有关材料。

《行政复议答复书》应当载明下列内容：

（一）被申请人名称、地址、法定代表人姓名及职务；

（二）被申请人作出具体行政行为的事实、证据、理由及法律依据；

（三）对申请人的行政复议申请要求、事实、理由逐条进行答辩和必要的举证；

（四）对有关具体行政行为建议维持、变更、撤销或者确认违法，建议驳回行政复议申请，进行行政复议调解等答复意见；

（五）作出答复的时间。

《行政复议答复书》应当加盖被申请人印章。

被申请人提交的有关证据、依据和其他有关材料应当按照规定装订成卷。

第四十四条 海关行政复议机构应当在收到被申请人提交的《行政复议答复书》之日起7日内，将《行政复议答复书》副本发送申请人。

第四十五条 行政复议案件的答复工作由被申请人负责法制工作的机构具体负责。

对海关总署作出的具体行政行为不服向海关总署申请行政复议的，由原承办具体行政行为有关事项的部门或者机构具体负责提出书面答复，并且提交当初作出具体行政行为的证据、依据和其他有关材料。

6.《国家知识产权局行政复议规程》（2012年7月18日）

第十七条　行政复议机构应当自受理行政复议申请之日起7日内将行政复议申请书副本转交有关部门。该部门应当自收到行政复议申请书副本之日起10日内提出维持、撤销或者变更原具体行政行为的书面答复意见，并提交当时作出具体行政行为的证据、依据和其他有关材料。期满未提出答复意见的，不影响行政复议决定的作出。

复议申请人、第三人可以查阅前款所述书面答复意见以及作出具体行政行为所依据的证据、依据和其他有关材料，但涉及保密内容的除外。

7.《农业部行政复议工作规定》（2010年12月22日）

第十四条　（被申请人答复）行政复议机构应当自行政复议申请受理之日起7日内，将行政复议申请书副本或者行政复议申请笔录复印件发送被申请人。被申请人是省级农业部门的，发送给省级农业部门；被申请人是农业部的，发送给实施该具体行政行为的农业部业务机构。

省级农业部门或农业部业务机构应当自收到申请书副本或者行政复议申请笔录复印件之日起10日内提出书面答复，并提交当初作出具体行政行为的证据、依据和其他有关材料。

书面答复应当载明下列事项：

（一）作出具体行政行为的事实依据和有关证据；

（二）作出具体行政行为的法律依据；

（三）对申请人行政复议请求的意见和理由。

8.《中国保险监督管理委员会行政复议办法》（2010年3月1日）

第二十七条　行政复议机构应当自行政复议申请受理之日起七日内，将行政复议申请书副本或者行政复议申请笔录复印件发送被申请人。被申请人应当自收到申请书副本或者申请笔录复印件之日起十日内，向行政复议机构提交书面答复一式两份，并提交当初作出具体行政行为的证据、依据和其他有关材料。

中国保监会是被申请人的，由中国保监会主办该具体行政行为的部门提交书面答复，并提交当初作出具体行政行为的证据、依据和其他有关材料。

第四十九条 听取意见程序

适用普通程序审理的行政复议案件，行政复议机构应当当面或者通过互联网、电话等方式听取当事人的意见，并将听取的意见记录在案。因当事人原因不能听取意见的，可以书面审理。

要点提示

本条将办案原则由书面审查修改为通过灵活方式听取群众意见。通过灵活方式听取群众意见，有利于全面了解案情、解决矛盾、打开心结，做到"案结事了"。

关联规定

《国家国际发展合作署行政复议实施办法》（2020年3月30日）

第十一条 行政复议原则上采取书面审查的办法，如案情复杂、书面审查无法查明案情，也可以采取听取当事人意见、实地调查，或邀请专门机构进行检验、鉴定等方式。

法制机构在办理行政复议事项过程中可以向业务部门调取、查阅、复制相关证据材料，业务部门应予配合。

第五十条 听证情形和人员组成

审理重大、疑难、复杂的行政复议案件,行政复议机构应当组织听证。

行政复议机构认为有必要听证,或者申请人请求听证的,行政复议机构可以组织听证。

听证由一名行政复议人员任主持人,两名以上行政复议人员任听证员,一名记录员制作听证笔录。

要点提示

对重大、疑难、复杂案件建立听证和本法第五十二条规定的行政复议委员会制度,有利于行政复议机关公正处理案件,也使行政复议机关的监督纠错力度更强。

关联规定

1.《行政复议法实施条例》(2007 年 5 月 29 日)

第三十三条 行政复议机构认为必要时,可以实地调查核实证据;对重大、复杂的案件,申请人提出要求或者行政复议机构认为必要时,可以采取听证的方式审理。

2.《住房城乡建设行政复议办法》(2015 年 9 月 7 日)

第二十二条 行政复议案件原则上采取书面审查的办法。行政复议机关认为必要,或者申请人提出听证要求经行政复议机关同意的,可以采取听证的方式审查。听证所需时间不计入行政复议审理期限。

行政复议机关决定举行听证的,应当于举行听证 5 日前将举行听证的时间、地点、具体要求等事项,通知申请人、被申请人和第三人。申请人超过 5 人的,应当推选 1 至 5 名代表参加听证。申请人无正当理由不参加听证或者未经许可中途退出听证的,视为自动放弃听证权利,听证程序终止;第三人不参加听证的,不影响听证的举行;被申请人必须参加听证。

行政复议机关认为必要的，可以实地调查核实。被调查单位和人员应当予以配合，不得拒绝或者阻挠。

第五十一条　听证程序和要求

行政复议机构组织听证的，应当于举行听证的五日前将听证的时间、地点和拟听证事项书面通知当事人。

申请人无正当理由拒不参加听证的，视为放弃听证权利。

被申请人的负责人应当参加听证。不能参加的，应当说明理由并委托相应的工作人员参加听证。

第五十二条　行政复议委员会组成和职责

县级以上各级人民政府应当建立相关政府部门、专家、学者等参与的行政复议委员会，为办理行政复议案件提供咨询意见，并就行政复议工作中的重大事项和共性问题研究提出意见。行政复议委员会的组成和开展工作的具体办法，由国务院行政复议机构制定。

审理行政复议案件涉及下列情形之一的，行政复议机构应当提请行政复议委员会提出咨询意见：

（一）案情重大、疑难、复杂；

（二）专业性、技术性较强；

（三）本法第二十四条第二款规定的行政复议案件；

（四）行政复议机构认为有必要。

行政复议机构应当记录行政复议委员会的咨询意见。

✦ 要点提示

行政复议委员会主要作用包括两个方面：一是为办理行政复议案件提供咨询意见；二是就行政复议工作中的重大事项和共性问题研究提出意见。[①]

✦ 关联规定

1.《国家国际发展合作署行政复议实施办法》（2020年3月30日）

第十一条　行政复议原则上采取书面审查的办法，如案情复杂、书面审查无法查明案情，也可以采取听取当事人意见、实地调查，或邀请专门机构进行检验、鉴定等方式。

法制机构在办理行政复议事项过程中可以向业务部门调取、查阅、复制相关证据材料，业务部门应予配合。

第十二条　对重大、复杂的案件，法制机构可以组织法律顾问、专家进行研究论证；申请人提出要求或者法制机构认为必要时，可以采取听证方式审理。

2.《自然资源行政复议规定》（2019年7月19日）

第二十三条　行政复议案件以书面审理为主。必要时，行政复议机构可以采取实地调查、审查会、听证会、专家论证等方式审理行政复议案件。

重大、复杂、疑难的行政复议案件，行政复议机构应当提请行政复议委员会审议。

[①] 全国人大常委会法工委发言人杨合庆认为，提请行政复议委员会提出咨询意见的案件主要包括四种类型：案情重大、疑难、复杂的行政复议案件；专业性、技术性较强的行政复议案件；省、自治区、直辖市人民政府管辖的对本机关作出的行政行为不服的行政复议案件；行政复议机关认为有必要提请咨询的其他行政复议案件。参见徐航、王岭：《行政复议法修订草案迎三审：更好体现"公正高效、便民为民"》，载中国人大网，http://www.npc.gov.cn/npc/kgfb/202308/040feba806984141b72537e832b5a5b6.shtml，2023年9月1日访问。

第四节 简易程序

第五十三条 简易程序适用情形

行政复议机关审理下列行政复议案件，认为事实清楚、权利义务关系明确、争议不大的，可以适用简易程序：

（一）被申请行政复议的行政行为是当场作出；
（二）被申请行政复议的行政行为是警告或者通报批评；
（三）案件涉及款额三千元以下；
（四）属于政府信息公开案件。

除前款规定以外的行政复议案件，当事人各方同意适用简易程序的，可以适用简易程序。

第五十四条 简易程序的具体要求

适用简易程序审理的行政复议案件，行政复议机构应当自受理行政复议申请之日起三日内，将行政复议申请书副本或者行政复议申请笔录复印件发送被申请人。被申请人应当自收到行政复议申请书副本或者行政复议申请笔录复印件之日起五日内，提出书面答复，并提交作出行政行为的证据、依据和其他有关材料。

适用简易程序审理的行政复议案件，可以书面审理。

要点提示

本条关于简易程序的规定可以促使行政机关积极履行法定职责，遵循法定时限，减少行政相对人的程序负担，方便行政相对人维护自身合法权益。

第五十五条　简易程序向普通程序转换

适用简易程序审理的行政复议案件，行政复议机构认为不宜适用简易程序的，经行政复议机构的负责人批准，可以转为普通程序审理。

第五节　行政复议附带审查

第五十六条　规范性文件审查处理

申请人依照本法第十三条的规定提出对有关规范性文件的附带审查申请，行政复议机关有权处理的，应当在三十日内依法处理；无权处理的，应当在七日内转送有权处理的行政机关依法处理。

要点提示

无权处理，是指依法应当由上级行政机关或者其他行政机关决定撤销、改变或者责令改正的情况。行政复议机关认为这些情况中的规范性文件不合法的，应当转送制定机关的直接上一级行政机关作出处理。

关联规定

1.《海关行政复议办法》（2014年3月13日）

第六十三条　申请人依照本办法第三十一条提出对有关规定的审查申请的，海关行政复议机关对该规定有权处理的，应当在30日内依照下列程序处理：

（一）依法确认该规定是否与法律、行政法规、规章相抵触；

（二）依法确认该规定能否作为被申请人作出具体行政行为的依据；

（三）书面告知申请人对该规定的审查结果。

海关行政复议机关应当制作《抽象行政行为审查告知书》，并且送达申请人、被申请人。

第六十四条　海关行政复议机关对申请人申请审查的有关规定无权处理的，应当在7日内按照下列程序转送有权处理的上级海关或者其他行政机关依法处理：

（一）转送有权处理的上级海关的，应当报告行政复议有关情况、执行该规定的有关情况、对该规定适用的意见；

（二）转送有权处理的其他行政机关的，在转送函中应当说明行政复议的有关情况、请求确认该规定是否合法。

第六十五条　有权处理的上级海关应当在60日内依照下列程序处理：

（一）依法确认该规定是否合法、有效；

（二）依法确认该规定能否作为被申请人作出具体行政行为的依据；

（三）制作《抽象行政行为审查告知书》，并且送达海关行政复议机关、申请人和被申请人。

2.《人力资源社会保障行政复议办法》（2010年3月16日）

第四十八条　行政复议机关在审查申请人一并提出的作出具体行政行为所依据的规定的合法性时，应当根据具体情况，分别作出下列处理：

（一）如果该规定是由本行政机关制定的，应当在30日内对该规定依法作出处理结论；

（二）如果该规定是由其他人力资源社会保障行政部门制定的，应当在7日内按照法定程序转送制定该规定的人力资源社会保障行政部门，请其在60日内依法处理；

（三）如果该规定是由人民政府制定的，应当在7日内按照法定程序转送有权处理的国家机关依法处理。

对该规定进行审查期间，中止对具体行政行为的审查；审查结束后，行政复议机关再继续对具体行政行为的审查。

3.《公安机关办理行政复议案件程序规定》（2002年11月2日）

第四十三条　公安行政复议机关对行政复议法第二十六条、第二十七

条中规定的"规定"、"依据",应当从以下几个方面进行审查:

(一)是否与上位阶的规范性文件相抵触;

(二)是否与同位阶的规范性文件相矛盾;

(三)是否属于制定机关的法定职权范围。

第四十四条　公安行政复议机关依法有权对下列规范性文件进行审查:

(一)本级公安机关制定的规范性文件;

(二)下级公安机关制定的规范性文件。

第四十五条　公安行政复议机关对认定为不合法的规范性文件,按以下原则处理:

(一)属于本级公安机关制定的,应当在30日内予以废止或者作出修订;

(二)属于下级公安机关制定的,应当在30日内予以撤销或者责令下级公安机关在30日内予以废止或者作出修订。

第四十六条　公安行政复议机构对行政复议中需审查的下列规范性文件,应当制作《规范性文件提请审查函》,按程序予以转送:

(一)公安行政复议机关的上级行政机关制定的规范性文件;

(二)公安行政复议机关无权处理的其他规范性文件。

第四十七条　规范性文件的转送,按以下规定办理:

(一)对上级行政机关制定的规范性文件,按程序转送至制定该规范性文件的机关;

(二)对与公安行政复议机关同级的其他行政机关或该行政机关的下级机关制定的规范性文件,转送至该行政机关。

第四十八条　对公安行政复议机关与其他行政机关联合制定的规范性文件,商联合制定规范性文件的行政机关办理。

第四十九条　依照行政复议法第二十六条、第二十七条对有关规范性文件作出处理的机关,应当将处理结论书面告知制定机关和公安行政复议机关。前款规定中的处理结论包括:

(一)规范性文件合法的,决定予以维持;

（二）规范性文件不合法的，根据情况，予以撤销或者废止，或者提出修订意见，并责令制定机关限期修订。

第五十条 规范性文件审查期间，公安行政复议机关应当中止对具体行政行为的审查，必要时可以决定停止具体行政行为的执行。

第五十七条 行政行为依据审查处理

行政复议机关在对被申请人作出的行政行为进行审查时，认为其依据不合法，本机关有权处理的，应当在三十日内依法处理；无权处理的，应当在七日内转送有权处理的国家机关依法处理。

要点提示

按照本条的规定，对于行政复议机关发现被申请人作出的行政行为的依据不合法的，根据以下不同情况可以归结为三类处理方式：（1）被申请人的行政行为是依据行政复议机关或者行政复议机关的下级行政机关发布的规范性文件作出的。这种情况属于行政复议机关"有权处理"的情况。（2）被申请人的行政行为是依据行政复议机关的上级行政机关或者行政复议机关不享有领导权、指导权的其他行政机关发布的规范性文件作出的。这种情况属于行政复议机关"无权处理"的情况。（3）被申请人的行政行为是依据国家权力机关发布的规范性文件作出的。这种情况同样属于行政复议机关"无权处理"的情况。

关联规定

《公安机关办理行政复议案件程序规定》（2002年11月2日）

第六十八条 有下列情形之一的，应当认定该具体行政行为适用依据错误：

（一）适用的依据已经失效、废止的；

（二）适用的依据尚未生效的；

（三）适用的依据不当的；

（四）其他适用依据错误的情形。

第五十八条　附带审查处理程序

行政复议机关依照本法第五十六条、第五十七条的规定有权处理有关规范性文件或者依据的，行政复议机构应当自行政复议中止之日起三日内，书面通知规范性文件或者依据的制定机关就相关条款的合法性提出书面答复。制定机关应当自收到书面通知之日起十日内提交书面答复及相关材料。

行政复议机构认为必要时，可以要求规范性文件或者依据的制定机关当面说明理由，制定机关应当配合。

第五十九条　附带审查处理结果

行政复议机关依照本法第五十六条、第五十七条的规定有权处理有关规范性文件或者依据，认为相关条款合法的，在行政复议决定书中一并告知；认为相关条款超越权限或者违反上位法的，决定停止该条款的执行，并责令制定机关予以纠正。

第六十条　接受转送机关的职责

依照本法第五十六条、第五十七条的规定接受转送的行政机关、国家机关应当自收到转送之日起六十日内，将处理意见回复转送的行政复议机关。

第五章 行政复议决定

第六十一条 行政复议决定程序

行政复议机关依照本法审理行政复议案件，由行政复议机构对行政行为进行审查，提出意见，经行政复议机关的负责人同意或者集体讨论通过后，以行政复议机关的名义作出行政复议决定。

经过听证的行政复议案件，行政复议机关应当根据听证笔录、审查认定的事实和证据，依照本法作出行政复议决定。

提请行政复议委员会提出咨询意见的行政复议案件，行政复议机关应当将咨询意见作为作出行政复议决定的重要参考依据。

第六十二条 行政复议审理期限

适用普通程序审理的行政复议案件，行政复议机关应当自受理申请之日起六十日内作出行政复议决定；但是法律规定的行政复议期限少于六十日的除外。情况复杂，不能在规定期限内作出行政复议决定的，经行政复议机构的负责人批准，可以适当延长，并书面告知当事人；但是延长期限最多不得超过三十日。

适用简易程序审理的行政复议案件，行政复议机关应当自受理申请之日起三十日内作出行政复议决定。

关联规定

1.《行政复议法实施条例》（2007年5月29日）

第二十条　申请人口头申请行政复议的，行政复议机构应当依照本条例第十九条规定的事项，当场制作行政复议申请笔录交申请人核对或者向申请人宣读，并由申请人签字确认。

2.《海关行政复议办法》（2014年3月13日）

第六十八条　海关行政复议机关应当自受理申请之日起60日内作出行政复议决定。但是有下列情况之一的，经海关行政复议机关负责人批准，可以延长30日：

（一）行政复议案件案情重大、复杂、疑难的；

（二）决定举行行政复议听证的；

（三）经申请人同意的；

（四）有第三人参加行政复议的；

（五）申请人、第三人提出新的事实或者证据需进一步调查的。

海关行政复议机关延长复议期限，应当制作《延长行政复议审查期限通知书》，并且送达申请人、被申请人和第三人。

第六十三条　变更行政行为

行政行为有下列情形之一的，行政复议机关决定变更该行政行为：

（一）事实清楚，证据确凿，适用依据正确，程序合法，但是内容不适当；

（二）事实清楚，证据确凿，程序合法，但是未正确适用依据；

（三）事实不清、证据不足，经行政复议机关查清事实和证据。

行政复议机关不得作出对申请人更为不利的变更决定，但是第三人提出相反请求的除外。

❋ 关联规定

1.《行政复议法实施条例》（2007 年 5 月 29 日）

第四十七条 具体行政行为有下列情形之一，行政复议机关可以决定变更：

（一）认定事实清楚，证据确凿，程序合法，但是明显不当或者适用依据错误的；

（二）认定事实不清，证据不足，但是经行政复议机关审理查明事实清楚，证据确凿的。

第五十一条 行政复议机关在申请人的行政复议请求范围内，不得作出对申请人更为不利的行政复议决定。

2.《税务行政复议规则》（2018 年 6 月 15 日）

第七十七条 有下列情形之一的，行政复议机关可以决定变更：

（一）认定事实清楚，证据确凿，程序合法，但是明显不当或者适用依据错误的。

（二）认定事实不清，证据不足，但是经行政复议机关审理查明事实清楚，证据确凿的。

3.《住房城乡建设行政复议办法》（2015 年 9 月 7 日）

第三十二条 行政行为有下列情形之一的，行政复议机关可以决定变更该行政行为：

（一）认定事实清楚，证据确凿，程序合法，但是明显不当或者适用依据错误的；

（二）认定事实不清，证据不足，经行政复议程序审理查明事实清楚，证据确凿的。

第六十四条 撤销或者部分撤销、责令重作行政行为

行政行为有下列情形之一的，行政复议机关决定撤销或者部分撤销该行政行为，并可以责令被申请人在一定期限内重新作出行政行为：

（一）主要事实不清、证据不足；

（二）违反法定程序；

（三）适用的依据不合法；

（四）超越职权或者滥用职权。

行政复议机关责令被申请人重新作出行政行为的，被申请人不得以同一事实和理由作出与被申请行政复议的行政行为相同或者基本相同的行政行为，但是行政复议机关以违反法定程序为由决定撤销或者部分撤销的除外。

❋ 关联规定

1.《行政复议法实施条例》（2007年5月29日）

第四十五条 具体行政行为有行政复议法第二十八条第一款第（三）项规定情形之一的，行政复议机关应当决定撤销、变更该具体行政行为或者确认该具体行政行为违法；决定撤销该具体行政行为或者确认该具体行政行为违法的，可以责令被申请人在一定期限内重新作出具体行政行为。

第四十九条 行政复议机关依照行政复议法第二十八条的规定责令被申请人重新作出具体行政行为的，被申请人应当在法律、法规、规章规定的期限内重新作出具体行政行为；法律、法规、规章未规定期限的，重新作出具体行政行为的期限为60日。

2.《国家国际发展合作署行政复议实施办法》（2020年3月30日）

第十四条 法制机构对具体行政行为进行审查，提出意见，经国际发展合作署署务会议审定后，作出以下行政复议决定：

（一）具体行政行为认定事实清楚、证据确凿、适用依据正确、程序合法、内容适当的，决定维持；

（二）申请人要求被申请人履行未履行的法定职责的，决定被申请人在一定期限内履行；

（三）具体行政行为有下列情形之一的，决定撤销、变更具体行政行为或者确认具体行政行为违法：

1. 主要事实不清、证据不足的；
2. 适用依据错误的；
3. 违反法定程序的；
4. 超越或者滥用职权的；
5. 具体行政行为明显不当的。

3.《税务行政复议规则》（2018年6月15日）

第七十五条 行政复议机构应当对被申请人的具体行政行为提出审查意见，经行政复议机关负责人批准，按照下列规定作出行政复议决定：

（一）具体行政行为认定事实清楚，证据确凿，适用依据正确，程序合法，内容适当的，决定维持。

（二）被申请人不履行法定职责的，决定其在一定期限内履行。

（三）具体行政行为有下列情形之一的，决定撤销、变更或者确认该具体行政行为违法；决定撤销或者确认该具体行政行为违法的，可以责令被申请人在一定期限内重新作出具体行政行为：

1. 主要事实不清、证据不足的；
2. 适用依据错误的；
3. 违反法定程序的；
4. 超越职权或者滥用职权的；
5. 具体行政行为明显不当的。

（四）被申请人不按照本规则第六十二条的规定提出书面答复，提交当初作出具体行政行为的证据、依据和其他有关材料的，视为该具体行政行为没有证据、依据，决定撤销该具体行政行为。

第七十七条　有下列情形之一的，行政复议机关可以决定变更：

（一）认定事实清楚，证据确凿，程序合法，但是明显不当或者适用依据错误的。

（二）认定事实不清，证据不足，但是经行政复议机关审理查明事实清楚，证据确凿的。

4.《交通运输行政复议规定》（2015年9月9日）

第十八条　交通运输行政复议机关设置的法制工作机构应当对被申请人作出的具体行政行为进行审查，提出意见，经交通运输行政复议机关的负责人同意或者集体讨论通过后，按照下列规定作出交通运输行政复议决定：

（一）具体行政行为认定事实清楚，证据确凿，适用依据正确，程序合法，内容适当的，决定维持；

（二）被申请人不履行法定职责的，责令其在一定期限内履行；

（三）具体行政行为有下列情形之一的，决定撤销、变更或者确认该具体行政行为违法；决定撤销或者确认该具体行政行为违法的，可以责令被申请人在一定期限内重新作出具体行政行为：

1. 主要事实不清、证据不足的；
2. 适用依据错误的；
3. 违反法定程序的；
4. 超越或者滥用职权的；
5. 具体行政行为明显不当的。

（四）被申请人不按照《行政复议法》第二十三条的规定提出书面答复、提交当初作出具体行政行为的证据、依据和其他有关材料的，视为该具体行政行为没有证据、依据，决定撤销该具体行政行为。

交通运输行政复议机关责令被申请人重新作出具体行政行为的，被申请人不得以同一的事实和理由作出与原具体行政行为相同或者基本相同的具体行政行为。

5.《住房城乡建设行政复议办法》（2015年9月7日）

第三十一条　行政行为有下列情形之一的，行政复议机关应当决定撤销：

（一）主要事实不清，证据不足的；

（二）适用依据错误的；

（三）违反法定程序的；

（四）超越或者滥用职权的；

（五）行政行为明显不当的。公民、法人或者其他组织对被申请人重新作出的具体行政行为不服，可以依法申请行政复议或者提起行政诉讼。

6.《公安机关办理行政复议案件程序规定》（2002年11月2日）

第六十九条　有下列情形之一的，应当认定该具体行政行为违反法定程序：

（一）依法应当回避而未回避的；

（二）在作出行政处罚决定之前，没有依法履行告知义务的；

（三）拒绝听取当事人陈述、申辩的；

（四）应当听证而未听证的；

（五）其他违反法律、法规、规章规定程序的情形。

第七十条　有下列情形之一的，应当认定该具体行政行为超越职权：

（一）超越地域管辖范围的；

（二）超越执法权限的；

（三）其他超越职权的情形。

第七十一条　被申请人在法定职权范围内故意作出不适当的具体行政行为，侵犯申请人合法权益的，可以认定该具体行政行为为滥用职权。

典型案例

1. 刘彩丽诉广东省英德市人民政府行政复议案①

◎ **关键词**

行政　行政复议　工伤认定　工伤保险责任

◎ **裁判要点**

建筑施工企业违反法律、法规规定将自己承包的工程交由自然人实际施工，该自然人因工伤亡，社会保险行政部门参照《最高人民法院关于审理工伤保险行政案件若干问题的规定》第三条第一款有关规定认定建筑施工企业为承担工伤保险责任单位的，人民法院应予支持。

◎ **相关法条**

《工伤保险条例》第15条②

◎ **基本案情**

2016年3月31日，朱展雄与茂名市茂南建安集团有限公司（以下简称建安公司）就朱展雄商住楼工程签订施工合同，发包人为朱展雄，承包人为建安公司。补充协议约定由建安公司设立工人工资支付专用账户，户名为陆海峰。随后，朱展雄商住楼工程以建安公司为施工单位办理了工程报建手续。案涉工程由梁某某组织工人施工，陆海峰亦在现场参与管理。施工现场大门、施工标志牌等多处设施的醒目位置，均标注该工程的承建单位为建安公司。另查明，建安公司为案涉工程投保了施工人员团体人身意外伤害保险，保险单载明被保险人30人，未附人员名单。2017年6月9日，梁某某与陆海峰接到英德市住建部门的检查通知，二人与工地其他人员在出租屋内等待检查。该出租屋系梁某某承租，用于工地开会布置工作和发放工资。当日15时许，梁某某被发现躺在出租屋内，死亡原因为猝死。

梁某某妻子刘彩丽向广东省英德市人力资源和社会保障局（以下简称英德市人社局）申请工伤认定。英德市人社局作出《关于梁某某视同工亡

---

① 最高人民法院指导案例191号。
② 本书案例适用的法律法规等条文均为案件裁判当时有效，下文不再对此进行提示。

认定决定书》（以下简称《视同工亡认定书》），认定梁某某是在工作时间和工作岗位，突发疾病在四十八小时之内经抢救无效死亡，符合《工伤保险条例》第十五条第一款第一项规定的情形，视同因工死亡。建安公司不服，向广东省英德市人民政府（以下简称英德市政府）申请行政复议。英德市政府作出《行政复议决定书》，以英德市人社局作出的《视同工亡认定书》认定事实不清，证据不足，适用依据错误，程序违法为由，予以撤销。刘彩丽不服，提起诉讼，请求撤销《行政复议决定书》，恢复《视同工亡认定书》的效力。

◎ 裁判结果

广东省清远市中级人民法院于2018年7月27日作出（2018）粤18行初42号行政判决：驳回刘彩丽的诉讼请求。刘彩丽不服一审判决，提起上诉。广东省高级人民法院于2019年9月29日作出（2019）粤行终390号行政判决：驳回上诉，维持原判。刘彩丽不服二审判决，向最高人民法院申请再审。最高人民法院于2020年11月9日作出（2020）最高法行申5851号行政裁定，提审本案。2021年4月27日，最高人民法院作出（2021）最高法行再1号行政判决：一、撤销广东省高级人民法院（2019）粤行终390号行政判决；二、撤销广东省清远市中级人民法院（2018）粤18行初42号行政判决；三、撤销英德市政府作出的英府复决〔2018〕2号《行政复议决定书》；四、恢复英德市人社局作出的英人社工认〔2017〕194号《视同工亡认定书》的效力。

◎ 裁判理由

最高人民法院认为：

一、建安公司应作为承担工伤保险责任的单位

作为具备用工主体资格的承包单位，既然享有承包单位的权利，也应当履行承包单位的义务。在工伤保险责任承担方面，建安公司与梁某某之间虽未直接签订转包合同，但其允许梁某某利用其资质并挂靠施工，参照原劳动和社会保障部《关于确立劳动关系有关事项的通知》（劳社部发〔2005〕12号）第四条、《人力资源和社会保障部关于执行〈工伤保险条例〉若干问题的意见》（人社部发〔2013〕34号，以下简称《人社部工伤

保险条例意见》）第七点规定以及《最高人民法院关于审理工伤保险行政案件若干问题的规定》（以下简称《工伤保险行政案件规定》）第三条第一款第四项、第五项规定精神，可由建安公司作为承担工伤保险责任的单位。

二、建安公司应承担梁某某的工伤保险责任

英德市政府和建安公司认为，根据法律的相关规定，梁某某是不具备用工主体资格的"包工头"，并非其招用的劳动者或聘用的职工，梁某某因工伤亡不应由建安公司承担工伤保险责任。对此，最高人民法院认为，将因工伤亡的"包工头"纳入工伤保险范围，赋予其享受工伤保险待遇的权利，由具备用工主体资格的承包单位承担用人单位依法应承担的工伤保险责任，符合工伤保险制度的建立初衷，也符合《工伤保险条例》及相关规范性文件的立法目的。

首先，建设工程领域具备用工主体资格的承包单位承担其违法转包、分包项目上因工伤亡职工的工伤保险责任，并不以存在法律上劳动关系或事实上劳动关系为前提条件。根据《人社部工伤保险条例意见》第七点规定、《工伤保险行政案件规定》第三条规定，为保障建筑行业中不具备用工主体资格的组织或自然人聘用的职工因工伤亡后的工伤保险待遇，加强对劳动者的倾斜保护和对违法转包、分包单位的惩戒，现行工伤保险制度确立了因工伤亡职工与承包单位之间推定形成拟制劳动关系的规则，即直接将违法转包、分包的承包单位视为用工主体，并由其承担工伤保险责任。

其次，将"包工头"纳入工伤保险范围，符合建筑工程领域工伤保险发展方向。根据《国务院办公厅关于促进建筑业持续健康发展的意见》（国办发〔2017〕19号）、《人力资源社会保障部办公厅关于进一步做好建筑业工伤保险工作的通知》（人社厅函〔2017〕53号）等规范性文件精神，要求完善符合建筑业特点的工伤保险参保政策，大力扩展建筑企业工伤保险参保覆盖面。即针对建筑行业的特点，建筑施工企业对相对固定的职工，应按用人单位参加工伤保险；对不能按用人单位参保、建筑项目使用的建筑业职工特别是农民工，按项目参加工伤保险。因此，为包括"包工头"在内的所有劳动者按项目参加工伤保险，扩展建筑企业工伤保险参保覆盖面，符合建筑工程领域工伤保险制度发展方向。

再次，将"包工头"纳入工伤保险对象范围，符合"应保尽保"的工伤保险制度立法目的。《工伤保险条例》关于"本单位全部职工或者雇工"的规定，并未排除个体工商户、"包工头"等特殊的用工主体自身也应当参加工伤保险。易言之，无论是工伤保险制度的建立本意，还是工伤保险法规的具体规定，均没有也不宜将"包工头"排除在工伤保险范围之外。"包工头"作为劳动者，处于违法转包、分包等行为利益链条的最末端，参与并承担着施工现场的具体管理工作，有的还直接参与具体施工，其同样可能存在工作时间、工作地点因工作原因而伤亡的情形。"包工头"因工伤亡，与其聘用的施工人员因工伤亡，就工伤保险制度和工伤保险责任而言，并不存在本质区别。如人为限缩《工伤保险条例》的适用范围，不将"包工头"纳入工伤保险范围，将形成实质上的不平等；而将"包工头"等特殊主体纳入工伤保险范围，则有利于实现对全体劳动者的倾斜保护，彰显社会主义工伤保险制度的优越性。

最后，"包工头"违法承揽工程的法律责任，与其参加社会保险的权利之间并不冲突。根据社会保险法第一条、第三十三条规定，工伤保险作为社会保险制度的一个重要组成部分，由国家通过立法强制实施，是国家对职工履行的社会责任，也是职工应该享受的基本权利。不能因为"包工头"违法承揽工程违反建筑领域法律规范，而否定其享受社会保险的权利。承包单位以自己的名义和资质承包建设项目，又由不具备资质条件的主体实际施工，从违法转包、分包或者挂靠中获取利益，由其承担相应的工伤保险责任，符合公平正义理念。当然，承包单位依法承担工伤保险责任后，在符合法律规定的情况下，可以依法另行要求相应责任主体承担相应的责任。

2. 张某与某市人民政府行政复议调解检察监督案[1]

◎ **关键词**

实质性化解行政争议　工伤认定　检察建议

◎ **案例简介**

2008年5月7日15时许，某市某煤矿职工张某驾驶摩托车在下班途中，与四轮拖拉机相撞受伤，拖拉机驾驶员逃逸。2008年7月14日至2009年9月27日，张某与某煤矿工伤认定争议，经过某市劳动和社会保障局三次决定和某市人民政府三次行政复议，均未得到最终处理。2009年9月27日，某市人民政府组织争议双方进行行政复议调解，并作出《行政复议调解书》。后，张某起诉至人民法院，请求人民法院撤销某市人民政府作出的行政复议调解书，请求认定张某系工伤并享受工伤保险待遇，某市中院、黑龙江省高级人民法院、最高人民法院均以其起诉不属于行政诉讼的受案范围，且已经超过法定起诉期限为由，未予支持。2018年1月8日，张某向检察机关申请监督，最高人民检察院认为该案符合实质性化解条件，遂交黑龙江省人民检察院、鹤岗市人民检察院做好争议化解工作。

黑龙江省人民检察院和鹤岗市人民检察经审查后认为：《中华人民共和国行政复议法实施条例》第五十条规定"有下列情形之一的，行政复议机关可以按照自愿、合法的原则进行调解：（一）公民、法人或者其他组织对行政机关行使法律、法规规定的自由裁量权作出的具体行政行为不服申请行政复议的；（二）当事人之间的行政赔偿或者行政补偿纠纷。"某市人民政府作出的行政复议调解并非针对行政机关行使自由裁量权作出的具体行政行为，同时，双方争议也非行政赔偿或者行政补偿纠纷，某市人民政府作出行政复议调解违反《中华人民共和国行政复议法实施条例》的规定，鹤岗市人民检察院于2020年8月18日向某市人民政府提出检察建议，建议市人民政府撤销行政复议调解书。2020年8月21日，市人民政府决定撤销该调解书，并责令人力资源和社会保障部门重新作出具体行政行

---

[1] 2020年度十大行政检察典型案例之五，载最高人民检察院网站，https://www.spp.gov.cn/xwfbh/dxal/202101/t20210128_507974.shtml，2023年8月1日访问。

为。2020年10月22日，某市人力资源和社会保障部门作出决定，认定张传义为工伤。经最高人民检察院、黑龙江省院、鹤岗市院三级检察院联动化解，张某最终获得了一次性工伤赔偿金10万元，2020年12月2日，检察机关举行行政争议实质性化解检察宣告。

◎ 意义

检察机关发现行政机关作出的行政复议调解违反了相关法律规定，通过提出检察建议，监督行政机关纠正违法行为，维护了人民群众的合法权益，实现行政争议的实质性化解，取得了良好的法律效果和社会效果。

第六十五条 确认行政行为违法

行政行为有下列情形之一的，行政复议机关不撤销该行政行为，但是确认该行政行为违法：

（一）依法应予撤销，但是撤销会给国家利益、社会公共利益造成重大损害；

（二）程序轻微违法，但是对申请人权利不产生实际影响。

行政行为有下列情形之一，不需要撤销或者责令履行的，行政复议机关确认该行政行为违法：

（一）行政行为违法，但是不具有可撤销内容；

（二）被申请人改变原违法行政行为，申请人仍要求撤销或者确认该行政行为违法；

（三）被申请人不履行或者拖延履行法定职责，责令履行没有意义。

❋ 关联规定

1.《住房城乡建设行政复议办法》（2015年9月7日）

第三十五条 行政行为有下列情形之一的，行政复议机关应当确认违法，但不撤销或者变更行政行为：

（一）行政行为依法应当撤销或者变更，但撤销或者变更该行政行为将会给国家利益、社会公共利益造成重大损害的；

（二）行政行为程序轻微违法，但对申请人权利不产生实际影响的；

（三）被申请人不履行法定职责或者拖延履行法定职责，判令履行没有意义的；

（四）行政行为违法，但不具有可撤销、变更内容的；

（五）法律、法规和规章规定的其他情形。

2.《公安机关办理行政复议案件程序规定》（2002年11月2日）

第六十六条　有下列情形之一的，应当确认该具体行政行为违法：

（一）被申请人不履行法定职责，但决定其履行法定职责已无实际意义的；

（二）具体行政行为不具有可撤销、变更内容的；

（三）具体行政行为依法不能成立或者无效的。

第六十七条　公安行政复议机关决定撤销具体行政行为或者确认具体行政行为违法，并责令被申请人重新作出具体行政行为，必要时可以一并限定重新作出具体行政行为的期限；限定重新作出具体行政行为的期限最长不超过60日。

被申请人重新作出具体行政行为，应当书面报公安行政复议机关备案。

公民、法人或者其他组织对重新作出的具体行政行为不服，可以依法申请行政复议或者提起行政诉讼。

第六十六条　限期履行法定职责

被申请人不履行法定职责的，行政复议机关决定被申请人在一定期限内履行。

❖ 关联规定

1.《行政复议法实施条例》(2007年5月29日)

第四十四条 依照行政复议法第二十八条第一款第（二）项规定，被申请人不履行法定职责的，行政复议机关应当决定其在一定期限内履行法定职责。

2.《国家国际发展合作署行政复议实施办法》(2020年3月30日)

第十四条 法制机构对具体行政行为进行审查，提出意见，经国际发展合作署署务会议审定后，作出以下行政复议决定：

（一）具体行政行为认定事实清楚、证据确凿、适用依据正确、程序合法、内容适当的，决定维持；

（二）申请人要求被申请人履行未履行的法定职责的，决定被申请人在一定期限内履行；

（三）具体行政行为有下列情形之一的，决定撤销、变更具体行政行为或者确认具体行政行为违法：

1. 主要事实不清、证据不足的；
2. 适用依据错误的；
3. 违反法定程序的；
4. 超越或者滥用职权的；
5. 具体行政行为明显不当的。

3.《税务行政复议规则》(2018年6月15日)

第七十五条 行政复议机构应当对被申请人的具体行政行为提出审查意见，经行政复议机关负责人批准，按照下列规定作出行政复议决定：

（一）具体行政行为认定事实清楚，证据确凿，适用依据正确，程序合法，内容适当的，决定维持。

（二）被申请人不履行法定职责的，决定其在一定期限内履行。

（三）具体行政行为有下列情形之一的，决定撤销、变更或者确认该具体行政行为违法；决定撤销或者确认该具体行政行为违法的，可以责令被申请人在一定期限内重新作出具体行政行为：

1. 主要事实不清、证据不足的；
2. 适用依据错误的；
3. 违反法定程序的；
4. 超越职权或者滥用职权的；
5. 具体行政行为明显不当的。

（四）被申请人不按照本规则第六十二条的规定提出书面答复，提交当初作出具体行政行为的证据、依据和其他有关材料的，视为该具体行政行为没有证据、依据，决定撤销该具体行政行为。

4.《交通运输行政复议规定》（2015年9月9日）

第十八条 交通运输行政复议机关设置的法制工作机构应当对被申请人作出的具体行政行为进行审查，提出意见，经交通运输行政复议机关的负责人同意或者集体讨论通过后，按照下列规定作出交通运输行政复议决定：

（一）具体行政行为认定事实清楚，证据确凿，适用依据正确，程序合法，内容适当的，决定维持；

（二）被申请人不履行法定职责的，责令其在一定期限内履行；

（三）具体行政行为有下列情形之一的，决定撤销、变更或者确认该具体行政行为违法；决定撤销或者确认该具体行政行为违法的，可以责令被申请人在一定期限内重新作出具体行政行为：

1. 主要事实不清、证据不足的；
2. 适用依据错误的；
3. 违反法定程序的；
4. 超越或者滥用职权的；
5. 具体行政行为明显不当的。

（四）被申请人不按照《行政复议法》第二十三条的规定提出书面答复、提交当初作出具体行政行为的证据、依据和其他有关材料的，视为该具体行政行为没有证据、依据，决定撤销该具体行政行为。

交通运输行政复议机关责令被申请人重新作出具体行政行为的，被申请人不得以同一的事实和理由作出与原具体行政行为相同或者基本相同的具体行政行为。

5.《住房城乡建设行政复议办法》（2015 年 9 月 7 日）

第三十四条 有下列情形之一的，行政复议机关应当决定被申请人在一定期限内履行法定职责：

（一）属于被申请人的法定职责，被申请人明确表示拒绝履行或者不予答复的；

（二）属于被申请人的法定职责，并有法定履行期限，被申请人无正当理由逾期未履行或者未予答复的；

（三）属于被申请人的法定职责，没有履行期限规定，被申请人自收到申请满 60 日起无正当理由未履行或者未予答复的。

前款规定的法定职责，是指县级以上人民政府住房城乡建设主管部门根据法律、法规或者规章的明确规定，在接到申请人的履责申请后应当履行的职责。

第六十七条　确认行政行为无效

行政行为有实施主体不具有行政主体资格或者没有依据等重大且明显违法情形，申请人申请确认行政行为无效的，行政复议机关确认该行政行为无效。

第六十八条　维持行政行为

行政行为认定事实清楚，证据确凿，适用依据正确，程序合法，内容适当的，行政复议机关决定维持该行政行为。

关联规定

1.《行政复议法实施条例》（2007 年 5 月 29 日）

第四十三条　依照行政复议法第二十八条第一款第（一）项规定，具体行政行为认定事实清楚，证据确凿，适用依据正确，程序合法，内容适当的，行政复议机关应当决定维持。

2.《国家国际发展合作署行政复议实施办法》（2020 年 3 月 30 日）

第十四条　法制机构对具体行政行为进行审查，提出意见，经国际发展合作署署务会议审定后，作出以下行政复议决定：

（一）具体行政行为认定事实清楚、证据确凿、适用依据正确、程序合法、内容适当的，决定维持；

（二）申请人要求被申请人履行未履行的法定职责的，决定被申请人在一定期限内履行；

（三）具体行政行为有下列情形之一的，决定撤销、变更具体行政行为或者确认具体行政行为违法：

1. 主要事实不清、证据不足的；
2. 适用依据错误的；
3. 违反法定程序的；
4. 超越或者滥用职权的；
5. 具体行政行为明显不当的。

3.《税务行政复议规则》（2018 年 6 月 15 日）

第七十五条　行政复议机构应当对被申请人的具体行政行为提出审查意见，经行政复议机关负责人批准，按照下列规定作出行政复议决定：

（一）具体行政行为认定事实清楚，证据确凿，适用依据正确，程序合法，内容适当的，决定维持。

（二）被申请人不履行法定职责的，决定其在一定期限内履行。

（三）具体行政行为有下列情形之一的，决定撤销、变更或者确认该具体行政行为违法；决定撤销或者确认该具体行政行为违法的，可以责令被申请人在一定期限内重新作出具体行政行为：

1. 主要事实不清、证据不足的；

2. 适用依据错误的；

3. 违反法定程序的；

4. 超越职权或者滥用职权的；

5. 具体行政行为明显不当的。

（四）被申请人不按照本规则第六十二条的规定提出书面答复，提交当初作出具体行政行为的证据、依据和其他有关材料的，视为该具体行政行为没有证据、依据，决定撤销该具体行政行为。

4.《交通运输行政复议规定》（2015年9月9日）

第十八条 交通运输行政复议机关设置的法制工作机构应当对被申请人作出的具体行政行为进行审查，提出意见，经交通运输行政复议机关的负责人同意或者集体讨论通过后，按照下列规定作出交通运输行政复议决定：

（一）具体行政行为认定事实清楚，证据确凿，适用依据正确，程序合法，内容适当的，决定维持；

（二）被申请人不履行法定职责的，责令其在一定期限内履行；

（三）具体行政行为有下列情形之一的，决定撤销、变更或者确认该具体行政行为违法；决定撤销或者确认该具体行政行为违法的，可以责令被申请人在一定期限内重新作出具体行政行为：

1. 主要事实不清、证据不足的；

2. 适用依据错误的；

3. 违反法定程序的；

4. 超越或者滥用职权的；

5. 具体行政行为明显不当的。

（四）被申请人不按照《行政复议法》第二十三条的规定提出书面答复、提交当初作出具体行政行为的证据、依据和其他有关材料的，视为该具体行政行为没有证据、依据，决定撤销该具体行政行为。

交通运输行政复议机关责令被申请人重新作出具体行政行为的，被申请人不得以同一的事实和理由作出与原具体行政行为相同或者基本相同的具体行政行为。

第六十九条　驳回复议请求

行政复议机关受理申请人认为被申请人不履行法定职责的行政复议申请后，发现被申请人没有相应法定职责或者在受理前已经履行法定职责的，决定驳回申请人的行政复议请求。

❖ 关联规定

1.《行政复议法实施条例》（2007年5月29日）

第四十八条　有下列情形之一的，行政复议机关应当决定驳回行政复议申请：

（一）申请人认为行政机关不履行法定职责申请行政复议，行政复议机关受理后发现该行政机关没有相应法定职责或者在受理前已经履行法定职责的；

（二）受理行政复议申请后，发现该行政复议申请不符合行政复议法和本条例规定的受理条件的。

上级行政机关认为行政复议机关驳回行政复议申请的理由不成立的，应当责令其恢复审理。

2.《自然资源行政复议规定》（2019年7月19日）

第二十七条　被复议行政行为的处理结果正确，且不损害申请人的实体权利，但在事实认定、引用依据、证据提交方面有轻微错误的，行政复议机关可以作出驳回复议申请或者维持原行政行为的决定，但应当在行政复议决定书中对被申请人予以指正。

被申请人应当在收到行政复议决定书之日起60日内，向行政复议机关作出书面说明，并报告改正情况。

3.《住房城乡建设行政复议办法》(2015年9月7日)

第三十三条 有下列情形之一的,行政复议机关应当决定驳回行政复议申请:

(一)申请人认为被申请人不履行法定职责申请行政复议,行政复议机关受理后发现被申请人没有相应法定职责或者在受理前已经履行法定职责的;

(二)行政复议机关受理行政复议申请后,发现该行政复议申请不属于本办法规定的行政复议受案范围或者不符合受理条件的;

(三)被复议的行政行为,已为人民法院或者行政复议机关作出的生效法律文书的效力所羁束的;

(四)法律、法规和规章规定的其他情形。

第七十条 被申请人不提交书面答复等情形的处理

被申请人不按照本法第四十八条、第五十四条的规定提出书面答复、提交作出行政行为的证据、依据和其他有关材料的,视为该行政行为没有证据、依据,行政复议机关决定撤销、部分撤销该行政行为,确认该行政行为违法、无效或者决定被申请人在一定期限内履行,但是行政行为涉及第三人合法权益,第三人提供证据的除外。

关联规定

1.《行政复议法实施条例》(2007年5月29日)

第四十六条 被申请人未依照行政复议法第二十三条的规定提出书面答复、提交当初作出具体行政行为的证据、依据和其他有关材料的,视为该具体行政行为没有证据、依据,行政复议机关应当决定撤销该具体行政行为。

2. 《税务行政复议规则》（2018 年 6 月 15 日）

第七十五条　行政复议机构应当对被申请人的具体行政行为提出审查意见，经行政复议机关负责人批准，按照下列规定作出行政复议决定：

（一）具体行政行为认定事实清楚，证据确凿，适用依据正确，程序合法，内容适当的，决定维持。

（二）被申请人不履行法定职责的，决定其在一定期限内履行。

（三）具体行政行为有下列情形之一的，决定撤销、变更或者确认该具体行政行为违法；决定撤销或者确认该具体行政行为违法的，可以责令被申请人在一定期限内重新作出具体行政行为：

1. 主要事实不清、证据不足的；

2. 适用依据错误的；

3. 违反法定程序的；

4. 超越职权或者滥用职权的；

5. 具体行政行为明显不当的。

（四）被申请人不按照本规则第六十二条的规定提出书面答复，提交当初作出具体行政行为的证据、依据和其他有关材料的，视为该具体行政行为没有证据、依据，决定撤销该具体行政行为。

3. 《交通运输行政复议规定》（2015 年 9 月 9 日）

第十八条　交通运输行政复议机关设置的法制工作机构应当对被申请人作出的具体行政行为进行审查，提出意见，经交通运输行政复议机关的负责人同意或者集体讨论通过后，按照下列规定作出交通运输行政复议决定：

（一）具体行政行为认定事实清楚，证据确凿，适用依据正确，程序合法，内容适当的，决定维持；

（二）被申请人不履行法定职责的，责令其在一定期限内履行；

（三）具体行政行为有下列情形之一的，决定撤销、变更或者确认该具体行政行为违法；决定撤销或者确认该具体行政行为违法的，可以责令被申请人在一定期限内重新作出具体行政行为：

1. 主要事实不清、证据不足的；

2. 适用依据错误的；

3. 违反法定程序的；

4. 超越或者滥用职权的；

5. 具体行政行为明显不当的。

（四）被申请人不按照《行政复议法》第二十三条的规定提出书面答复、提交当初作出具体行政行为的证据、依据和其他有关材料的，视为该具体行政行为没有证据、依据，决定撤销该具体行政行为。

交通运输行政复议机关责令被申请人重新作出具体行政行为的，被申请人不得以同一的事实和理由作出与原具体行政行为相同或者基本相同的具体行政行为。

第七十一条　行政协议案件处理

被申请人不依法订立、不依法履行、未按照约定履行或者违法变更、解除行政协议的，行政复议机关决定被申请人承担依法订立、继续履行、采取补救措施或者赔偿损失等责任。

被申请人变更、解除行政协议合法，但是未依法给予补偿或者补偿不合理的，行政复议机关决定被申请人依法给予合理补偿。

第七十二条　行政复议期间赔偿请求的处理

申请人在申请行政复议时一并提出行政赔偿请求，行政复议机关对依照《中华人民共和国国家赔偿法》的有关规定应当不予赔偿的，在作出行政复议决定时，应当同时决定驳回行政赔偿请求；对符合《中华人民共和国国家赔偿法》的有关规定应当给予赔偿的，在决定撤销或者部分撤销、变更行政行为或者确认行政行为违法、无效时，应当同时决定被申请人依法给予赔偿；确认行政行为违法的，还可以同时责令被申请人采取补救措施。

申请人在申请行政复议时没有提出行政赔偿请求的，行政复议机关在依法决定撤销或者部分撤销、变更罚款，撤销或者部分撤销违法集资、没收财物、征收征用、摊派费用以及对财产的查封、扣押、冻结等行政行为时，应当同时责令被申请人返还财产，解除对财产的查封、扣押、冻结措施，或者赔偿相应的价款。

关联规定

1.《国家赔偿法》（2012年10月26日）

　　第八条　经复议机关复议的，最初造成侵权行为的行政机关为赔偿义务机关，但复议机关的复议决定加重损害的，复议机关对加重的部分履行赔偿义务。

2.《最高人民法院关于审理司法赔偿案件适用请求时效制度若干问题的解释》（2023年5月23日）

　　为正确适用国家赔偿请求时效制度的规定，保障赔偿请求人的合法权益，依照《中华人民共和国国家赔偿法》的规定，结合司法赔偿审判实践，制定本解释。

　　第一条　赔偿请求人向赔偿义务机关提出赔偿请求的时效期间为两年，自其知道或者应当知道国家机关及其工作人员行使职权时的行为侵犯其人身权、财产权之日起计算。

　　赔偿请求人知道上述侵权行为时，相关诉讼程序或者执行程序尚未终结的，请求时效期间自该诉讼程序或者执行程序终结之日起计算，但是本解释有特别规定的除外。

　　第二条　赔偿请求人以人身权受到侵犯为由，依照国家赔偿法第十七条第一项、第二项、第三项规定申请赔偿的，请求时效期间自其收到决定撤销案件、终止侦查、不起诉或者判决宣告无罪等终止追究刑事责任或者再审改判无罪的法律文书之日起计算。

办案机关未作出终止追究刑事责任的法律文书，但是符合《最高人民法院、最高人民检察院关于办理刑事赔偿案件适用法律若干问题的解释》第二条规定情形，赔偿请求人申请赔偿的，依法应当受理。

第三条 赔偿请求人以人身权受到侵犯为由，依照国家赔偿法第十七条第四项、第五项规定申请赔偿的，请求时效期间自其知道或者应当知道损害结果之日起计算；损害结果当时不能确定的，自损害结果确定之日起计算。

第四条 赔偿请求人以财产权受到侵犯为由，依照国家赔偿法第十八条第一项规定申请赔偿的，请求时效期间自其收到刑事诉讼程序或者执行程序终结的法律文书之日起计算，但是刑事诉讼程序或者执行程序终结之后办案机关对涉案财物尚未处理完毕的，请求时效期间自赔偿请求人知道或者应当知道其财产权受到侵犯之日起计算。

办案机关未作出刑事诉讼程序或者执行程序终结的法律文书，但是符合《最高人民法院、最高人民检察院关于办理刑事赔偿案件适用法律若干问题的解释》第三条规定情形，赔偿请求人申请赔偿的，依法应当受理。

赔偿请求人以财产权受到侵犯为由，依照国家赔偿法第十八条第二项规定申请赔偿的，请求时效期间自赔偿请求人收到生效再审刑事裁判文书之日起计算。

第五条 赔偿请求人以人身权或者财产权受到侵犯为由，依照国家赔偿法第三十八条规定申请赔偿的，请求时效期间自赔偿请求人收到民事、行政诉讼程序或者执行程序终结的法律文书之日起计算，但是下列情形除外：

（一）罚款、拘留等强制措施已被依法撤销的，请求时效期间自赔偿请求人收到撤销决定之日起计算；

（二）在民事、行政诉讼过程中，有殴打、虐待或者唆使、放纵他人殴打、虐待等行为，以及违法使用武器、警械，造成公民人身损害的，请求时效期间的计算适用本解释第三条的规定。

人民法院未作出民事、行政诉讼程序或者执行程序终结的法律文书，请求时效期间自赔偿请求人知道或者应当知道其人身权或者财产权受到侵犯之日起计算。

第六条 依照国家赔偿法第三十九条第一款规定，赔偿请求人被羁押等限制人身自由的期间，不计算在请求时效期间内。

赔偿请求人依照法律法规规定的程序向相关机关申请确认职权行为违法或者寻求救济的期间，不计算在请求时效期间内，但是相关机关已经明确告知赔偿请求人应当依法申请国家赔偿的除外。

第七条 依照国家赔偿法第三十九条第二款规定，在请求时效期间的最后六个月内，赔偿请求人因下列障碍之一，不能行使请求权的，请求时效中止：

（一）不可抗力；

（二）无民事行为能力人或者限制民事行为能力人没有法定代理人，或者法定代理人死亡、丧失民事行为能力、丧失代理权；

（三）其他导致不能行使请求权的障碍。

自中止时效的原因消除之日起满六个月，请求时效期间届满。

第八条 请求时效期间届满的，赔偿义务机关可以提出不予赔偿的抗辩。

请求时效期间届满，赔偿义务机关同意赔偿或者予以赔偿后，又以请求时效期间届满为由提出抗辩或者要求赔偿请求人返还赔偿金的，人民法院赔偿委员会不予支持。

第九条 赔偿义务机关以请求时效期间届满为由抗辩，应当在人民法院赔偿委员会作出国家赔偿决定前提出。

赔偿义务机关未按前款规定提出抗辩，又以请求时效期间届满为由申诉的，人民法院赔偿委员会不予支持。

第十条 人民法院赔偿委员会审理国家赔偿案件，不得主动适用请求时效的规定。

第十一条 请求时效期间起算的当日不计入，自下一日开始计算。

请求时效期间按照年、月计算，到期月的对应日为期间的最后一日；没有对应日的，月末日为期间的最后一日。

请求时效期间的最后一日是法定休假日的，以法定休假日结束的次日为期间的最后一日。

第十二条 本解释自 2023 年 6 月 1 日起施行。本解释施行后，案件尚在审理的，适用本解释；对本解释施行前已经作出生效赔偿决定的案件进行再审，不适用本解释。

第十三条 本院之前发布的司法解释与本解释不一致的，以本解释为准。

3.《国家国际发展合作署行政复议实施办法》（2020 年 3 月 30 日）

第十五条 申请人在申请行政复议时一并提出行政赔偿请求的，应当按照《中华人民共和国国家赔偿法》第十二条规定写明具体的赔偿请求、事实根据和理由。国际发展合作署对依法应当给予赔偿的，在决定撤销、变更具体行政行为或者确认具体行政行为违法时，应当同时决定依法给予赔偿。

第七十三条　行政复议调解处理

当事人经调解达成协议的，行政复议机关应当制作行政复议调解书，经各方当事人签字或者签章，并加盖行政复议机关印章，即具有法律效力。

调解未达成协议或者调解书生效前一方反悔的，行政复议机关应当依法审查或者及时作出行政复议决定。

第七十四条　行政复议和解处理

当事人在行政复议决定作出前可以自愿达成和解，和解内容不得损害国家利益、社会公共利益和他人合法权益，不得违反法律、法规的强制性规定。

当事人达成和解后，由申请人向行政复议机构撤回行政复议申请。行政复议机构准予撤回行政复议申请、行政复议机关决定终止行政复议的，申请人不得再以同一事实和理由提出行政复议申请。但是，申请人能够证明撤回行政复议申请违背其真实意愿的除外。

第七十五条　行政复议决定书

行政复议机关作出行政复议决定，应当制作行政复议决定书，并加盖行政复议机关印章。

行政复议决定书一经送达，即发生法律效力。

❋ 关联规定

《行政诉讼法》（2017年6月27日）

第四十五条　公民、法人或者其他组织不服复议决定的，可以在收到复议决定书之日起十五日内向人民法院提起诉讼。复议机关逾期不作决定的，申请人可以在复议期满之日起十五日内向人民法院提起诉讼。法律另有规定的除外。

第七十六条　行政复议意见书

行政复议机关在办理行政复议案件过程中，发现被申请人或者其他下级行政机关的有关行政行为违法或者不当的，可以向其制发行政复议意见书。有关机关应当自收到行政复议意见书之日起六十日内，将纠正相关违法或者不当行政行为的情况报送行政复议机关。

第七十七条　复议文书的履行及不履行的后果

被申请人应当履行行政复议决定书、调解书、意见书。

被申请人不履行或者无正当理由拖延履行行政复议决定书、调解书、意见书的,行政复议机关或者有关上级行政机关应当责令其限期履行,并可以约谈被申请人的有关负责人或者予以通报批评。

要点提示

本条是关于被申请人执行行政复议决定义务的规定。

被申请人如果不履行或者无正当理由拖延履行行政复议决定,作出行政复议的机关或者有关上级行政机关可以责令其限期履行。不履行是指被申请人对行政复议决定置之不理,甚至明确表示不予执行的情况。无正当理由拖延履行是指被申请人虽然表示要执行行政复议决定,但却寻找借口,拖延落实行政复议决定的要求。当然,这种情况也要同某些特殊情况下被申请人暂时无法履行行政复议决定区分开来。

关联规定

《自然资源行政复议规定》(2019年7月19日)

第三十二条　被申请人应当在法定期限内履行生效的行政复议决定,并在履行行政复议决定后30日内将履行情况及相关法律文书送达情况书面报告行政复议机关。

第三十三条　行政复议决定履行期满,被申请人不履行行政复议决定的,申请人可以向行政复议机关提出责令履行申请。

第三十四条　行政复议机关收到责令履行申请书,应当向被申请人进行调查或者核实,依照下列规定办理:

(一)被申请人已经履行行政复议决定,并将履行情况相关法律文书送达申请人的,应当联系申请人予以确认,并做好记录;

(二)被申请人已经履行行政复议决定,但尚未将履行情况相关法律文书送达申请人的，应当督促被申请人将相关法律文书送达申请人；

（三）被申请人逾期未履行行政复议决定的，应当责令被申请人在规定的期限内履行。被申请人拒不履行的，行政复议机关可以将有关材料移送纪检监察机关。

属于本条第一款第二项规定情形的，被申请人应当将相关法律文书送达情况及时报告行政复议机关。

属于本条第一款第三项规定情形的，被申请人应当在收到书面通知之日起 30 日内履行完毕，并书面报告行政复议机关。被申请人认为没有条件履行的，应当说明理由并提供相关证据、依据。

第三十五条 有下列情形之一，行政复议机关可以决定被申请人中止履行行政复议决定：

（一）有新的事实和证据，足以影响行政复议决定履行的；

（二）行政复议决定履行需要以其他案件的审理结果为依据，而其他案件尚未审结的；

（三）被申请人与申请人达成中止履行协议，双方提出中止履行申请的；

（四）因不可抗力等其他原因需要中止履行的。

本条前款第三项规定的中止履行协议不得损害国家利益、社会公共利益和他人的合法权益。

第三十六条 决定中止履行行政复议决定的，行政复议机关应当向当事人发出行政复议决定中止履行通知书。

行政复议决定中止履行通知书应当载明中止履行的理由和法律依据。中止履行期间，不计算在履行期限内。

中止履行的情形消除后，行政复议机关应当向当事人发出行政复议决定恢复履行通知书。

第三十七条 经审查，被申请人不履行行政复议决定的理由不成立的，行政复议机关应当作出责令履行行政复议决定通知书，并送达被申请人。

第七十八条 行政复议决定书、调解书的强制执行

申请人、第三人逾期不起诉又不履行行政复议决定书、调解书的，或者不履行最终裁决的行政复议决定的，按照下列规定分别处理：

（一）维持行政行为的行政复议决定书，由作出行政行为的行政机关依法强制执行，或者申请人民法院强制执行；

（二）变更行政行为的行政复议决定书，由行政复议机关依法强制执行，或者申请人民法院强制执行；

（三）行政复议调解书，由行政复议机关依法强制执行，或者申请人民法院强制执行。

要点提示

根据行政复议决定内容的不同，对行政复议决定申请强制执行的行政机关也有所不同。行政复议决定维持原行政行为的，由作出行政行为的行政机关申请人民法院强制执行。行政复议决定变更行政行为的行政复议决定的，由作出行政复议决定的行政机关申请人民法院强制执行。

关联规定

1.《最高人民法院关于适用〈中华人民共和国行政诉讼法〉的解释》（2018年2月6日）

第一百五十二条 对发生法律效力的行政判决书、行政裁定书、行政赔偿判决书和行政调解书，负有义务的一方当事人拒绝履行的，对方当事人可以依法申请人民法院强制执行。

人民法院判决行政机关履行行政赔偿、行政补偿或者其他行政给付义务，行政机关拒不履行的，对方当事人可以依法向法院申请强制执行。

第一百五十三条 申请执行的期限为二年。申请执行时效的中止、中断，适用法律有关规定。

申请执行的期限从法律文书规定的履行期间最后一日起计算；法律文书规定分期履行的，从规定的每次履行期间的最后一日起计算；法律文书中没有规定履行期限的，从该法律文书送达当事人之日起计算。

逾期申请的，除有正当理由外，人民法院不予受理。

第一百五十四条 发生法律效力的行政判决书、行政裁定书、行政赔偿判决书和行政调解书，由第一审人民法院执行。

第一审人民法院认为情况特殊，需要由第二审人民法院执行的，可以报请第二审人民法院执行；第二审人民法院可以决定由其执行，也可以决定由第一审人民法院执行。

第一百五十五条 行政机关根据行政诉讼法第九十七条的规定申请执行其行政行为，应当具备以下条件：

（一）行政行为依法可以由人民法院执行；

（二）行政行为已经生效并具有可执行内容；

（三）申请人是作出该行政行为的行政机关或者法律、法规、规章授权的组织；

（四）被申请人是该行政行为所确定的义务人；

（五）被申请人在行政行为确定的期限内或者行政机关催告期限内未履行义务；

（六）申请人在法定期限内提出申请；

（七）被申请执行的行政案件属于受理执行申请的人民法院管辖。

行政机关申请人民法院执行，应当提交行政强制法第五十五条规定的相关材料。

人民法院对符合条件的申请，应当在五日内立案受理，并通知申请人；对不符合条件的申请，应当裁定不予受理。行政机关对不予受理裁定有异议，在十五日内向上一级人民法院申请复议的，上一级人民法院应当在收到复议申请之日起十五日内作出裁定。

第一百五十六条 没有强制执行权的行政机关申请人民法院强制执行其行政行为，应当自被执行人的法定起诉期限届满之日起三个月内提出。逾期申请的，除有正当理由外，人民法院不予受理。

第一百五十七条 行政机关申请人民法院强制执行其行政行为的，由申请人所在地的基层人民法院受理；执行对象为不动产的，由不动产所在地的基层人民法院受理。

基层人民法院认为执行确有困难的，可以报请上级人民法院执行；上级人民法院可以决定由其执行，也可以决定由下级人民法院执行。

第一百五十八条 行政机关根据法律的授权对平等主体之间民事争议作出裁决后，当事人在法定期限内不起诉又不履行，作出裁决的行政机关在申请执行的期限内未申请人民法院强制执行的，生效行政裁决确定的权利人或者其继承人、权利承受人在六个月内可以申请人民法院强制执行。

享有权利的公民、法人或者其他组织申请人民法院强制执行生效行政裁决，参照行政机关申请人民法院强制执行行政行为的规定。

第一百五十九条 行政机关或者行政行为确定的权利人申请人民法院强制执行前，有充分理由认为被执行人可能逃避执行的，可以申请人民法院采取财产保全措施。后者申请强制执行的，应当提供相应的财产担保。

第一百六十条 人民法院受理行政机关申请执行其行政行为的案件后，应当在七日内由行政审判庭对行政行为的合法性进行审查，并作出是否准予执行的裁定。

人民法院在作出裁定前发现行政行为明显违法并损害被执行人合法权益的，应当听取被执行人和行政机关的意见，并自受理之日起三十日内作出是否准予执行的裁定。

需要采取强制执行措施的，由本院负责强制执行非诉行政行为的机构执行。

第一百六十一条 被申请执行的行政行为有下列情形之一的，人民法院应当裁定不准予执行：

（一）实施主体不具有行政主体资格的；

（二）明显缺乏事实根据的；

（三）明显缺乏法律、法规依据的；

（四）其他明显违法并损害被执行人合法权益的情形。

行政机关对不准予执行的裁定有异议，在十五日内向上一级人民法院申请复议的，上一级人民法院应当在收到复议申请之日起三十日内作出裁定。

2.《行政复议法实施条例》（2007 年 5 月 29 日）

第五十二条 第三人逾期不起诉又不履行行政复议决定的，依照行政复议法第三十三条的规定处理。

第七十九条　行政复议决定书公开和文书抄告

行政复议机关根据被申请行政复议的行政行为的公开情况，按照国家有关规定将行政复议决定书向社会公开。

县级以上地方各级人民政府办理以本级人民政府工作部门为被申请人的行政复议案件，应当将发生法律效力的行政复议决定书、意见书同时抄告被申请人的上一级主管部门。

要点提示

本条第一款的规定是对行政复议决定书的公开要求，以公开促公正，加强监督。本条第二款的规定是行政复议决定抄告制度，亦体现了行政复议对行政执法的监督。

第六章　法律责任

第八十条　行政复议机关不依法履职的法律责任

行政复议机关不依照本法规定履行行政复议职责，对负有责任的领导人员和直接责任人员依法给予警告、记过、记大过的处分；经有权监督的机关督促仍不改正或者造成严重后果的，依法给予降级、撤职、开除的处分。

❋ 关联规定

1.《公务员法》（2018年12月29日）

第五十九条　公务员应当遵纪守法，不得有下列行为：

（一）散布有损宪法权威、中国共产党和国家声誉的言论，组织或者参加旨在反对宪法、中国共产党领导和国家的集会、游行、示威等活动；

（二）组织或者参加非法组织，组织或者参加罢工；

（三）挑拨、破坏民族关系，参加民族分裂活动或者组织、利用宗教活动破坏民族团结和社会稳定；

（四）不担当，不作为，玩忽职守，贻误工作；

（五）拒绝执行上级依法作出的决定和命令；

（六）对批评、申诉、控告、检举进行压制或者打击报复；

（七）弄虚作假，误导、欺骗领导和公众；

（八）贪污贿赂，利用职务之便为自己或者他人谋取私利；

（九）违反财经纪律，浪费国家资财；

（十）滥用职权，侵害公民、法人或者其他组织的合法权益；

（十一）泄露国家秘密或者工作秘密；

（十二）在对外交往中损害国家荣誉和利益；

（十三）参与或者支持色情、吸毒、赌博、迷信等活动；

（十四）违反职业道德、社会公德和家庭美德；

（十五）违反有关规定参与禁止的网络传播行为或者网络活动；

（十六）违反有关规定从事或者参与营利性活动，在企业或者其他营利性组织中兼任职务；

（十七）旷工或者因公外出、请假期满无正当理由逾期不归；

（十八）违纪违法的其他行为。

第六十条 公务员执行公务时，认为上级的决定或者命令有错误的，可以向上级提出改正或者撤销该决定或者命令的意见；上级不改变该决定或者命令，或者要求立即执行的，公务员应当执行该决定或者命令，执行的后果由上级负责，公务员不承担责任；但是，公务员执行明显违法的决定或者命令的，应当依法承担相应的责任。

第六十一条 公务员因违纪违法应当承担纪律责任的，依照本法给予处分或者由监察机关依法给予政务处分；违纪违法行为情节轻微，经批评教育后改正的，可以免予处分。

对同一违纪违法行为，监察机关已经作出政务处分决定的，公务员所在机关不再给予处分。

第六十二条 处分分为：警告、记过、记大过、降级、撤职、开除。

第六十三条 对公务员的处分，应当事实清楚、证据确凿、定性准确、处理恰当、程序合法、手续完备。

公务员违纪违法的，应当由处分决定机关决定对公务员违纪违法的情况进行调查，并将调查认定的事实以及拟给予处分的依据告知公务员本人。公务员有权进行陈述和申辩；处分决定机关不得因公务员申辩而加重处分。

处分决定机关认为对公务员应当给予处分的，应当在规定的期限内，按照管理权限和规定的程序作出处分决定。处分决定应当以书面形式通知公务员本人。

第六十四条 公务员在受处分期间不得晋升职务、职级和级别，其中受记过、记大过、降级、撤职处分的，不得晋升工资档次。

受处分的期间为：警告，六个月；记过，十二个月；记大过，十八个月；降级、撤职，二十四个月。

受撤职处分的，按照规定降低级别。

第六十五条　公务员受开除以外的处分，在受处分期间有悔改表现，并且没有再发生违纪违法行为的，处分期满后自动解除。

解除处分后，晋升工资档次、级别和职务、职级不再受原处分的影响。但是，解除降级、撤职处分的，不视为恢复原级别、原职务、原职级。

2.《公职人员政务处分法》（2020年6月20日）

第二条　本法适用于监察机关对违法的公职人员给予政务处分的活动。

本法第二章、第三章适用于公职人员任免机关、单位对违法的公职人员给予处分。处分的程序、申诉等适用其他法律、行政法规、国务院部门规章和国家有关规定。

本法所称公职人员，是指《中华人民共和国监察法》第十五条规定的人员。

第三条　监察机关应当按照管理权限，加强对公职人员的监督，依法给予违法的公职人员政务处分。

公职人员任免机关、单位应当按照管理权限，加强对公职人员的教育、管理、监督，依法给予违法的公职人员处分。

监察机关发现公职人员任免机关、单位应当给予处分而未给予，或者给予的处分违法、不当的，应当及时提出监察建议。

第四条　给予公职人员政务处分，坚持党管干部原则，集体讨论决定；坚持法律面前一律平等，以事实为根据，以法律为准绳，给予的政务处分与违法行为的性质、情节、危害程度相当；坚持惩戒与教育相结合，宽严相济。

3.《行政复议法实施条例》（2007年5月29日）

第六十四条　行政复议机关或者行政复议机构不履行行政复议法和本条例规定的行政复议职责，经有权监督的行政机关督促仍不改正的，对直接负责的主管人员和其他直接责任人员依法给予警告、记过、记大过的处分；造成严重后果的，依法给予降级、撤职、开除的处分。

第八十一条　行政复议机关工作人员法律责任

> 行政复议机关工作人员在行政复议活动中，徇私舞弊或者有其他渎职、失职行为的，依法给予警告、记过、记大过的处分；情节严重的，依法给予降级、撤职、开除的处分；构成犯罪的，依法追究刑事责任。

❖ 要点提示

本条是关于行政复议机关工作人员在行政复议活动中违法所应当承担法律责任的规定。

复议机关工作人员在履行复议职责中如有徇私舞弊或者有其他渎职、失职行为，将承担相应的行政责任和刑事责任。徇私舞弊是指复议机关工作人员在复议活动中为徇私情，明知应当依法履行职责而弄虚作假不履行职责或者不依法定程序履行职责的行为。复议活动中的渎职是指复议工作人员滥用职权、玩忽职守，违背公务职责的公正性、廉洁性、勤勉性，妨害国家机关正常的职能活动，严重损害国家和人民利益的行为。

❖ 关联规定

1.《刑法》（2020年12月26日）

第三百九十九条　司法工作人员徇私枉法、徇情枉法，对明知是无罪的人而使他受追诉、对明知是有罪的人而故意包庇不使他受追诉，或者在刑事审判活动中故意违背事实和法律作枉法裁判的，处五年以下有期徒刑或者拘役；情节严重的，处五年以上十年以下有期徒刑；情节特别严重的，处十年以上有期徒刑。

在民事、行政审判活动中故意违背事实和法律作枉法裁判，情节严重的，处五年以下有期徒刑或者拘役；情节特别严重的，处五年以上十年以下有期徒刑。

在执行判决、裁定活动中，严重不负责任或者滥用职权，不依法采取诉讼保全措施、不履行法定执行职责，或者违法采取诉讼保全措施、强制执行措施，致使当事人或者其他人的利益遭受重大损失的，处五年以下有期徒刑或者拘役；致使当事人或者其他人的利益遭受特别重大损失的，处五年以上十年以下有期徒刑。

司法工作人员收受贿赂，有前三款行为的，同时又构成本法第三百八十五条规定之罪的，依照处罚较重的规定定罪处罚。

2.《行政复议法实施条例》（2007年5月29日）

第六十五条 行政机关及其工作人员违反行政复议法和本条例规定的，行政复议机构可以向人事、监察部门提出对有关责任人员的处分建议，也可以将有关人员违法的事实材料直接转送人事、监察部门处理；接受转送的人事、监察部门应当依法处理，并将处理结果通报转送的行政复议机构。

第八十二条 被申请人不书面答复等行为的法律责任

被申请人违反本法规定，不提出书面答复或者不提交作出行政行为的证据、依据和其他有关材料，或者阻挠、变相阻挠公民、法人或者其他组织依法申请行政复议的，对负有责任的领导人员和直接责任人员依法给予警告、记过、记大过的处分；进行报复陷害的，依法给予降级、撤职、开除的处分；构成犯罪的，依法追究刑事责任。

❖ 关联规定

《刑法》（2020年12月26日）

第二百四十三条 捏造事实诬告陷害他人，意图使他人受刑事追究，情节严重的，处三年以下有期徒刑、拘役或者管制；造成严重后果的，处三年以上十年以下有期徒刑。

国家机关工作人员犯前款罪的，从重处罚。

不是有意诬陷，而是错告，或者检举失实的，不适用前两款的规定。

第三百零八条 对证人进行打击报复的，处三年以下有期徒刑或者拘役；情节严重的，处三年以上七年以下有期徒刑。

第八十三条 被申请人不履行有关文书的法律责任

被申请人不履行或者无正当理由拖延履行行政复议决定书、调解书、意见书的，对负有责任的领导人员和直接责任人员依法给予警告、记过、记大过的处分；经责令履行仍拒不履行的，依法给予降级、撤职、开除的处分。

❖ 关联规定

1.《行政复议法实施条例》（2007年5月29日）

第六十二条 被申请人在规定期限内未按照行政复议决定的要求重新作出具体行政行为，或者违反规定重新作出具体行政行为的，依照行政复议法第三十七条的规定追究法律责任。

2.《自然资源行政复议规定》（2019年7月19日）

第四十条 被申请人及其工作人员违反本规定，有下列情形之一，情节严重的，对直接负责的责任人员依法给予处分：

（一）不提出行政复议答复或者无正当理由逾期答复的；

（二）不提交作出原行政行为的证据、依据和其他有关材料的；

（三）不配合行政复议机关开展行政复议案件审理工作的；

（四）不配合行政复议机关调查核实行政复议决定履行情况的；

（五）不履行或者无正当理由拖延履行行政复议决定的；

（六）不与行政复议机关在共同应诉工作中沟通、配合，导致不良后果的；

（七）对收到的行政复议意见书无正当理由，不予书面答复或者逾期作出答复的。

第八十四条 拒绝、阻扰调查取证等行为的法律责任

拒绝、阻挠行政复议人员调查取证，故意扰乱行政复议工作秩序的，依法给予处分、治安管理处罚；构成犯罪的，依法追究刑事责任。

第八十五条 违法事实材料移送

行政机关及其工作人员违反本法规定的，行政复议机关可以向监察机关或者公职人员任免机关、单位移送有关人员违法的事实材料，接受移送的监察机关或者公职人员任免机关、单位应当依法处理。

● 关联规定

《行政复议法实施条例》（2007年5月29日）

第六十三条 拒绝或者阻挠行政复议人员调查取证、查阅、复制、调取有关文件和资料的，对有关责任人员依法给予处分或者治安处罚；构成犯罪的，依法追究刑事责任。

第八十六条 职务违法犯罪线索移送

行政复议机关在办理行政复议案件过程中，发现公职人员涉嫌贪污贿赂、失职渎职等职务违法或者职务犯罪的问题线索，应当依照有关规定移送监察机关，由监察机关依法调查处置。

第七章　附　　则

第八十七条　受理申请不收费

行政复议机关受理行政复议申请，不得向申请人收取任何费用。

第八十八条　期间计算和文书送达

行政复议期间的计算和行政复议文书的送达，本法没有规定的，依照《中华人民共和国民事诉讼法》关于期间、送达的规定执行。

本法关于行政复议期间有关"三日"、"五日"、"七日"、"十日"的规定是指工作日，不含法定休假日。

关联规定

《民事诉讼法》（2023 年 9 月 1 日）

第七章　期间、送达

第一节　期　　间

第八十五条　期间包括法定期间和人民法院指定的期间。

期间以时、日、月、年计算。期间开始的时和日，不计算在期间内。

期间届满的最后一日是法定休假日的，以法定休假日后的第一日为期间届满的日期。

期间不包括在途时间，诉讼文书在期满前交邮的，不算过期。

第八十六条　当事人因不可抗拒的事由或者其他正当理由耽误期限的，在障碍消除后的十日内，可以申请顺延期限，是否准许，由人民法院决定。

第二节　送　　达

第八十七条　送达诉讼文书必须有送达回证，由受送达人在送达回证上记明收到日期，签名或者盖章。

受送达人在送达回证上的签收日期为送达日期。

第八十八条 送达诉讼文书，应当直接送交受送达人。受送达人是公民的，本人不在交他的同住成年家属签收；受送达人是法人或者其他组织的，应当由法人的法定代表人、其他组织的主要负责人或者该法人、组织负责收件的人签收；受送达人有诉讼代理人的，可以送交其代理人签收；受送达人已向人民法院指定代收人的，送交代收人签收。

受送达人的同住成年家属，法人或者其他组织的负责收件的人，诉讼代理人或者代收人在送达回证上签收的日期为送达日期。

第八十九条 受送达人或者他的同住成年家属拒绝接收诉讼文书的，送达人可以邀请有关基层组织或者所在单位的代表到场，说明情况，在送达回证上记明拒收事由和日期，由送达人、见证人签名或者盖章，把诉讼文书留在受送达人的住所；也可以把诉讼文书留在受送达人的住所，并采用拍照、录像等方式记录送达过程，即视为送达。

第九十条 经受送达人同意，人民法院可以采用能够确认其收悉的电子方式送达诉讼文书。通过电子方式送达的判决书、裁定书、调解书，受送达人提出需要纸质文书的，人民法院应当提供。

采用前款方式送达的，以送达信息到达受送达人特定系统的日期为送达日期。

第九十一条 直接送达诉讼文书有困难的，可以委托其他人民法院代为送达，或者邮寄送达。邮寄送达的，以回执上注明的收件日期为送达日期。

第九十二条 受送达人是军人的，通过其所在部队团以上单位的政治机关转交。

第九十三条 受送达人被监禁的，通过其所在监所转交。

受送达人被采取强制性教育措施的，通过其所在强制性教育机构转交。

第九十四条 代为转交的机关、单位收到诉讼文书后，必须立即交受送达人签收，以在送达回证上的签收日期，为送达日期。

第九十五条 受送达人下落不明，或者用本节规定的其他方式无法送达的，公告送达。自发出公告之日起，经过三十日，即视为送达。

公告送达，应当在案卷中记明原因和经过。

典型案例

糜某诉浙江省某市住房和城乡建设局、某市人民政府信息公开及行政复议检察监督案①

◎ **关键词**

行政检察　类案监督　送达日期　有效送达　诉源治理

◎ **要旨**

人民检察院办理因对送达日期存在争议引发的行政诉讼监督案件，发现法律文书送达不规范、影响当事人依法主张权利等普遍性问题，在监督纠正个案的同时，督促人民法院规范送达程序，促使邮政机构加强管理，确保有效送达。

◎ **基本案情**

2017年1月11日，糜某向某市住房和城乡建设局（以下简称市住建局）申请查询位于该市某路段的一间中式平房房地产原始登记凭证。2017年2月9日，市住建局作出《政府信息依申请公开告知书》，并向糜某提供其申请公开的房地产所有权证复印件一份。2月16日，糜某向市人民政府申请行政复议。市人民政府认为，除其中一项不属于政府信息公开范围外，市住建局已向糜某提供了其申请公开的信息，在法定期限内履行了职责，遂于4月16日作出维持原行政行为的行政复议决定书，并按照糜某预留的送达地址某市×苑×幢×室，交由中国邮政速递物流股份有限公司某市分公司（以下简称某邮政公司）专递送达。同年4月18日，某邮政公司投递员因电话联系糜某未果，遂将该邮件交由糜某预留送达地址所在小区普通快递代收点某副食品商店代收，并短信告知糜某，但未确认糜某已收到告知短信。因糜某未查看短信中的通知信息，其于同年5月10日才实际

---

① 最高人民检察院检例第149号。

收到该邮件。

2017年5月12日，糜某向某市某区人民法院提起行政诉讼，请求撤销市住建局作出的《政府信息依申请公开告知书》和市人民政府作出的《行政复议决定书》。一审法院认为，糜某于2017年4月18日收到行政复议决定，5月12日提起行政诉讼，已超过法定的十五日起诉期限，裁定不予立案。糜某向市中级人民法院提出上诉，二审法院以糜某未提供有效证据证明其因不可抗力或者其他不属于自身原因耽误起诉期限为由，裁定驳回上诉。糜某申请再审，亦被驳回。

◎ 检察机关履职过程

案件来源。2018年5月，糜某向检察机关申请监督，称自其实际收到行政复议决定书的日期起算，未超过法定起诉期限。

调查核实。市人民检察院根据糜某反映的情况，在审查案卷的基础上进行调查核实：一是向邮政公司、副食品商店等单位调取收件时间相关证据；二是调查了解糜某是否存在指定代收人等情况。查明：涉案法律文书专递邮件跟踪查询单显示该邮件的处理情况为：2017年4月18日，妥投（他人收），证明糜某本人并未签收该邮件；副食品商店并非糜某的指定代收人，商店经营者钟某也不是糜某的同住成年家属或诉讼代理人，其不具有代收权限；糜某实际收到邮件的日期确为2017年5月10日。

监督意见。市人民检察院经审查认为，法院一、二审行政裁定认定事实错误。第一，在无证据证明副食品商店系糜某的指定代收人或者钟某为糜某的同住成年家属或诉讼代理人的情况下，原审法院认定糜某于2017年4月18日收到涉案行政复议决定书证据不足。邮政公司将复议决定书送达至副食品商店，并由该商店签收，不能视为有效送达。第二，钟某及邮政公司出具的相关材料可以证明糜某收到复议决定的时间为2017年5月10日。第三，根据《中华人民共和国行政诉讼法》第四十五条规定，公民、法人或者其他组织不服复议决定向人民法院提起诉讼的起诉期限为收到复议决定书之日起十五日，糜某5月10日实际收到行政复议决定书，其于5月12日向区人民法院起诉，并未超过起诉期限。市人民检察院提请浙江省人民检察院抗诉，2018年12月4日，浙江省人民检察院依法向浙江省高级人民法院提出抗诉。

监督结果。浙江省高级人民法院采纳检察机关抗诉意见，于2019年9月5日依法作出再审行政裁定，撤销原一、二审不予受理裁定，指令区人民法院立案受理。同年10月15日，区人民法院受理该案，经依法审理于2020年4月3日作出一审判决。

类案监督。针对法院对类似案件认定送达标准不统一的问题，市人民检察院通过与市中级人民法院磋商，督促法院进一步明确邮寄送达的审查认定标准，严格把握指定代收的送达认定，防止因送达标准把握不准损害当事人诉讼权利。市中级人民法院出台《关于落实立案登记制和规范送达程序的八项措施》，对文书送达程序予以规范。

市人民检察院在办理本案后，对法律文书专递送达开展专题调研，听取行政机关、人民法院及邮政部门的意见，发现法律文书送达中，邮政公司部分投递员存在将邮件随意交由不具有代收权限的商店、物业公司或农村基层组织代为签收等送达程序不符合规定情形，导致当事人诉讼权利受损。据此，市人民检察院向邮政公司发出检察建议，建议加强对投递人员业务培训，规范法律文书邮件专递业务处理流程，以有效保障当事人诉讼权利。邮政公司收到检察建议后，在检察机关推动下开展专项整改，对全市邮政115个网点1399名投递人员开展法律文书送达业务培训，同时成立政务邮件特投队伍，落实奖惩制度，改进工作方法，完善流程监督，有效提升了法律文书送达水平。

◎ 指导意义

（一）送达法律文书属于重要的法律行为，执法司法机关应当确保法律文书有效送达。送达具有权利保障与程序推进的双重作用。送达日期是当事人行使权利、履行义务的重要时间节点。送达不规范导致当事人未收到或者未及时收到法律文书，不仅影响当事人及时行使权利、履行义务，还可能引发新的矛盾纠纷乃至关联性案件。执法司法机关要把以人民为中心的宗旨落实到执法司法的各个环节，提高对送达工作重要性的认识，强化责任意识，遵守法定要求，确保有效送达，切实保障当事人合法权益。人民检察院开展法律监督，发现执法司法机关存在法律文书不能依法有效送达问题，可以通过制发检察建议等方式促进依法送达工作。如，2018年11月11日，最高人民检察院就检察机关履行法律监督职责中发现的人民法院民事公告送达存在送达方式、送达内容、送达程序等不规范问题，依法向最高人民法院制发"二号检察建议书"，建议降低当事人诉讼负担，提升公告效率；充分运用大数据等现代科技手段，强化人民法院依职权调查当事人送达地址的工作力度，实现公告送达的电子推送以提高送达率等，促进普遍性问题的改进解决。

（二）人民检察院办理行政诉讼监督案件，对于人民法院错误认定法律文书送达日期，以超过起诉期限为由裁定不予立案或者驳回起诉的，应当依法进行监督。送达日期直接关系起诉期限的计算，行政起诉如无正当事由超过起诉期限，当事人则丧失诉权，法院将不再受理。人民检察院发现人民法院在审理行政诉讼案件中认定有效送达日期错误，导致确定起诉期限起算点错误的，应当依法提出监督意见，督促人民法院纠正错误。

（三）人民检察院在履行法律监督职责中，针对一类案件发现深层次社会治理问题的，应当通过类案监督促进诉源治理。人民检察院可以办理个案为切入点，开展专题调研，分析案件背后的深层次原因，发现有关单位工作制度、管理方法、工作程序不完善，或特定行业存在监管漏洞或者监管不规范问题，需要改进、完善的，可以制发检察建议，督促相关责任主体改进工作、规范管理，从源头上减少内生、次生案件发生。

◎ 相关规定

《中华人民共和国行政诉讼法》（2017年修正）第四十五条、第九十一条、第九十三条、第一百零一条

《中华人民共和国行政复议法》（2017年修正）第四十条

《中华人民共和国民事诉讼法》（2017年修正）第八十五条（现为2021年修正后的第八十八条）

《中华人民共和国邮政法》（2015年修正）第五十五条

《最高人民法院关于以法院专递方式邮寄送达民事诉讼文书的若干规定》（2005年施行）第七条

《人民检察院行政诉讼监督规则（试行）》（2016年施行）第十三条

(现为 2021 年施行的《人民检察院行政诉讼监督规则》第五十八条)

《人民检察院检察建议工作规定》(2019 年施行)第三条、第五条

国家邮政局《法院法律文书特快专递业务处理办法(试行)》(2005 年执行)第九条

第八十九条 适用范围补充规定

外国人、无国籍人、外国组织在中华人民共和国境内申请行政复议,适用本法。

第九十条 施行日期

本法自 2024 年 1 月 1 日起施行。

中华人民共和国行政诉讼法

(1989年4月4日第七届全国人民代表大会第二次会议通过 根据2014年11月1日第十二届全国人民代表大会常务委员会第十一次会议《关于修改〈中华人民共和国行政诉讼法〉的决定》第一次修正 根据2017年6月27日第十二届全国人民代表大会常务委员会第二十八次会议《关于修改〈中华人民共和国民事诉讼法〉和〈中华人民共和国行政诉讼法〉的决定》第二次修正)

目　　录

第一章　总　　则

第二章　受案范围

第三章　管　　辖

第四章　诉讼参加人

第五章　证　　据

第六章　起诉和受理

第七章　审理和判决

　第一节　一般规定

　第二节　第一审普通程序

　第三节　简易程序

　第四节　第二审程序

　第五节　审判监督程序

第八章　执　　行

第九章　涉外行政诉讼

第十章　附　　则

第一章 总　　则

第一条 立法目的

　　为保证人民法院公正、及时审理行政案件，解决行政争议，保护公民、法人和其他组织的合法权益，监督行政机关依法行使职权，根据宪法，制定本法。

❋ 关联规定

《宪法》（2018年3月11日）

　　第三条　中华人民共和国的国家机构实行民主集中制的原则。

　　全国人民代表大会和地方各级人民代表大会都由民主选举产生，对人民负责，受人民监督。

　　国家行政机关、监察机关、审判机关、检察机关都由人民代表大会产生，对它负责，受它监督。

　　中央和地方的国家机构职权的划分，遵循在中央的统一领导下，充分发挥地方的主动性、积极性的原则。

　　第五条　中华人民共和国实行依法治国，建设社会主义法治国家。

　　国家维护社会主义法制的统一和尊严。

　　一切法律、行政法规和地方性法规都不得同宪法相抵触。

　　一切国家机关和武装力量、各政党和各社会团体、各企业事业组织都必须遵守宪法和法律。一切违反宪法和法律的行为，必须予以追究。

　　任何组织或者个人都不得有超越宪法和法律的特权。

　　第二十七条　一切国家机关实行精简的原则，实行工作责任制，实行工作人员的培训和考核制度，不断提高工作质量和工作效率，反对官僚主义。

　　一切国家机关和国家工作人员必须依靠人民的支持，经常保持同人民的密切联系，倾听人民的意见和建议，接受人民的监督，努力为人民服务。

国家工作人员就职时应当依照法律规定公开进行宪法宣誓。

第四十一条 中华人民共和国公民对于任何国家机关和国家工作人员，有提出批评和建议的权利；对于任何国家机关和国家工作人员的违法失职行为，有向有关国家机关提出申诉、控告或者检举的权利，但是不得捏造或者歪曲事实进行诬告陷害。

对于公民的申诉、控告或者检举，有关国家机关必须查清事实，负责处理。任何人不得压制和打击报复。

由于国家机关和国家工作人员侵犯公民权利而受到损失的人，有依照法律规定取得赔偿的权利。

第二条 诉权

公民、法人或者其他组织认为行政机关和行政机关工作人员的行政行为侵犯其合法权益，有权依照本法向人民法院提起诉讼。

前款所称行政行为，包括法律、法规、规章授权的组织作出的行政行为。

❋ 要点提示

行政行为既包括作为，也包括不作为。行政行为侵犯公民、法人和其他组织合法权益，既可以由行政机关积极作为引起，也可以由行政机关消极不作为引起。

❋ 关联规定

1.《行政强制法》（2011年6月30日）

第八条 公民、法人或者其他组织对行政机关实施行政强制，享有陈述权、申辩权；有权依法申请行政复议或者提起行政诉讼；因行政机关违法实施行政强制受到损害的，有权依法要求赔偿。

公民、法人或者其他组织因人民法院在强制执行中有违法行为或者扩大强制执行范围受到损害的，有权依法要求赔偿。

第七十条 法律、行政法规授权的具有管理公共事务职能的组织在法定授权范围内，以自己的名义实施行政强制，适用本法有关行政机关的规定。

2.《行政处罚法》（2021年1月22日）

第七条 公民、法人或者其他组织对行政机关所给予的行政处罚，享有陈述权、申辩权；对行政处罚不服的，有权依法申请行政复议或者提起行政诉讼。

公民、法人或者其他组织因行政机关违法给予行政处罚受到损害的，有权依法提出赔偿要求。

第三条 行政机关负责人出庭应诉

人民法院应当保障公民、法人和其他组织的起诉权利，对应当受理的行政案件依法受理。

行政机关及其工作人员不得干预、阻碍人民法院受理行政案件。

被诉行政机关负责人应当出庭应诉。不能出庭的，应当委托行政机关相应的工作人员出庭。

❖ 要点提示

在行政诉讼案件中，被诉行政机关负责人均应当出庭应诉，这是一个基本的原则。但是如果行政机关负责人有正当理由，确实不能出庭应诉的，应当委托行政机关相应的工作人员出庭应诉。这里应当说明几点：一是这里的"行政机关负责人"是指行政机关正职和副职领导人。二是在行政机关负责人确实不能出庭应诉的情况下，应当委托该行政机关的相应工作人员出庭，不能只委托律师出庭应诉。三是委托行政机关相应的工作人员出庭应诉要依法进行。

❀ 关联规定

1.《最高人民法院关于适用〈中华人民共和国行政诉讼法〉的解释》（2018年2月6日）

第一百二十八条　行政诉讼法第三条第三款规定的行政机关负责人，包括行政机关的正职、副职负责人以及其他参与分管的负责人。

行政机关负责人出庭应诉的，可以另行委托一至二名诉讼代理人。行政机关负责人不能出庭的，应当委托行政机关相应的工作人员出庭，不得仅委托律师出庭。

第一百二十九条　涉及重大公共利益、社会高度关注或者可能引发群体性事件等案件以及人民法院书面建议行政机关负责人出庭的案件，被诉行政机关负责人应当出庭。

被诉行政机关负责人出庭应诉的，应当在当事人及其诉讼代理人基本情况、案件由来部分予以列明。

行政机关负责人有正当理由不能出庭应诉的，应当向人民法院提交情况说明，并加盖行政机关印章或者由该机关主要负责人签字认可。

行政机关拒绝说明理由的，不发生阻止案件审理的效果，人民法院可以向监察机关、上一级行政机关提出司法建议。

第一百三十条　行政诉讼法第三条第三款规定的"行政机关相应的工作人员"，包括该行政机关具有国家行政编制身份的工作人员以及其他依法履行公职的人员。

被诉行政行为是地方人民政府作出的，地方人民政府法制工作机构的工作人员，以及被诉行政行为具体承办机关工作人员，可以视为被诉人民政府相应的工作人员。

第一百三十一条　行政机关负责人出庭应诉的，应当向人民法院提交能够证明该行政机关负责人职务的材料。

行政机关委托相应的工作人员出庭应诉的，应当向人民法院提交加盖行政机关印章的授权委托书，并载明工作人员的姓名、职务和代理权限。

第一百三十二条 行政机关负责人和行政机关相应的工作人员均不出庭，仅委托律师出庭的或者人民法院书面建议行政机关负责人出庭应诉，行政机关负责人不出庭应诉的，人民法院应当记录在案和在裁判文书中载明，并可以建议有关机关依法作出处理。

2.《最高人民法院关于行政机关负责人出庭应诉若干问题的规定》（2020年6月22日）

为进一步规范行政机关负责人出庭应诉活动，根据《中华人民共和国行政诉讼法》等法律规定，结合人民法院行政审判工作实际，制定本规定。

第一条 行政诉讼法第三条第三款规定的被诉行政机关负责人应当出庭应诉，是指被诉行政机关负责人依法应当在第一审、第二审、再审等诉讼程序中出庭参加诉讼，行使诉讼权利，履行诉讼义务。

法律、法规、规章授权独立行使行政职权的行政机关内设机构、派出机构或者其他组织的负责人出庭应诉，适用本规定。

应当追加为被告而原告不同意追加，人民法院通知以第三人身份参加诉讼的行政机关，其负责人出庭应诉活动参照前款规定。

第二条 行政诉讼法第三条第三款规定的被诉行政机关负责人，包括行政机关的正职、副职负责人、参与分管被诉行政行为实施工作的副职级别的负责人以及其他参与分管的负责人。

被诉行政机关委托的组织或者下级行政机关的负责人，不能作为被诉行政机关负责人出庭。

第三条 有共同被告的行政案件，可以由共同被告协商确定行政机关负责人出庭应诉；也可以由人民法院确定。

第四条 对于涉及食品药品安全、生态环境和资源保护、公共卫生安全等重大公共利益，社会高度关注或者可能引发群体性事件等的案件，人民法院应当通知行政机关负责人出庭应诉。

有下列情形之一，需要行政机关负责人出庭的，人民法院可以通知行政机关负责人出庭应诉：

（一）被诉行政行为涉及公民、法人或者其他组织重大人身、财产权益的；

（二）行政公益诉讼；

（三）被诉行政机关的上级机关规范性文件要求行政机关负责人出庭应诉的；

（四）人民法院认为需要通知行政机关负责人出庭应诉的其他情形。

第五条 人民法院在向行政机关送达的权利义务告知书中，应当一并告知行政机关负责人出庭应诉的法定义务及相关法律后果等事项。

人民法院通知行政机关负责人出庭的，应当在开庭三日前送达出庭通知书，并告知行政机关负责人不出庭可能承担的不利法律后果。

行政机关在庭审前申请更换出庭应诉负责人且不影响正常开庭的，人民法院应当准许。

第六条 行政机关负责人出庭应诉的，应当于开庭前向人民法院提交出庭应诉负责人的身份证明。身份证明应当载明该负责人的姓名、职务等基本信息，并加盖行政机关印章。

人民法院应当对出庭应诉负责人的身份证明进行审查，经审查认为不符合条件，可以补正的，应当告知行政机关予以补正；不能补正或者补正可能影响正常开庭的，视为行政机关负责人未出庭应诉。

第七条 对于同一审级需要多次开庭的同一案件，行政机关负责人到庭参加一次庭审的，一般可以认定其已经履行出庭应诉义务，但人民法院通知行政机关负责人再次出庭的除外。

行政机关负责人在一个审理程序中出庭应诉，不免除其在其他审理程序出庭应诉的义务。

第八条 有下列情形之一的，属于行政诉讼法第三条第三款规定的行政机关负责人不能出庭的情形：

（一）不可抗力；

（二）意外事件；

（三）需要履行他人不能代替的公务；

（四）无法出庭的其他正当事由。

第九条 行政机关负责人有正当理由不能出庭的，应当提交相关证明材料，并加盖行政机关印章或者由该机关主要负责人签字认可。

人民法院应当对行政机关负责人不能出庭的理由以及证明材料进行审查。

行政机关负责人有正当理由不能出庭，行政机关申请延期开庭审理的，人民法院可以准许；人民法院也可以依职权决定延期开庭审理。

第十条 行政诉讼法第三条第三款规定的相应的工作人员，是指被诉行政机关中具体行使行政职权的工作人员。

行政机关委托行使行政职权的组织或者下级行政机关的工作人员，可以视为行政机关相应的工作人员。

人民法院应当参照本规定第六条第二款的规定，对行政机关相应的工作人员的身份证明进行审查。

第十一条 诉讼参与人参加诉讼活动，应当依法行使诉讼权利，履行诉讼义务，遵守法庭规则，自觉维护诉讼秩序。

行政机关负责人或者行政机关委托的相应工作人员在庭审过程中应当就案件情况进行陈述、答辩、提交证据、辩论、发表最后意见，对所依据的规范性文件进行解释说明。

行政机关负责人出庭应诉的，应当就实质性解决行政争议发表意见。

诉讼参与人和其他人以侮辱、谩骂、威胁等方式扰乱法庭秩序的，人民法院应当制止，并根据行政诉讼法第五十九条规定进行处理。

第十二条 有下列情形之一的，人民法院应当向监察机关、被诉行政机关的上一级行政机关提出司法建议：

（一）行政机关负责人未出庭应诉，且未说明理由或者理由不成立的；

（二）行政机关有正当理由申请延期开庭审理，人民法院准许后再次开庭审理时行政机关负责人仍未能出庭应诉，且无正当理由的；

（三）行政机关负责人和行政机关相应的工作人员均不出庭应诉的；

（四）行政机关负责人未经法庭许可中途退庭的；

（五）人民法院在庭审中要求行政机关负责人就有关问题进行解释或者说明，行政机关负责人拒绝解释或者说明，导致庭审无法进行的。

有前款情形之一的，人民法院应当记录在案并在裁判文书中载明。

第十三条 当事人对行政机关具有本规定第十二条第一款情形提出异议的，人民法院可以在庭审笔录中载明，不影响案件的正常审理。

原告以行政机关具有本规定第十二条第一款情形为由拒不到庭、未经法庭许可中途退庭的，人民法院可以按照撤诉处理。

原告以行政机关具有本规定第十二条第一款情形为由在庭审中明确拒绝陈述或者以其他方式拒绝陈述，导致庭审无法进行，经法庭释明法律后果后仍不陈述意见的，人民法院可以视为放弃陈述权利，由其承担相应的法律后果。

第十四条 人民法院可以通过适当形式将行政机关负责人出庭应诉情况向社会公开。

人民法院可以定期将辖区内行政机关负责人出庭应诉情况进行统计、分析、评价，向同级人民代表大会常务委员会报告，向同级人民政府进行通报。

第十五条 本规定自2020年7月1日起施行。

典型案例

1. 某连锁超市诉北京市某区市场监督管理局行政处罚决定及某区人民政府行政复议案[①]

◎ **基本案情**

北京市某区市场监督管理局（以下简称某区市场监管局）收到消费者投诉举报，反映其在某连锁超市购买的某品牌不同年份的两款葡萄酒标签上未标注生产商相关信息和警示语等。某区人民政府经检查，认定某连锁

---

① 最高人民法院发布行政机关负责人出庭应诉典型案例之一，载最高人民法院网站，https://www.court.gov.cn/zixun/xiangqing/316121.html，2023年8月1日访问。此次最高人民法院共发布行政机关负责人出庭应诉典型案例15个，更多详情可参见最高人民法院网站。

超市出售的预包装产品存在经营标签不符合食品安全法相关规定的违法行为，于 2019 年 6 月 10 日作出行政处罚决定，对某连锁超市处以罚款和没收违法所得共计 113954 元。某连锁超市认为处罚决定适用法律错误，处罚过重，向某区人民政府申请行政复议。某区人民政府经复议审查维持了处罚决定。某连锁超市认为产品标签存在的问题非经销商过错，不应作高限处罚，遂向北京市某区人民法院提起行政诉讼，请求撤销被诉行政处罚决定中关于对某连锁超市因销售的涉案两款葡萄酒不符合标签规定作出的处罚部分及被诉行政复议决定。

◎ **出庭应诉情况**

因案涉食品安全且罚没金额较大，处罚定性和幅度准确与否对原告的正常经营产生影响，对民族地方特色食品的规范化生产经营也将带来示范效应，某区人民法院建议被告负责人以实质解决争议为目标出庭应诉，同时积极促成生产商参加诉讼。某区人民法院提出建议后，某区副区长、某区人民政府局长作为行政机关负责人出庭应诉。某区人民法院将本案庭审确立为年度庭审公开示范庭，由分管副院长担任审判长，某区属行政机关法制部门负责人及区市场监管局执法人员共 90 余人旁听了庭审。庭审中，某区副区长在最后陈述中表示："感谢当事人选择行政复议作为救济途径，本人作为行政机关负责人出庭应诉，既是以实际行动落实法律义务，也体现了区政府努力优化营商环境的决心。某区人民政府将秉持法治就是最好的营商环境的理念，不断提高行政机关执法水平，推动构建保护公平竞争的市场秩序，畅通市场主体的利益表达渠道，努力营造首都功能核心区良好的法治化营商环境。"某区人民政府局长表示："此次公开庭审是一次难得而生动的法制教育课，对规范食品行政执法起到了积极的引领作用，今后要避免机械执法，主动结合生产实际，确保罚责相当。"庭审后，两位行政机关负责人专门与第三人生产厂商法定代表人就市场监管工作中相关问题进行了深入交流。经过庭审和庭后充分交换意见，各方当事人对案件争议问题的解决达成共识，原告申请撤诉。

典型意义本案最终案结事了，充分展示了行政机关负责人出庭应诉制度的效能：一是沟通效能。某区人民法院以当事人之间充分沟通为目标，努力让利益相关方全部参加诉讼并实际出庭,面对面交流,消除了隔阂和认识误区,达成了争议解决的共识。同时,加强了行政机关和行政相对人对人民法院审理工作的理解和信任;二是示范效能。某区人民法院提前建议行政机关负责人出庭就实质性解决争议发表意见,打破以往行政机关被动应诉的藩篱,促进行政机关在庭前应诉准备中更加深入审视行政行为合法性,从自身工作不足中寻求争议化解的契合点,从而促进执法工作水平的提升,同时带动行政机关负责人转变理念,主动出庭、出好庭;三是教育效能。本案同时作为行政执法人员的法制公开课,市场监管局局长的出庭发言,对规范食品行政执法起到了积极引领作用。政府副区长的出庭应诉,对政府职能部门深入推进依法行政、加强法治政府建设发挥了良好示范作用。

2. 某集团公司诉黑龙江省大庆市某区人民政府住房和城乡建设局行政处罚案[①]

◎ 基本案情

某集团公司具体施工涉案工程并于2013年竣工,同年业主陆续入住。2015年底,部分业主向黑龙江省大庆市某区人民政府住房和城乡建设局(以下简称让某区住建局)投诉涉案房屋存在墙体裂缝等质量问题。让某区住建局于2017年8月11日对某集团公司作出行政处罚决定,处以工程合同价款1218.15万元的4%(合计487260元)罚款,某集团公司不服,提起行政诉讼。一审判决驳回诉讼请求后,某集团公司向黑龙江省大庆市中级人民法院(以下简称大庆中院)提起上诉。

◎ 出庭应诉情况

房屋建设质量关乎民生,直接影响人民群众的生命财产安全。涉案行政争议引发之后,人民法院与行政机关均高度重视,大庆中院由院长担任审判长主审案件,让某区住建局局长及相关负责人全程参与行政应诉活

[①] 最高人民法院发布行政机关负责人出庭应诉典型案例之二,载最高人民法院网站,https://www.court.gov.cn/zixun/xiangqing/316121.html,2023年8月1日访问。

动。庭审前，让某区住建局局长、副局长专题研究案件材料，深入了解案件事实、证据及法律依据，充分做好各项应诉准备工作。庭审中，局长、副局长全程积极参与，认真倾听行政相对人的请求和理由，紧紧围绕争议焦点，有理有据地发表答辩意见、质证意见及辩论意见，详细阐述、充分证明被诉行政处罚的合法性与合理性。某市市直机关及各县（区）的主管法治工作领导、法治部门负责人共计 50 余人旁听庭审。庭审还启用了科技法庭智能庭审系统，运用即时视频、音频网络通讯进行网络直播，黑龙江省电视台、某市电视台、《大庆日报》《大庆晚报》《都市生活报》等多家新闻媒体进行宣传报道。

◎ **典型意义**

被诉行政机关负责人，包括行政机关的正职、副职负责人。正职负责人与副职负责人同时出庭的，由正职负责人履行出庭负责人职责，副职负责人履行诉讼代理人职责，可以充分体现被诉行政机关对行政争议的高度重视，以及化解矛盾的真心诚意。本案中，让某区住建局局长、副局长全程参与行政应诉过程，在充分做好应诉准备工作的基础上，严格规范参加庭审活动，"出庭且出声""出庭出效果"，表明让某区住建局的负责人具有较强的法治意识，对法律尊崇敬畏，勇于接受法律监督。同时，大庆中院合理利用现代科学技术，使庭审更加公开透明，并取得了良好的社会反响，发挥出庭审功能的最大化，实现了庭审效果的最优化。

3. 王某某诉吉林省某市人力资源和社会保障局行政确认案[①]

◎ **基本案情**

王某某 1988 年 8 月 5 日被原吉林省某市劳动局招收为集体所有制工人，并安排在某经营公司工作，岗位工种类别等级为井下一类工种登钩。2010 年 4 月 16 日，王某某与某经营公司解除劳动关系。2019 年 3 月王某某向吉林省某市人力资源和社会保障局（以下简称某市人社局）申请特殊

---

① 最高人民法院发布行政机关负责人出庭应诉典型案例之三，载最高人民法院网站，https://www.court.gov.cn/zixun/xiangqing/316121.html，2023 年 8 月 1 日访问。

工种退休。某市人社局对王某某同单位其他人员档案进行抽样后，经比对发现王某某档案中部分材料记载方式、盖章部门等存在不一致等情形，遂以此为由作出不批准王某某提前退休的《特殊工种提前退休核准告知书》。王某某不服诉至法院，一审判决撤销被诉行政行为。某市人社局向吉林省某市中级人民法院（以下简称白山中院）提起上诉。

◎ **出庭应诉情况**

某市人社局分管退休审批的副局长在二审程序中，作为行政机关负责人参加诉讼。庭审过程中，出庭负责人认真倾听行政相对人的诉求，并就实质性解决本案争议发表意见，表示将于庭后召集单位相关部门人员，与行政相对人共同核对相关原始证据，对其工龄、工种等情况进行重新确认，对与行政相对人情况类似的临退休工人也将重新进行全面核查。王某某对出庭负责人的态度表示非常感动，将全力配合与支持行政机关的工作。庭审结束后，某市人社局经核对，认定王某某符合特殊工种退休条件，并为其办理了相关手续。某市人社局向白山中院申请撤回上诉，王某某亦申请撤回原审起诉。同时，与王某某情况类似的其他人员，相应问题也得到有效解决。

◎ **典型意义**

行政机关负责人出庭应诉，可以有效消除行政机关与行政相对人之间的分歧与矛盾，赢得人民群众对政府工作的理解与支持。同时，也可以消除行政机关与人民法院之间的分歧，有利于增加行政机关对审判工作的理解与尊重，使人民法院裁判文书得以切实履行，有效维护政府形象与司法权威。本案中，行政机关一审败诉后依法提起上诉，表明其对一审法院的判决不理解或不认同。某市人社局负责人通过参加庭审活动，以及开展庭审结束之后的调查、核实工作，认识到执法工作中存在的问题，并切实采取措施保障人民群众的合法权益，最终赢得行政相对人的理解与尊重，双方当事人各自撤回诉讼，并从根源上遏制了大量潜在的行政争议，解决一案，带动一片，真正实现案结事了，获得良好的裁判效果。

第四条 独立行使审判权

人民法院依法对行政案件独立行使审判权,不受行政机关、社会团体和个人的干涉。

人民法院设行政审判庭,审理行政案件。

❋ 要点提示

人民法院是国家的审判机关,国家赋予其审判权,人民法院依法行使审判权,有权依法独立审判、排除各种非法干扰。这里需要指出的是,人民法院依法独立行使审判权,并不意味着人民法院的审判活动不受任何监督。根据我国宪法的规定,各级人民代表大会及其常务委员会是国家的权力机关,各级人民法院由其产生并受其监督,所以人民法院的审判活动必须接受人民代表大会及其常务委员会的监督。此外,人民检察院作为国家的法律监督机关,也有权对人民法院的审判活动进行监督。

❋ 关联规定

1.《宪法》（2018 年 3 月 11 日）

第一百二十六条 国家监察委员会对全国人民代表大会和全国人民代表大会常务委员会负责。地方各级监察委员会对产生它的国家权力机关和上一级监察委员会负责。

2.《人民法院组织法》（2018 年 10 月 26 日）

第四条 人民法院依照法律规定独立行使审判权,不受行政机关、社会团体和个人的干涉。

第五条 以事实为根据,以法律为准绳原则

人民法院审理行政案件,以事实为根据,以法律为准绳。

第六条 合法性审查原则

> 人民法院审理行政案件，对行政行为是否合法进行审查。

❋ 要点提示

合法性审查原则是行政诉讼的一个特有原则，包括两层含义：

一是人民法院依法审理行政案件，有权对被诉行政行为是否合法进行审理并作出裁判。行政行为合法性的标准，包括两个方面：第一，实体合法。实体合法即行政机关所作出的行政行为，是否有法律依据，是否在其法定职权范围内作出，适用的法律、法规是否正确等。第二，程序合法。程序合法是实体合法的保障，是依法行政的重要组成部分。

二是人民法院只对行政行为是否合法进行审查，一般不对行政行为是否合理进行审查。

❋ 关联规定

1.《行政处罚法》（2021年1月22日）

第五条　行政处罚遵循公正、公开的原则。

设定和实施行政处罚必须以事实为依据，与违法行为的事实、性质、情节以及社会危害程度相当。

对违法行为给予行政处罚的规定必须公布；未经公布的，不得作为行政处罚的依据。

2.《最高人民法院关于审理反倾销行政案件应用法律若干问题的规定》（2002年11月21日）

第六条　人民法院依照行政诉讼法及其他有关反倾销的法律、行政法规，参照国务院部门规章，对被诉反倾销行政行为的事实问题和法律问题，进行合法性审查。

3.《最高人民法院关于审理反补贴行政案件应用法律若干问题的规定》
（2002 年 11 月 21 日）

第六条　人民法院依照行政诉讼法及其他有关反补贴的法律、行政法规，参照国务院部门规章，对被诉反补贴行政行为的事实问题和法律问题，进行合法性审查。

4.《最高人民法院关于审理行政协议案件若干问题的规定》（2019 年 11 月 27 日）

第十一条　人民法院审理行政协议案件，应当对被告订立、履行、变更、解除行政协议的行为是否具有法定职权、是否滥用职权、适用法律法规是否正确、是否遵守法定程序、是否明显不当、是否履行相应法定职责进行合法性审查。

原告认为被告未依法或者未按照约定履行行政协议的，人民法院应当针对其诉讼请求，对被告是否具有相应义务或者履行相应义务等进行审查。

第七条　合议、回避、公开审判和两审终审原则

人民法院审理行政案件，依法实行合议、回避、公开审判和两审终审制度。

❖ 关联规定

1.《宪法》（2018 年 3 月 11 日）

第一百三十条　人民法院审理案件，除法律规定的特别情况外，一律公开进行。被告人有权获得辩护。

2.《人民法院组织法》（2018 年 10 月 26 日）

第七条　人民法院实行司法公开，法律另有规定的除外。

3.《最高人民法院关于适用〈中华人民共和国行政诉讼法〉的解释》
(2018年2月6日)

第七十四条 当事人申请回避，应当说明理由，在案件开始审理时提出；回避事由在案件开始审理后知道的，应当在法庭辩论终结前提出。

被申请回避的人员，在人民法院作出是否回避的决定前，应当暂停参与本案的工作，但案件需要采取紧急措施的除外。

对当事人提出的回避申请，人民法院应当在三日内以口头或者书面形式作出决定。对当事人提出的明显不属于法定回避事由的申请，法庭可以依法当庭驳回。

申请人对驳回回避申请决定不服的，可以向作出决定的人民法院申请复议一次。复议期间，被申请回避的人员不停止参与本案的工作。对申请人的复议申请，人民法院应当在三日内作出复议决定，并通知复议申请人。

第七十五条 在一个审判程序中参与过本案审判工作的审判人员，不得再参与该案其他程序的审判。

发回重审的案件，在一审法院作出裁判后又进入第二审程序的，原第二审程序中合议庭组成人员不受前款规定的限制。

第八条 法律地位平等原则

当事人在行政诉讼中的法律地位平等。

要点提示

在行政诉讼的双方当事人中，一方是行政机关，它在行政管理活动中代表国家行使行政权力，处于管理者的地位；另一方是公民、法人或者其他组织，他们在行政管理活动中处于被管理者的地位，是行政管理相对人。但是，当双方发生行政争议依法进入行政诉讼程序后，他们之间就由原来的管理者与被管理者的关系，转变为平等性的行政诉讼关系，成为行政诉讼的双方当事人。在整个诉讼过程中，原告与被告的诉讼法律地位是平等的，没有高低之分，亦无贵贱之别，没有领导与服从的关系，而是处于相同的法律地位，共同受人民法院裁判的约束。

第九条 本民族语言文字原则

各民族公民都有用本民族语言、文字进行行政诉讼的权利。

在少数民族聚居或者多民族共同居住的地区，人民法院应当用当地民族通用的语言、文字进行审理和发布法律文书。

人民法院应当对不通晓当地民族通用的语言、文字的诉讼参与人提供翻译。

关联规定

《宪法》（2018 年 3 月 11 日）

第一百三十九条 各民族公民都有用本民族语言文字进行诉讼的权利。人民法院和人民检察院对于不通晓当地通用的语言文字的诉讼参与人，应当为他们翻译。

在少数民族聚居或者多民族共同居住的地区，应当用当地通用的语言进行审理；起诉书、判决书、布告和其他文书应当根据实际需要使用当地通用的一种或者几种文字。

第十条 辩论原则

当事人在行政诉讼中有权进行辩论。

要点提示

辩论的内容涉及的范围比较广泛。双方当事人既可以就案件的事实等实体方面进行辩论，也可以就适用的法律及程序性的问题进行辩论。双方当事人可以就上述范围内的有争议的问题进行辩论。

辩论权的行使要贯穿整个诉讼程序，不限于法庭辩论阶段。在行政诉讼的第一审程序、第二审程序和审判监督程序中都要保障当事人对辩论权的充分行使。

第十一条　法律监督原则

人民检察院有权对行政诉讼实行法律监督。

❖ 要点提示

人民检察院主要通过以下方式，对行政诉讼实行法律监督：

一是提出抗诉。二是提出检察建议。检察建议分为两种：其一，再审检察建议，是指人民检察院对人民法院已经发生法律效力的判决、裁定，不采取抗诉方式启动再审程序，而是向人民法院提出检察建议，由人民法院自行决定是否启动再审程序进行再审。其二，对审判人员违法行为的检察建议，是指各级人民检察院对审判监督程序以外的其他审判程序中审判人员的违法行为，有权向同级人民法院提出检察建议。三是对行政诉讼立案环节进行监督。四是对调解进行监督。五是对行政诉讼判决、裁定的执行实行法律监督。六是追究贪污受贿、徇私舞弊、枉法裁判的审判人员的刑事责任。

❖ 关联规定

1.《宪法》（2018年3月11日）

第一百三十四条　中华人民共和国人民检察院是国家的法律监督机关。

2.《人民检察院组织法》（2018年10月26日）

第二条　人民检察院是国家的法律监督机关。

人民检察院通过行使检察权，追诉犯罪，维护国家安全和社会秩序，维护个人和组织的合法权益，维护国家利益和社会公共利益，保障法律正确实施，维护社会公平正义，维护国家法制统一、尊严和权威，保障中国特色社会主义建设的顺利进行。

第二十条 人民检察院行使下列职权：

（一）依照法律规定对有关刑事案件行使侦查权；

（二）对刑事案件进行审查，批准或者决定是否逮捕犯罪嫌疑人；

（三）对刑事案件进行审查，决定是否提起公诉，对决定提起公诉的案件支持公诉；

（四）依照法律规定提起公益诉讼；

（五）对诉讼活动实行法律监督；

（六）对判决、裁定等生效法律文书的执行工作实行法律监督；

（七）对监狱、看守所的执法活动实行法律监督；

（八）法律规定的其他职权。

第二十一条 人民检察院行使本法第二十条规定的法律监督职权，可以进行调查核实，并依法提出抗诉、纠正意见、检察建议。有关单位应当予以配合，并及时将采纳纠正意见、检察建议的情况书面回复人民检察院。

抗诉、纠正意见、检察建议的适用范围及其程序，依照法律有关规定。

3.《关于对民事审判活动与行政诉讼实行法律监督的若干意见（试行）》
（2011年3月10日）

第五条 最高人民检察院对各级人民法院已经发生法律效力的民事判决、裁定，上级人民检察院对下级人民法院已经发生法律效力的民事判决、裁定，经过立案审查，发现有《中华人民共和国民事诉讼法》第一百七十九条规定情形之一，符合抗诉条件的，应当依照《中华人民共和国民事诉讼法》第一百八十七条之规定，向同级人民法院提出抗诉。

人民检察院发现人民法院已经发生法律效力的行政判决和不予受理、驳回起诉、管辖权异议等行政裁定，有《中华人民共和国行政诉讼法》第六十四条规定情形的，应当提出抗诉。

第六条 人民检察院发现人民法院已经发生法律效力的民事调解、行政赔偿调解损害国家利益、社会公共利益的,应当提出抗诉。

第七条 地方各级人民检察院对符合本意见第五条、第六条规定情形的判决、裁定、调解,经检察委员会决定,可以向同级人民法院提出再审检察建议。

人民法院收到再审检察建议后,应当在三个月内进行审查并将审查结果书面回复人民检察院。人民法院认为需要再审的,应当通知当事人。人民检察院认为人民法院不予再审的决定不当的,应当提请上级人民检察院提出抗诉。

第八条 人民法院裁定驳回再审申请后,当事人又向人民检察院申诉的,人民检察院对驳回再审申请的裁定不应当提出抗诉。人民检察院经审查认为原生效判决、裁定、调解符合抗诉条件的,应当提出抗诉。人民法院经审理查明,抗诉事由与被驳回的当事人申请再审事由实质相同的,可以判决维持原判。

第九条 人民法院的审判活动有本意见第五条、第六条以外违反法律规定情形,不适用再审程序的,人民检察院应当向人民法院提出检察建议。

当事人认为人民法院的审判活动存在前款规定情形,经提出异议人民法院未予纠正,向人民检察院申诉的,人民检察院应当受理。

第十条 人民检察院提出检察建议的,人民法院应当在一个月内作出处理并将处理情况书面回复人民检察院。

人民检察院对人民法院的回复意见有异议的,可以通过上一级人民检察院向上一级人民法院提出。上一级人民法院认为人民检察院的意见正确的,应当监督下级人民法院及时纠正。

4.《人民检察院行政诉讼监督规则》(2021年7月27日)

第一条 为了保障和规范人民检察院依法履行行政诉讼监督职责,根据《中华人民共和国行政诉讼法》《中华人民共和国民事诉讼法》《中华人民共和国人民检察院组织法》和其他有关规定,结合人民检察院工作实际，制定本规则。

第二条　人民检察院依法独立行使检察权，通过办理行政诉讼监督案件，监督人民法院依法审判和执行，促进行政机关依法行使职权，维护司法公正和司法权威，维护国家利益和社会公共利益，保护公民、法人和其他组织的合法权益，推动行政争议实质性化解，保障国家法律的统一正确实施。

第三条　人民检察院通过提出抗诉、检察建议等方式，对行政诉讼实行法律监督。

第四条　人民检察院对行政诉讼实行法律监督，应当以事实为根据，以法律为准绳，坚持公开、公平、公正，依法全面审查，监督和支持人民法院、行政机关依法行使职权。

第五条　人民检察院办理行政诉讼监督案件，应当实行繁简分流，繁案精办、简案快办。

人民检察院办理行政诉讼监督案件，应当加强智慧借助，对于重大、疑难、复杂问题，可以向专家咨询或者组织专家论证，听取专家意见建议。

第六条　人民检察院办理行政诉讼监督案件，应当查清案件事实、辨明是非，综合运用监督纠正、公开听证、释法说理、司法救助等手段，开展行政争议实质性化解工作。

5.《人民检察院检察建议工作规定》（2019年2月26日）

第二章　适用范围

第八条　人民检察院发现同级人民法院已经发生法律效力的判决、裁定具有法律规定的应当再审情形的，或者发现调解书损害国家利益、社会公共利益的，可以向同级人民法院提出再审检察建议。

第九条　人民检察院在履行对诉讼活动的法律监督职责中发现有关执法、司法机关具有下列情形之一的，可以向有关执法、司法机关提出纠正违法检察建议：

（一）人民法院审判人员在民事、行政审判活动中存在违法行为的；

（二）人民法院在执行生效民事、行政判决、裁定、决定或者调解书、支付令、仲裁裁决书、公证债权文书等法律文书过程中存在违法执行、不执行、怠于执行等行为，或者有其他重大隐患的；

（三）人民检察院办理行政诉讼监督案件或者执行监督案件，发现行政机关有违反法律规定，可能影响人民法院公正审理和执行的行为的；

（四）公安机关、人民法院、监狱、社区矫正机构、强制医疗执行机构等在刑事诉讼活动中或者执行人民法院生效刑事判决、裁定、决定等法律文书过程中存在普遍性、倾向性违法问题，或者有其他重大隐患，需要引起重视予以解决的；

（五）诉讼活动中其他需要以检察建议形式纠正违法的情形。

第十条 人民检察院在履行职责中发现生态环境和资源保护、食品药品安全、国有财产保护、国有土地使用权出让等领域负有监督管理职责的行政机关违法行使职权或者不作为，致使国家利益或者社会公共利益受到侵害，符合法律规定的公益诉讼条件的，应当按照公益诉讼案件办理程序向行政机关提出督促依法履职的检察建议。

第十一条 人民检察院在办理案件中发现社会治理工作存在下列情形之一的，可以向有关单位和部门提出改进工作、完善治理的检察建议：

（一）涉案单位在预防违法犯罪方面制度不健全、不落实，管理不完善，存在违法犯罪隐患，需要及时消除的；

（二）一定时期某类违法犯罪案件多发、频发，或者已发生的案件暴露出明显的管理监督漏洞，需要督促行业主管部门加强和改进管理监督工作的；

（三）涉及一定群体的民间纠纷问题突出，可能导致发生群体性事件或者恶性案件，需要督促相关部门完善风险预警防范措施，加强调解疏导工作的；

（四）相关单位或者部门不依法及时履行职责，致使个人或者组织合法权益受到损害或者存在损害危险，需要及时整改消除的；

（五）需要给予有关涉案人员、责任人员或者组织行政处罚、政务处分、行业惩戒，或者需要追究有关责任人员的司法责任的；

（六）其他需要提出检察建议的情形。

第十二条　对执法、司法机关在诉讼活动中的违法情形，以及需要对被不起诉人给予行政处罚、处分或者需要没收其违法所得，法律、司法解释和其他有关规范性文件明确规定应当发出纠正违法通知书、检察意见书的，依照相关规定执行。

典型案例

1. 山东省某包装公司及魏某安全生产违法行政非诉执行检察监督案[①]

◎ 关键词

行政争议实质性化解　非诉执行监督　公开听证　检察建议

◎ 要旨

人民检察院办理当事人申请监督并提出合法正当诉求的行政非诉执行监督案件，可以立足法律监督职能开展行政争议实质性化解工作。人民检察院通过监督人民法院非诉执行活动，审查行政行为是否合法，发现人民法院执行活动违反法律规定，行政机关违法行使职权或者不行使职权的，应当提出检察建议。

◎ 基本案情

山东省某包装有限公司（以下简称包装公司）是一家连续多年被评为纳税信用A级、残疾人职工占41.2%、获评为残疾人就业创业扶贫示范基地等荣誉称号的福利性民营企业。2018年7月，包装公司发生一般安全事故，经调解，累计向安全事故受害人赔偿100万元。2018年10月22日，山东省某县安全生产监督管理局（以下简称县安监局）认为该公司未全面落实安全生产主体责任导致发生安全事故，违反《中华人民共和国安全生产法》第一百零九条规定，对该公司作出罚款35万元的行政处罚决定；认为公司负责人魏某未履行安全生产管理职责，违反《中华人民共和国安全生产法》第九十二条规定，对魏某作出罚款4.68万元的行政处罚决定。后经该公司及魏某申请，2018年11月8日县安监局出具《延期（分期）缴纳罚款批准书》，同意该公司及魏某延期至2019年3月30日前缴纳罚款。

[①] 最高人民检察院检例第119号。

2019年3月，公司及魏某因经济困难再次提出延期缴纳罚款请求。经公司驻地乡政府协调，2019年4月22日县应急管理局（机构改革后安全生产监管职能并入县应急管理局，以下简称县应急局）同意该公司及魏某延期至2019年7月31日前缴纳罚款，但未出具书面意见。2019年4月30日，在经营资金紧张情况下，包装公司缴纳10万元罚款。

2019年7月12日，县应急局认为包装公司未及时全额缴纳罚款，违反《中华人民共和国行政处罚法》第五十一条规定，对包装公司及魏某分别作出35万元、4.68万元加处罚款决定。

经催告，2019年8月5日，县应急局向县人民法院申请强制执行原处罚款剩余的25万元及魏某的4.68万元个人原处罚款，县人民法院分别作出准予强制执行裁定。2019年10月，魏某缴纳个人4.68万元原处罚款。2020年3月6日、10日，县应急局分别向县人民法院申请强制执行对包装公司及魏某的加处罚款决定，某县人民法院分别作出准予强制执行裁定。其间，包装公司及魏某对原行政处罚、加处罚款决定不服，向行政机关提出异议，并多次向市、县相关部门反映情况。

◎ **检察机关履职情况**

案件来源。2020年4月9日，魏某认为处罚对象错误，不服人民法院准予强制执行县安监局处罚决定的行政裁定，包装公司及魏某不服人民法院准予强制执行县应急局加处罚款决定的行政裁定，向县人民检察院申请监督。

调查核实。受理案件后，县人民检察院重点开展了以下调查核实工作：一是调阅案卷材料，审查行政处罚及法院受理审查情况；二是向县应急局时任主要负责人、相关执法人员了解公司及魏某行政处罚、加处罚款执法和申请法院强制执行情况；三是到包装公司实地查看，了解公司生产经营状况；四是到公司驻地乡政府了解其协调延期缴纳的情况。检察机关经调查核实并向县人民法院审判人员了解情况，查明：包装公司发生安全事故时，原总经理于某已因股权纠纷、挪用资金等原因离开公司，由魏某实际负责；乡政府出具证明，企业法定代表人陈某证实，县应急局亦认可2019年4月22日经乡政府协调同意包装公司及魏某延期至2019年7月31

日前缴纳、未出具书面意见的事实；包装公司在事故发生后已进行整改。

公开听证。县人民检察院多次与包装公司、县应急局沟通，争议双方对加处罚款是否适当、加处罚款决定是否应当撤销等存在重大分歧。为进一步查清案件事实，统一对法律适用的认识，推动行政争议实质性化解，县人民检察院邀请法律专家、人大代表等为听证员，组织对该案进行公开听证。听证员一致认为，对魏某的原行政处罚符合法律规定，处罚适当；对包装公司及魏某作出加处罚款明显不当，应予纠正。

监督意见。县人民检察院经审查：1. 对魏某的原行政处罚符合法律规定，处罚适当；县人民法院裁定准予强制执行加处罚款，认定事实与客观事实不符。向县人民法院发出检察建议，建议依法纠正对包装公司及魏某准予强制执行加处罚款的行政裁定。2. 县应急局实际已同意包装公司和魏某延期缴纳罚款，其在延期缴纳罚款期间对包装公司及魏某作出加处罚款决定明显不当。向县应急局发出检察建议，建议重新审查对公司及魏某作出的加处罚款决定，规范执法行为，同时建议县应急局依法加强对企业的安全生产监管，推动企业规范发展。3. 建议包装公司进一步加强内部管理，规范企业经营，重视安全生产，提高风险防范能力。

争议化解。收到检察建议后，县人民法院撤销了对包装公司及魏某的准予强制执行加处罚款行政裁定书；县应急局撤销了对包装公司及魏某的加处罚款决定，表示今后进一步规范执法行为。

◎ **指导意义**

（一）行政相对人未就行政决定申请复议、提起诉讼，在行政非诉执行阶段向检察机关申请监督提出合法正当诉求的，检察机关可以立足法律监督职能依法开展行政争议实质性化解工作。行政机关申请人民法院强制执行行政决定，人民法院裁定准予强制执行，行政相对人认为行政决定及行政裁定违法，侵犯其正当权益，向人民检察院申请监督的，人民检察院应当受理。人民检察院办理行政非诉执行监督案件，可以通过调查核实、公开听证和提出检察建议等方式，查清案件事实，明晰权责，凝聚共识，推动行政机关与行政相对人之间的争议得到实质性处理，实现案结事了政和。

（二）人民检察院办理行政非诉执行监督案件，通过监督人民法院行政非诉执行活动，审查行政机关行政行为是否合法，强制执行是否侵犯相对人合法权益。中央全面依法治国委员会《关于加强综合治理从源头切实解决执行难问题的意见》提出，检察机关要加强对行政执行包括非诉执行活动的法律监督，推动依法执行、规范执行。人民检察院监督人民法院非诉执行活动，应当审查准予执行行政裁定认定事实是否清楚、适用法律是否正确，发现人民法院执行活动违反法律规定，行政机关违法行使职权或者不行使职权的，应当提出检察建议，促进人民法院公正司法、行政机关依法行政。

◎ **相关规定**

《中华人民共和国行政诉讼法》第十一条

《中华人民共和国行政强制法》第四十二条

《中华人民共和国行政处罚法》（2017年）第五十一条、第五十二条

《中华人民共和国安全生产法》第九十二条、第一百零九条

《人民检察院行政诉讼监督规则（试行）》第二十九条、第三十四条

《人民检察院检察建议工作规定》第九条

2. 湖南省某市人民检察院对市人民法院行政诉讼执行活动检察监督案[①]

◎ **关键词**

行政检察　类案监督　行政诉讼执行活动　程序违法　异地管辖

◎ **要旨**

人民检察院对人民法院行政诉讼执行活动实行法律监督，应当对执行立案、采取执行措施、执行结案全过程进行监督，促进行政裁判确定的内容得以依法及时实现。发现人民法院行政诉讼执行活动存在同类违法问题的，可以就纠正同类问题向人民法院提出检察建议，并持续跟踪督促落实，促进依法执行。人民法院跨行政区域集中管辖的行政案件，原则上由受理案件法院所在地同级对应的人民检察院管辖并履行相应的法律监督职责。

---

① 最高人民检察院检例第147号。

◎ **基本案情**

2020年7月，湖南省某市人民检察院在履行法律监督职责中发现：李某某申请执行某县公安局返还强制扣押财产一案，实行跨区域集中管辖的某市人民法院于2019年7月16日作出的行政判决书发生法律效力后，某县公安局未履行生效法律文书确定的义务，李某某向市人民法院申请强制执行，法院裁定准予强制执行。后该院作出终结执行裁定书，但该裁定书没有依法写明当事人自收到裁定书之日起六十日内可以对终结执行行为提出异议的救济权利和期限。

市人民检察院在监督办案中还发现另有申请人苏某某申请某镇政府履行行政判决、申请人蒋某某申请某县人力资源和社会保障局履行行政判决两个案件，市人民法院作出了终结执行的裁定，亦没有写明当事人可以向人民法院提出异议及异议期限等权利救济的内容。

◎ **检察机关履职过程**

案件来源。市人民检察院在履行职责中发现人民法院行政诉讼执行活动不规范问题在当地并非个别，影响当事人依法维护自身正当权利，损害司法裁判公正性，决定对该市人民法院2017年至2020年的行政诉讼执行案件开展专项监督。

审查核实。市人民检察院在对市人民法院20件行政诉讼执行案件进行审查、调查及类案比对后发现，该院行政诉讼执行活动存在以下违法情形：一是立案程序不规范。20件案件中有13件未在七日内立案，存在立案超期问题。二是送达、告知、执行和解等程序不规范。有7件案件存在未送达、超期送达或留置送达不符合规定等问题；有11件案件送达终结执行裁定书未告知当事人提出异议的权利和期限；有1件执行和解案件被执行人未在和解协议上签字。三是结案程序不规范。有1件案件违反非财产类执行案件不适用终结本次执行的规定，对判决责令行政机关重新作出行政行为的，以被执行人无可供执行的财产为由，裁定终结本次执行。行政判决责令行政机关重新作出行政行为的2件案件，行政机关仅出具了暂缓的说明，并未实际履行，而以终结执行、执行完毕方式变通结案。

类案监督。针对专项监督中发现的问题，市人民检察院研究认为，这

20件案件中多件案件存在相同违法情形，分别进行个案监督内容重复、效率不高，应当进行类案监督。2020年9月10日，市人民检察院向市人民法院制发检察建议书，建议改进行政诉讼执行工作：一是严格落实立案登记制，在法定期限内对当事人申请的行政诉讼执行案件予以受理。二是规范送达、告知、执行和解等程序，送达法律文书应当严格按照法定方式和期限送达，并依法告知救济权利和期限；对于执行和解案件，严格审查执行和解协议，申请执行人与被执行人达成和解协议的必须签字确认。三是规范结案程序，作出终结执行或终结本次执行裁定需具备司法解释规定的前置条件。

监督结果。市人民法院收到检察建议后，从五个方面加强和改进工作，并回复市人民检察院：1.严格执行立案登记制度，加快审查申请立案材料速度，规范执行案件立案登记行为，确保在接收材料后七日内完成立案。2.安排专人负责送达，接收案件材料后立即通过湖南省政务外网短信平台和法院特快专递向被执行人送达执行通知书及报告财产令等材料，相关执行措施作出后，在法律规定的期限内送达法律文书。3.严格按照《最高人民法院关于人民法院执行工作若干问题的规定（试行）》《最高人民法院关于执行和解若干问题的规定》关于执行和解协议签署的相关要求，对双方当事人达成和解的，签订书面和解协议并存卷；达成口头和解协议的，由执行人员记入笔录，并由双方当事人签名或盖章。4.对执行结案不规范问题进行整改，依据法律和司法解释规定的终结执行、终结本次执行、执行结案等不同适用条件，根据执行实际结果，规范适用不同执行结案方式。5.对终结执行案件，依法告知当事人提出异议的权利，将告知情况附卷，规范对当事人执行异议权利的告知程序。

对在专项监督中发现的终结本次执行不符合条件和变通结案的案件，市人民检察院跟踪督促人民法院及时采取法定措施执行到位。

◎ 指导意义

（一）人民检察院应当加强行政诉讼执行监督，促进人民法院依法及时执行生效行政裁判。行政诉讼执行直接关系当事人合法权益的实现。人民检察院发现人民法院在执行活动中有不依法受理执行申请、不依法作出执行裁定、不依法采取执行措施，错误适用终结本次执行、终结执行，以及其他不履行或者怠于履行执行职责情形的，应当向人民法院提出检察建议。

（二）人民检察院在履行法律监督职责中发现行政诉讼执行中存在多发的同类违法情形，可以进行类案监督。通过比对人民法院同类案件的处理情况，发现多起案件存在同类错误或者违法行为，实施个案监督内容重复、效率不高的，可以对同类案件反映出的问题进行汇总、梳理、归类，分析研判案件所反映的共性问题，依法提出针对性的类案监督检察建议，跟踪督促落实，促进一类问题的集中解决，提升监督质效。

（三）人民检察院办理人民法院跨行政区域集中管辖行政案件，应当践行便民理念，以对应监督管辖为原则，以有利于行政争议实质性化解指定管辖为补充。集中管辖法院受理的行政案件，原则上由受理案件法院所在地对应的同级检察院管辖并履行相应的法律监督职责。上级人民检察院根据实质性化解行政争议等需要，可以指定下级人民检察院办理。检察机关异地开展法律监督工作的，涉诉行政机关所在地检察机关应当提供协助。当事人向涉诉行政机关所在地检察院申请行政诉讼监督的，涉诉行政机关所在地检察院应当及时告知其向集中管辖所在地对应的检察机关申请监督，必要时可以将相关材料直接移送有管辖权的检察机关。

◎ **相关规定**

《中华人民共和国行政诉讼法》（2017年修正）第十一条、第一百零一条

《中华人民共和国民事诉讼法》（2017年修正）第八十六条、第二百三十条、第二百四十条、第二百五十八条（现为2021年修正后的第八十九条、第二百三十七条、第二百四十条、第二百六十五条）

《最高人民法院关于适用〈中华人民共和国民事诉讼法〉的解释》（2015年施行）第四百八十二条、第五百一十九条（现为2020年修正后的第四百八十二条、第五百一十九条）

《最高人民法院关于对人民法院终结执行行为提出执行异议期限问题的批复》（2016年施行）

《最高人民法院关于执行案件立案、结案若干问题的意见》第十五条

（2015年施行）

《最高人民法院关于严格规范终结本次执行程序的规定（试行）》（2016年施行）第五条

第二章 受案范围

第十二条 行政诉讼受案范围

人民法院受理公民、法人或者其他组织提起的下列诉讼：

（一）对行政拘留、暂扣或者吊销许可证和执照、责令停产停业、没收违法所得、没收非法财物、罚款、警告等行政处罚不服的；

（二）对限制人身自由或者对财产的查封、扣押、冻结等行政强制措施和行政强制执行不服的；

（三）申请行政许可，行政机关拒绝或者在法定期限内不予答复，或者对行政机关作出的有关行政许可的其他决定不服的；

（四）对行政机关作出的关于确认土地、矿藏、水流、森林、山岭、草原、荒地、滩涂、海域等自然资源的所有权或者使用权的决定不服的；

（五）对征收、征用决定及其补偿决定不服的；

（六）申请行政机关履行保护人身权、财产权等合法权益的法定职责，行政机关拒绝履行或者不予答复的；

（七）认为行政机关侵犯其经营自主权或者农村土地承包经营权、农村土地经营权的；

（八）认为行政机关滥用行政权力排除或者限制竞争的；

（九）认为行政机关违法集资、摊派费用或者违法要求履行其他义务的；

（十）认为行政机关没有依法支付抚恤金、最低生活保障待遇或者社会保险待遇的；

（十一）认为行政机关不依法履行、未按照约定履行或者违法变更、解除政府特许经营协议、土地房屋征收补偿协议等协议的；

（十二）认为行政机关侵犯其他人身权、财产权等合法权益的。

除前款规定外，人民法院受理法律、法规规定可以提起诉讼的其他行政案件。

关联规定

1.《行政强制法》（2011 年 6 月 30 日）

第八条　公民、法人或者其他组织对行政机关实施行政强制，享有陈述权、申辩权；有权依法申请行政复议或者提起行政诉讼；因行政机关违法实施行政强制受到损害的，有权依法要求赔偿。

公民、法人或者其他组织因人民法院在强制执行中有违法行为或者扩大强制执行范围受到损害的，有权依法要求赔偿。

2.《行政处罚法》（2021 年 1 月 22 日）

第八条　公民、法人或者其他组织因违法行为受到行政处罚，其违法行为对他人造成损害的，应当依法承担民事责任。

违法行为构成犯罪，应当依法追究刑事责任的，不得以行政处罚代替刑事处罚。

第九条　行政处罚的种类：

（一）警告、通报批评；

（二）罚款、没收违法所得、没收非法财物；

（三）暂扣许可证件、降低资质等级、吊销许可证件；

（四）限制开展生产经营活动、责令停产停业、责令关闭、限制从业；

（五）行政拘留；

（六）法律、行政法规规定的其他行政处罚。

第十条 法律可以设定各种行政处罚。

限制人身自由的行政处罚，只能由法律设定。

3.《行政许可法》（2019年4月23日）

第七条 公民、法人或者其他组织对行政机关实施行政许可，享有陈述权、申辩权；有权依法申请行政复议或者提起行政诉讼；其合法权益因行政机关违法实施行政许可受到损害的，有权依法要求赔偿。

第八条 公民、法人或者其他组织依法取得的行政许可受法律保护，行政机关不得擅自改变已经生效的行政许可。

行政许可所依据的法律、法规、规章修改或者废止，或者准予行政许可所依据的客观情况发生重大变化的，为了公共利益的需要，行政机关可以依法变更或者撤回已经生效的行政许可。由此给公民、法人或者其他组织造成财产损失的，行政机关应当依法给予补偿。

4.《农村土地承包法》（2018年12月29日）

第七条 农村土地承包应当坚持公开、公平、公正的原则，正确处理国家、集体、个人三者的利益关系。

第八条 国家保护集体土地所有者的合法权益，保护承包方的土地承包经营权，任何组织和个人不得侵犯。

第十条 国家保护承包方依法、自愿、有偿流转土地经营权，保护土地经营权人的合法权益，任何组织和个人不得侵犯。

5.《反垄断法》（2022年6月24日）

第三十九条 行政机关和法律、法规授权的具有管理公共事务职能的组织不得滥用行政权力，限定或者变相限定单位或者个人经营、购买、使用其指定的经营者提供的商品。

第四十条 行政机关和法律、法规授权的具有管理公共事务职能的组织不得滥用行政权力，通过与经营者签订合作协议、备忘录等方式，妨碍其他经营者进入相关市场或者对其他经营者实行不平等待遇，排除、限制竞争。

第四十一条 行政机关和法律、法规授权的具有管理公共事务职能的组织不得滥用行政权力，实施下列行为，妨碍商品在地区之间的自由流通：

（一）对外地商品设定歧视性收费项目、实行歧视性收费标准，或者规定歧视性价格；

（二）对外地商品规定与本地同类商品不同的技术要求、检验标准，或者对外地商品采取重复检验、重复认证等歧视性技术措施，限制外地商品进入本地市场；

（三）采取专门针对外地商品的行政许可，限制外地商品进入本地市场；

（四）设置关卡或者采取其他手段，阻碍外地商品进入或者本地商品运出；

（五）妨碍商品在地区之间自由流通的其他行为。

第四十二条 行政机关和法律、法规授权的具有管理公共事务职能的组织不得滥用行政权力，以设定歧视性资质要求、评审标准或者不依法发布信息等方式，排斥或者限制经营者参加招标投标以及其他经营活动。

第四十三条 行政机关和法律、法规授权的具有管理公共事务职能的组织不得滥用行政权力，采取与本地经营者不平等待遇等方式，排斥、限制、强制或者变相强制外地经营者在本地投资或者设立分支机构。

第四十四条 行政机关和法律、法规授权的具有管理公共事务职能的组织不得滥用行政权力，强制或者变相强制经营者从事本法规定的垄断行为。

6.《最高人民法院关于审理行政赔偿案件若干问题的规定》（2022年3月20日）

第二条 依据行政诉讼法第一条、第十二条第一款第十二项和国家赔偿法第二条规定，公民、法人或者其他组织认为行政机关及其工作人员违法行使行政职权对其劳动权、相邻权等合法权益造成人身、财产损害的，可以依法提起行政赔偿诉讼。

第三条 赔偿请求人不服赔偿义务机关下列行为的，可以依法提起行政赔偿诉讼：

（一）确定赔偿方式、项目、数额的行政赔偿决定；

（二）不予赔偿决定；

（三）逾期不作出赔偿决定；

（四）其他有关行政赔偿的行为。

第四条 法律规定由行政机关最终裁决的行政行为被确认违法后，赔偿请求人可以单独提起行政赔偿诉讼。

7.《最高人民法院关于审理反倾销行政案件应用法律若干问题的规定》（2002年11月21日）

第一条 人民法院依法受理对下列反倾销行政行为提起的行政诉讼：

（一）有关倾销及倾销幅度、损害及损害程度的终裁决定；

（二）有关是否征收反倾销税的决定以及追溯征收、退税、对新出口经营者征税的决定；

（三）有关保留、修改或者取消反倾销税以及价格承诺的复审决定；

（四）依照法律、行政法规规定可以起诉的其他反倾销行政行为。

8.《最高人民法院关于审理行政协议案件若干问题的规定》（2019年11月27日）

第一条 行政机关为了实现行政管理或者公共服务目标，与公民、法人或者其他组织协商订立的具有行政法上权利义务内容的协议，属于行政诉讼法第十二条第一款第十一项规定的行政协议。

第二条 公民、法人或者其他组织就下列行政协议提起行政诉讼的，人民法院应当依法受理：

（一）政府特许经营协议；

（二）土地、房屋等征收征用补偿协议；

（三）矿业权等国有自然资源使用权出让协议；

（四）政府投资的保障性住房的租赁、买卖等协议；

（五）符合本规定第一条规定的政府与社会资本合作协议；

（六）其他行政协议。

第五条　下列与行政协议有利害关系的公民、法人或者其他组织提起行政诉讼的，人民法院应当依法受理：

（一）参与招标、拍卖、挂牌等竞争性活动，认为行政机关应当依法与其订立行政协议但行政机关拒绝订立，或者认为行政机关与他人订立行政协议损害其合法权益的公民、法人或者其他组织；

（二）认为征收征用补偿协议损害其合法权益的被征收征用土地、房屋等不动产的用益物权人、公房承租人；

（三）其他认为行政协议的订立、履行、变更、终止等行为损害其合法权益的公民、法人或者其他组织。

9.《最高人民法院关于审理政府信息公开行政案件若干问题的规定》
（2011年7月29日）

第一条　公民、法人或者其他组织认为下列政府信息公开工作中的具体行政行为侵犯其合法权益，依法提起行政诉讼的，人民法院应当受理：

（一）向行政机关申请获取政府信息，行政机关拒绝提供或者逾期不予答复的；

（二）认为行政机关提供的政府信息不符合其在申请中要求的内容或者法律、法规规定的适当形式的；

（三）认为行政机关主动公开或者依他人申请公开政府信息侵犯其商业秘密、个人隐私的；

（四）认为行政机关提供的与其自身相关的政府信息记录不准确，要求该行政机关予以更正，该行政机关拒绝更正、逾期不予答复或者不予转送有权机关处理的；

（五）认为行政机关在政府信息公开工作中的其他具体行政行为侵犯其合法权益的。

公民、法人或者其他组织认为政府信息公开行政行为侵犯其合法权益造成损害的，可以一并或单独提起行政赔偿诉讼。

10.《最高人民法院关于适用〈中华人民共和国行政诉讼法〉的解释》（2018年2月6日）

第五十三条　人民法院对符合起诉条件的案件应当立案，依法保障当事人行使诉讼权利。

对当事人依法提起的诉讼，人民法院应当根据行政诉讼法第五十一条的规定接收起诉状。能够判断符合起诉条件的，应当当场登记立案；当场不能判断是否符合起诉条件的，应当在接收起诉状后七日内决定是否立案；七日内仍不能作出判断的，应当先予立案。

典型案例

1. 王明德诉乐山市人力资源和社会保障局工伤认定案[①]

◎ **关键词**

行政诉讼　工伤认定　程序性行政行为　受理

◎ **裁判要点**

当事人认为行政机关作出的程序性行政行为侵犯其人身权、财产权等合法权益，对其权利义务产生明显的实际影响，且无法通过提起针对相关的实体性行政行为的诉讼获得救济，而对该程序性行政行为提起行政诉讼的，人民法院应当依法受理。

◎ **相关法条**

《中华人民共和国行政诉讼法》第12条、第13条

◎ **基本案情**

原告王明德系王雷兵之父。王雷兵是四川嘉宝资产管理集团有限公司峨眉山分公司职工。2013年3月18日，王雷兵因交通事故死亡。由于王雷兵驾驶摩托车倒地翻覆的原因无法查实，四川省峨眉山市公安局交警大

[①] 最高人民法院指导案例69号。

队于同年 4 月 1 日依据《道路交通事故处理程序规定》第五十条的规定，作出乐公交认定〔2013〕第 00035 号《道路交通事故证明》。该《道路交通事故证明》载明：2013 年 3 月 18 日，王雷兵驾驶无牌"卡迪王"二轮摩托车由峨眉山市大转盘至小转盘方向行驶。1 时 20 分许，当该车行至省道 S306 线 29.3KM 处驶入道路右侧与隔离带边缘相擦挂，翻覆于隔离带内，造成车辆受损、王雷兵当场死亡的交通事故。

2013 年 4 月 10 日，第三人四川嘉宝资产管理集团有限公司峨眉山分公司就其职工王雷兵因交通事故死亡，向被告乐山市人力资源和社会保障局申请工伤认定，并同时提交了峨眉山市公安局交警大队所作的《道路交通事故证明》等证据。被告以公安机关交通管理部门尚未对本案事故作出交通事故认定书为由，于当日作出乐人社工时〔2013〕05 号（峨眉山市）《工伤认定时限中止通知书》（以下简称《中止通知》），并向原告和第三人送达。

2013 年 6 月 24 日，原告通过国内特快专递邮件方式，向被告提交了《恢复工伤认定申请书》，要求被告恢复对王雷兵的工伤认定。因被告未恢复对王雷兵工伤认定程序，原告遂于同年 7 月 30 日向法院提起行政诉讼，请求判决撤销被告作出的《中止通知》。

◎ 裁判结果

四川省乐山市市中区人民法院于 2013 年 9 月 25 日作出（2013）乐中行初字第 36 号判决，撤销被告乐山市人力资源和社会保障局于 2013 年 4 月 10 日作出的乐人社工时〔2013〕05 号《中止通知》。一审宣判后，乐山市人力资源和社会保障局提起了上诉。乐山市中级人民法院二审审理过程中，乐山市人力资源和社会保障局递交撤回上诉申请书。乐山市中级人民法院经审查认为，上诉人自愿申请撤回上诉，属其真实意思表示，符合法律规定，遂裁定准许乐山市人力资源和社会保障局撤回上诉。一审判决已发生法律效力。

◎ 裁判理由

法院生效裁判认为，本案争议的焦点有两个：一是《中止通知》是否属于可诉行政行为；二是《中止通知》是否应当予以撤销。

一、关于《中止通知》是否属于可诉行政行为问题

法院认为，被告作出《中止通知》，属于工伤认定程序中的程序性行

政行为，如果该行为不涉及终局性问题，对相对人的权利义务没有实质影响的，属于不成熟的行政行为，不具有可诉性，相对人提起行政诉讼的，不属于人民法院受案范围。但如果该程序性行政行为具有终局性，对相对人权利义务产生实质影响，并且无法通过提起针对相关的实体性行政行为的诉讼获得救济的，则属于可诉行政行为，相对人提起行政诉讼的，属于人民法院行政诉讼受案范围。

虽然根据《中华人民共和国道路交通安全法》第七十三条的规定："公安机关交通管理部门应当根据交通事故现场勘验、检查、调查情况和有关的检验、鉴定结论，及时制作交通事故认定书，作为处理交通事故的证据。交通事故认定书应当载明交通事故的基本事实、成因和当事人的责任，并送达当事人"。但是，在现实道路交通事故中，也存在因道路交通事故成因确实无法查清，公安机关交通管理部门不能作出交通事故认定书的情况。对此，《道路交通事故处理程序规定》第五十条规定："道路交通事故成因无法查清的，公安机关交通管理部门应当出具道路交通事故证明，载明道路交通事故发生的时间、地点、当事人情况及调查得到的事实，分别送达当事人。"就本案而言，峨眉山市公安局交警大队就王雷兵因交通事故死亡，依据所调查的事故情况，只能依法作出《道路交通事故证明》，而无法作出《交通事故认定书》。因此，本案中《道路交通事故证明》已经是公安机关交通管理部门依据《道路交通事故处理程序规定》就事故作出的结论，也就是《工伤保险条例》第二十条第三款中规定的工伤认定决定需要的"司法机关或者有关行政主管部门的结论"。除非出现新事实或者法定理由，否则公安机关交通管理部门不会就本案涉及的交通事故作出其他结论。而本案被告在第三人申请认定工伤时已经提交了相关《道路交通事故证明》的情况下，仍然作出《中止通知》，并且一直到原告起诉之日，被告仍以工伤认定处于中止中为由，拒绝恢复对王雷兵死亡是否属于工伤的认定程序。由此可见，虽然被告作出《中止通知》是工伤认定中的一种程序性行为，但该行为将导致原告的合法权益长期，乃至永久得不到依法救济，直接影响了原告的合法权益，对其权利义务产生实质影响，并且原告也无法通过对相关实体性行政行为提起诉讼以获得救济。因此，被告作出《中止通知》，属于可诉行政行为，人民法院应当依法受理。

二、关于《中止通知》应否予以撤销问题

法院认为，《工伤保险条例》第二十条第三款规定，"作出工伤认定决定需要以司法机关或者有关行政主管部门的结论为依据的，在司法机关或者有关行政主管部门尚未作出结论期间，作出工伤认定决定的时限中止"。如前所述，第三人在向被告就王雷兵死亡申请工伤认定时已经提交了《道路交通事故证明》。也就是说，第三人申请工伤认定时，并不存在《工伤保险条例》第二十条第三款所规定的依法可以作出中止决定的情形。因此，被告依据《工伤保险条例》第二十条规定，作出《中止通知》属于适用法律、法规错误，应当予以撤销。另外，需要指出的是，在人民法院撤销被告作出的《中止通知》判决生效后，被告对涉案职工认定工伤的程序即应予以恢复。

2. 罗镕荣诉吉安市物价局物价行政处理案[①]

◎ **关键词**

行政诉讼　举报答复　受案范围　原告资格

◎ **裁判要点**

1. 行政机关对与举报人有利害关系的举报仅作出告知性答复，未按法律规定对举报进行处理，不属于《最高人民法院关于执行〈中华人民共和国行政诉讼法〉若干问题的解释》第一条第六项规定的"对公民、法人或者其他组织权利义务不产生实际影响的行为"，因而具有可诉性，属于人民法院行政诉讼的受案范围。

2. 举报人就其自身合法权益受侵害向行政机关进行举报的，与行政机关的举报处理行为具有法律上的利害关系，具备行政诉讼原告主体资格。

◎ **相关法条**

《中华人民共和国行政诉讼法》（2014年11月1日修正）第12条、第25条

[①] 最高人民法院指导案例77号。

◎ 基本案情

原告罗镕荣诉称：2012年5月20日，其在吉安市吉州区井冈山大道电信营业厅办理手机号码时，吉安电信公司收取了原告20元卡费并出具了发票。原告认为吉安电信公司收取原告首次办理手机号码的卡费，违反了《集成电路卡应用和收费管理办法》中不得向用户单独收费的禁止性规定，故向被告吉安市物价局申诉举报，并提出了要求被告履行法定职责进行查处和作出书面答复等诉求。被告虽然出具了书面答复，但答复函中只写明被告调查时发现一个文件及该文件的部分内容。答复函中并没有对原告申诉举报信中的请求事项作出处理，被告的行为违反了《中华人民共和国价格法》《价格违法行为举报规定》等相关法律规定。请求法院确认被告在处理原告申诉举报事项中的行为违法，依法撤销被告的答复，判令被告依法查处原告申诉举报信所涉及的违法行为。

被告吉安市物价局辩称：原告的起诉不符合行政诉讼法的有关规定。行政诉讼是指公民、法人、其他组织对于行政机关的具体行政行为不服提起的诉讼。本案中被告于2012年7月3日对原告做出的答复不是一种具体行政行为，不具有可诉性。被告对原告的答复符合《价格违法行为规定》的程序要求，答复内容也是告知原告，被告经过调查后查证的情况。请求法院依法驳回原告的诉讼请求。

法院经审理查明：2012年5月28日，原告罗镕荣向被告吉安市物价局邮寄一份申诉举报函，对吉安电信公司向原告收取首次办理手机卡卡费20元进行举报，要求被告责令吉安电信公司退还非法收取原告的手机卡卡费20元，依法查处并没收所有电信用户首次办理手机卡被收取的卡费，依法奖励原告和书面答复原告相关处理结果。2012年5月31日，被告收到原告的申诉举报函。2012年7月3日，被告作出《关于对罗镕荣2012年5月28日〈申诉书〉办理情况的答复》，并向原告邮寄送达。答复内容为："2012年5月31日我局收到您反映吉安电信公司新办手机卡用户收取20元手机卡卡费的申诉书后，我局非常重视，及时进行调查，经调查核实：江西省通管局和江西省发改委联合下发的《关于江西电信全业务套餐资费优化方案的批复》（赣通局〔2012〕14号）规定：UIM卡收费上限标准：入网 50 元/张，补卡、换卡：30 元/张。我局非常感谢您对物价工作的支持和帮助"。原告收到被告的答复后，以被告的答复违法为由诉至法院。

◎ 裁判结果

江西省吉安市吉州区人民法院于 2012 年 11 月 1 日作出（2012）吉行初字第 13 号判决：撤销吉安市物价局《关于对罗镕荣 2012 年 5 月 28 日〈申诉书〉办理情况的答复》，限其在十五日内重新作出书面答复。宣判后，当事人未上诉，判决已发生法律效力。

◎ 裁判理由

法院生效裁判认为：关于吉安市物价局举报答复行为的可诉性问题。根据《中华人民共和国行政诉讼法》（以下简称《行政诉讼法》，1989 年 4 月 4 日通过）第十一条第一款第五项规定，申请行政机关履行保护人身权、财产权的法定职责，行政机关拒绝履行或者不予答复的，人民法院应受理当事人对此提起的诉讼。本案中，吉安市物价局依法应对罗镕荣举报的吉安市电信公司收取卡费行为是否违法进行调查认定，并告知调查结果，但其作出的举报答复将《关于江西电信全业务套餐资费优化方案的批复》（以下简称《批复》）中规定的 UIM 卡收费上限标准进行了罗列，未载明对举报事项的处理结果。此种以告知《批复》有关内容代替告知举报调查结果行为，未能依法履行保护举报人财产权的法定职责，本身就是对罗镕荣通过正当举报途径寻求救济的权利的一种侵犯，不属于《最高人民法院关于执行〈中华人民共和国行政诉讼法〉若干问题的解释》（以下简称《行政诉讼法解释》）第一条第六项规定的"对公民、法人或者其他组织权利义务不产生实际影响的行为"的范围，具有可诉性，属于人民法院行政诉讼的受案范围。

关于罗镕荣的原告资格问题。根据《行政诉讼法》第二条、第二十四条第一款及《行政诉讼法解释》第十二条规定，举报人就举报处理行为提起行政诉讼，必须与该行为具有法律上的利害关系。本案中，罗镕容虽然要求吉安市物价局"依法查处并没收所有电信用户首次办理手机卡被收取的卡费"，但仍是基于认为吉安电信公司收取卡费行为侵害其自身合法权益，向吉安市物价局进行举报，并持有收取费用的发票作为证据。因此，罗镕荣与举报处理行为具有法律上的利害关系，具有行政诉讼原告主体资格，依法可以提起行政诉讼。

关于举报答复合法性的问题。《价格违法行为举报规定》第十四条规定："举报办结后，举报人要求答复且有联系方式的，价格主管部门应当在办结后五个工作日内将办理结果以书面或者口头方式告知举报人。"本案中吉安市物价局作为价格主管部门，依法具有受理价格违法行为举报，并对价格是否违法进行审查，提出分类处理意见的法定职责。罗镕荣在申诉举报函中明确列举了三项举报请求，且要求吉安市物价局在查处结束后书面告知罗镕荣处理结果，该答复未依法载明吉安市物价局对被举报事项的处理结果，违反了《价格违法行为举报规定》第十四条的规定，不具有合法性，应予以纠正。

第十三条 受案范围的排除

人民法院不受理公民、法人或者其他组织对下列事项提起的诉讼：

（一）国防、外交等国家行为；

（二）行政法规、规章或者行政机关制定、发布的具有普遍约束力的决定、命令；

（三）行政机关对行政机关工作人员的奖惩、任免等决定；

（四）法律规定由行政机关最终裁决的行政行为。

❋ 关联规定

1.《最高人民法院关于适用〈中华人民共和国行政诉讼法〉的解释》（2018年2月6日）

第一条 公民、法人或者其他组织对行政机关及其工作人员的行政行为不服，依法提起诉讼的，属于人民法院行政诉讼的受案范围。

下列行为不属于人民法院行政诉讼的受案范围：

（一）公安、国家安全等机关依照刑事诉讼法的明确授权实施的行为；

（二）调解行为以及法律规定的仲裁行为；

（三）行政指导行为；

（四）驳回当事人对行政行为提起申诉的重复处理行为；

（五）行政机关作出的不产生外部法律效力的行为；

（六）行政机关为作出行政行为而实施的准备、论证、研究、层报、咨询等过程性行为；

（七）行政机关根据人民法院的生效裁判、协助执行通知书作出的执行行为，但行政机关扩大执行范围或者采取违法方式实施的除外；

（八）上级行政机关基于内部层级监督关系对下级行政机关作出的听取报告、执法检查、督促履责等行为；

（九）行政机关针对信访事项作出的登记、受理、交办、转送、复查、复核意见等行为；

（十）对公民、法人或者其他组织权利义务不产生实际影响的行为。

第二条 行政诉讼法第十三条第一项规定的"国家行为"，是指国务院、中央军事委员会、国防部、外交部等根据宪法和法律的授权，以国家的名义实施的有关国防和外交事务的行为，以及经宪法和法律授权的国家机关宣布紧急状态等行为。

行政诉讼法第十三条第二项规定的"具有普遍约束力的决定、命令"，是指行政机关针对不特定对象发布的能反复适用的规范性文件。

行政诉讼法第十三条第三项规定的"对行政机关工作人员的奖惩、任免等决定"，是指行政机关作出的涉及行政机关工作人员公务员权利义务的决定。

行政诉讼法第十三条第四项规定的"法律规定由行政机关最终裁决的行政行为"中的"法律"，是指全国人民代表大会及其常务委员会制定、通过的规范性文件。

第十二条 有下列情形之一的，属于行政诉讼法第二十五条第一款规定的"与行政行为有利害关系"：

（一）被诉的行政行为涉及其相邻权或者公平竞争权的；

（二）在行政复议等行政程序中被追加为第三人的；

（三）要求行政机关依法追究加害人法律责任的；

（四）撤销或者变更行政行为涉及其合法权益的；

（五）为维护自身合法权益向行政机关投诉，具有处理投诉职责的行政机关作出或者未作出处理的；

（六）其他与行政行为有利害关系的情形。

2.《最高人民法院关于审理行政赔偿案件若干问题的规定》（2022年3月20日）

第五条 公民、法人或者其他组织认为国防、外交等国家行为或者行政机关制定发布行政法规、规章或者具有普遍约束力的决定、命令侵犯其合法权益造成损害，向人民法院提起行政赔偿诉讼的，不属于人民法院行政赔偿诉讼的受案范围。

3.《最高人民法院关于审理政府信息公开行政案件若干问题的规定》（2011年7月29日）

第二条 公民、法人或者其他组织对下列行为不服提起行政诉讼的，人民法院不予受理：

（一）因申请内容不明确，行政机关要求申请人作出更改、补充且对申请人权利义务不产生实际影响的告知行为；

（二）要求行政机关提供政府公报、报纸、杂志、书籍等公开出版物，行政机关予以拒绝的；

（三）要求行政机关为其制作、搜集政府信息，或者对若干政府信息进行汇总、分析、加工，行政机关予以拒绝的；

（四）行政程序中的当事人、利害关系人以政府信息公开名义申请查阅案卷材料，行政机关告知其应当按照相关法律、法规的规定办理的。

4.《最高人民法院关于审理行政协议案件若干问题的规定》（2019年11月27日）

第三条 因行政机关订立的下列协议提起诉讼的，不属于人民法院行政诉讼的受案范围：

（一）行政机关之间因公务协助等事由而订立的协议；

（二）行政机关与其工作人员订立的劳动人事协议。

第三章　管　　辖

第十四条 基层人民法院管辖第一审行政案件

> 基层人民法院管辖第一审行政案件。

❖ 关联规定

《最高人民法院关于互联网法院审理案件若干问题的规定》（2018年9月6日）

第二条　北京、广州、杭州互联网法院集中管辖所在市的辖区内应当由基层人民法院受理的下列第一审案件：

（一）通过电子商务平台签订或者履行网络购物合同而产生的纠纷；

（二）签订、履行行为均在互联网上完成的网络服务合同纠纷；

（三）签订、履行行为均在互联网上完成的金融借款合同纠纷、小额借款合同纠纷；

（四）在互联网上首次发表作品的著作权或者邻接权权属纠纷；

（五）在互联网上侵害在线发表或者传播作品的著作权或者邻接权而产生的纠纷；

（六）互联网域名权属、侵权及合同纠纷；

（七）在互联网上侵害他人人身权、财产权等民事权益而产生的纠纷；

（八）通过电子商务平台购买的产品，因存在产品缺陷，侵害他人人身、财产权益而产生的产品责任纠纷；

（九）检察机关提起的互联网公益诉讼案件；

（十）因行政机关作出互联网信息服务管理、互联网商品交易及有关服务管理等行政行为而产生的行政纠纷；

（十一）上级人民法院指定管辖的其他互联网民事、行政案件。

第十五条 中级人民法院管辖的第一审行政案件

中级人民法院管辖下列第一审行政案件：

（一）对国务院部门或者县级以上地方人民政府所作的行政行为提起诉讼的案件；

（二）海关处理的案件；

（三）本辖区内重大、复杂的案件；

（四）其他法律规定由中级人民法院管辖的案件。

关联规定

1.《最高人民法院关于适用〈中华人民共和国行政诉讼法〉的解释》（2018年2月6日）

第五条 有下列情形之一的，属于行政诉讼法第十五条第三项规定的"本辖区内重大、复杂的案件"：

（一）社会影响重大的共同诉讼案件；

（二）涉外或者涉及香港特别行政区、澳门特别行政区、台湾地区的案件；

（三）其他重大、复杂案件。

第六条 当事人以案件重大复杂为由，认为有管辖权的基层人民法院不宜行使管辖权或者根据行政诉讼法第五十二条的规定，向中级人民法院起诉，中级人民法院应当根据不同情况在七日内分别作出以下处理：

（一）决定自行审理；

（二）指定本辖区其他基层人民法院管辖；

（三）书面告知当事人向有管辖权的基层人民法院起诉。

第七条 基层人民法院对其管辖的第一审行政案件，认为需要由中级人民法院审理或者指定管辖的，可以报请中级人民法院决定。中级人民法院应当根据不同情况在七日内分别作出以下处理：

（一）决定自行审理；

（二）指定本辖区其他基层人民法院管辖；

（三）决定由报请的人民法院审理。

2.《最高人民法院关于互联网法院审理案件若干问题的规定》（2018年9月6日）

第四条　当事人对北京互联网法院作出的判决、裁定提起上诉的案件，由北京市第四中级人民法院审理，但互联网著作权权属纠纷和侵权纠纷、互联网域名纠纷的上诉案件，由北京知识产权法院审理。

当事人对广州互联网法院作出的判决、裁定提起上诉的案件，由广州市中级人民法院审理，但互联网著作权权属纠纷和侵权纠纷、互联网域名纠纷的上诉案件，由广州知识产权法院审理。

当事人对杭州互联网法院作出的判决、裁定提起上诉的案件，由杭州市中级人民法院审理。

3.《最高人民法院关于海关行政处罚案件诉讼管辖问题的解释》（2002年1月30日）

为规范海事法院的受理案件范围，根据《中华人民共和国行政诉讼法》的有关规定，现就海关行政处罚案件的诉讼管辖问题解释如下：

相对人不服海关作出的行政处罚决定提起诉讼的案件，由有管辖权的地方人民法院依照《中华人民共和国行政诉讼法》的有关规定审理。相对人向海事法院提起诉讼的，海事法院不予受理。

4.《最高人民法院关于审理国际贸易行政案件若干问题的规定》（2002年8月27日）

第五条　第一审国际贸易行政案件由具有管辖权的中级以上人民法院管辖。

5.《最高人民法院关于第一审知识产权民事、行政案件管辖的若干规定》
（2022年4月20日）

为进一步完善知识产权案件管辖制度，合理定位四级法院审判职能，根据《中华人民共和国民事诉讼法》《中华人民共和国行政诉讼法》等法律规定，结合知识产权审判实践，制定本规定。

第一条 发明专利、实用新型专利、植物新品种、集成电路布图设计、技术秘密、计算机软件的权属、侵权纠纷以及垄断纠纷第一审民事、行政案件由知识产权法院，省、自治区、直辖市人民政府所在地的中级人民法院和最高人民法院确定的中级人民法院管辖。

法律对知识产权法院的管辖有规定的，依照其规定。

第二条 外观设计专利的权属、侵权纠纷以及涉驰名商标认定第一审民事、行政案件由知识产权法院和中级人民法院管辖；经最高人民法院批准，也可以由基层人民法院管辖，但外观设计专利行政案件除外。

本规定第一条及本条第一款规定之外的第一审知识产权案件诉讼标的额在最高人民法院确定的数额以上的，以及涉及国务院部门、县级以上地方人民政府或者海关行政行为的，由中级人民法院管辖。

法律对知识产权法院的管辖有规定的，依照其规定。

第三条 本规定第一条、第二条规定之外的第一审知识产权民事、行政案件，由最高人民法院确定的基层人民法院管辖。

第四条 对新类型、疑难复杂或者具有法律适用指导意义等知识产权民事、行政案件，上级人民法院可以依照诉讼法有关规定，根据下级人民法院报请或者自行决定提级审理。

确有必要将本院管辖的第一审知识产权民事案件交下级人民法院审理的，应当依照民事诉讼法第三十九条第一款的规定，逐案报请其上级人民法院批准。

第五条 依照本规定需要最高人民法院确定管辖或者调整管辖的诉讼标的额标准、区域范围的，应当层报最高人民法院批准。

第六条 本规定自2022年5月1日起施行。

最高人民法院此前发布的司法解释与本规定不一致的，以本规定为准。

第十六条 高级人民法院管辖的第一审行政案件

高级人民法院管辖本辖区内重大、复杂的第一审行政案件。

❋ 关联规定

1.《最高人民法院关于审理反倾销行政案件应用法律若干问题的规定》（2002 年 11 月 21 日）

　　第五条　第一审反倾销行政案件由下列人民法院管辖：
　　（一）被告所在地高级人民法院指定的中级人民法院；
　　（二）被告所在地高级人民法院。

2.《最高人民法院关于审理反补贴行政案件应用法律若干问题的规定》（2002 年 11 月 21 日）

　　第五条　第一审反补贴行政案件由下列人民法院管辖：
　　（一）被告所在地高级人民法院指定的中级人民法院；
　　（二）被告所在地高级人民法院。

第十七条 最高人民法院管辖的第一审行政案件

最高人民法院管辖全国范围内重大、复杂的第一审行政案件。

❋ 要点提示

　　由于最高人民法院已经是我国的最高审判机关，因此由它审理的一审行政案件实行一审终审，所作的判决裁定是终审判决裁定，送达当事人之后，即发生法律效力。

第十八条 一般地域管辖和法院跨行政区域管辖

行政案件由最初作出行政行为的行政机关所在地人民法院管辖。经复议的案件，也可以由复议机关所在地人民法院管辖。

经最高人民法院批准，高级人民法院可以根据审判工作的实际情况，确定若干人民法院跨行政区域管辖行政案件。

要点提示

地域管辖是根据人民法院的辖区来划分第一审行政案件的审判权。级别管辖解决的是案件由哪一级法院管辖，而地域管辖是进一步解决同级法院之间，特别是基层人民法院之间审理第一审行政案件的分工和权限。

第十九条 限制人身自由行政案件的管辖

对限制人身自由的行政强制措施不服提起的诉讼，由被告所在地或者原告所在地人民法院管辖。

要点提示

在法律适用上，本条关于特殊地域管辖的规定要优先于一般地域管辖的规定，如果一个案件兼具一般和特殊两种性质，就应当优先适用特殊地域管辖的规定。比如，一个经过复议的行政案件，同时也属于限制人身自由的行政强制措施的案件，在管辖上就应当适用本条的规定，而不应只能由复议机关所在地人民法院管辖。

关联规定

《最高人民法院关于适用〈中华人民共和国行政诉讼法〉的解释》（2018年2月6日）

第八条 行政诉讼法第十九条规定的"原告所在地"，包括原告的户籍所在地、经常居住地和被限制人身自由地。

对行政机关基于同一事实，既采取限制公民人身自由的行政强制措施，又采取其他行政强制措施或者行政处罚不服的，由被告所在地或者原告所在地的人民法院管辖。

第二十条　不动产行政案件的管辖

因不动产提起的行政诉讼，由不动产所在地人民法院管辖。

❋ 关联规定

1.《最高人民法院关于适用〈中华人民共和国行政诉讼法〉的解释》（2018年2月6日）

第九条　行政诉讼法第二十条规定的"因不动产提起的行政诉讼"是指因行政行为导致不动产物权变动而提起的诉讼。

不动产已登记的，以不动产登记簿记载的所在地为不动产所在地；不动产未登记的，以不动产实际所在地为不动产所在地。

2.《最高人民法院关于办理申请人民法院强制执行国有土地上房屋征收补偿决定案件若干问题的规定》（2012年3月26日）

第一条　申请人民法院强制执行征收补偿决定案件，由房屋所在地基层人民法院管辖，高级人民法院可以根据本地实际情况决定管辖法院。

第二十一条　选择管辖

两个以上人民法院都有管辖权的案件，原告可以选择其中一个人民法院提起诉讼。原告向两个以上有管辖权的人民法院提起诉讼的，由最先立案的人民法院管辖。

❋ 要点提示

共同管辖只是表明多个法院对同一案件都具有管辖权，并不代表多个法院可以同时或分别审理同一行政案件，该案件最终由哪个法院行使管辖权，必须根据原告的选择来确定，原告可以选择向其中任一法院起诉，由选定的人民法院作为案件的管辖法院。原告一旦选择其中一个法院，该行政法院因此获得案件的管辖权，其他法院丧失对案件的管辖权。

第二十二条　移送管辖

> 人民法院发现受理的案件不属于本院管辖的，应当移送有管辖权的人民法院，受移送的人民法院应当受理。受移送的人民法院认为受移送的案件按照规定不属于本院管辖的，应当报请上级人民法院指定管辖，不得再自行移送。

◆ 要点提示

移送是人民法院的一种程序上的单方法律行为，移送案件的裁定将产生程序法上的效力，对接受移送案件的人民法院具有约束力。

◆ 关联规定

《最高人民法院关于适用〈中华人民共和国行政诉讼法〉的解释》（2018年2月6日）

第十条　人民法院受理案件后，被告提出管辖异议的，应当在收到起诉状副本之日起十五日内提出。

对当事人提出的管辖异议，人民法院应当进行审查。异议成立的，裁定将案件移送有管辖权的人民法院；异议不成立的，裁定驳回。

人民法院对管辖异议审查后确定有管辖权的，不因当事人增加或者变更诉讼请求等改变管辖，但违反级别管辖、专属管辖规定的除外。

第十一条　有下列情形之一的，人民法院不予审查：

（一）人民法院发回重审或者按第一审程序再审的案件，当事人提出管辖异议的；

（二）当事人在第一审程序中未按照法律规定的期限和形式提出管辖

异议，在第二审程序中提出的。

第二十三条 指定管辖

有管辖权的人民法院由于特殊原因不能行使管辖权的，由上级人民法院指定管辖。

人民法院对管辖权发生争议，由争议双方协商解决。协商不成的，报它们的共同上级人民法院指定管辖。

关联规定

《最高人民法院关于对与证券交易所监管职能相关的诉讼案件管辖与受理问题的规定》（2020年12月29日）

为正确及时地管辖、受理与证券交易所监管职能相关的诉讼案件，特作出以下规定：

一、根据《中华人民共和国民事诉讼法》第三十七条和《中华人民共和国行政诉讼法》第二十三条的有关规定，指定上海证券交易所和深圳证券交易所所在地的中级人民法院分别管辖以上海证券交易所和深圳证券交易所为被告或第三人的与证券交易所监管职能相关的第一审民事和行政案件。

二、与证券交易所监管职能相关的诉讼案件包括：

（一）证券交易所根据《中华人民共和国公司法》《中华人民共和国证券法》《中华人民共和国证券投资基金法》《证券交易所管理办法》等法律、法规、规章的规定，对证券发行人及其相关人员、证券交易所会员及其相关人员、证券上市和交易活动做出处理决定引发的诉讼；

（二）证券交易所根据国务院证券监督管理机构的依法授权，对证券发行人及其相关人员、证券交易所会员及其相关人员、证券上市和交易活动做出处理决定引发的诉讼；

（三）证券交易所根据其章程、业务规则、业务合同的规定，对证券发行人及其相关人员、证券交易所会员及其相关人员、证券上市和交易活动做出处理决定引发的诉讼；

（四）证券交易所在履行监管职能过程中引发的其他诉讼。

三、投资者对证券交易所履行监管职责过程中对证券发行人及其相关人员、证券交易所会员及其相关人员、证券上市和交易活动做出的不直接涉及投资者利益的行为提起的诉讼，人民法院不予受理。

四、本规定自发布之日起施行。

第二十四条　管辖权转移

上级人民法院有权审理下级人民法院管辖的第一审行政案件。

下级人民法院对其管辖的第一审行政案件，认为需要由上级人民法院审理或者指定管辖的，可以报请上级人民法院决定。

第四章　诉讼参加人

第二十五条　原告资格

行政行为的相对人以及其他与行政行为有利害关系的公民、法人或者其他组织，有权提起诉讼。

有权提起诉讼的公民死亡，其近亲属可以提起诉讼。

有权提起诉讼的法人或者其他组织终止，承受其权利的法人或者其他组织可以提起诉讼。

人民检察院在履行职责中发现生态环境和资源保护、食品药品安全、国有财产保护、国有土地使用权出让等领域负有监督管理职责的行政机关违法行使职权或者不作为，致使国家利益或者社会公共利益受到侵害的，应当向行政机关提出检察建议，督促其依法履行职责。行政机关不依法履行职责的，人民检察院依法向人民法院提起诉讼。

❈ 要点提示

本条第四款主要包括三方面内容：一是提起行政诉讼的领域为生态环境和资源保护、食品药品安全、国有财产保护、国有土地使用权出让等；二是人民检察院已经发现了这些重要领域中违法行使职权或者不作为，已经造成国家利益或者社会公众利益受到侵害的，有责任提起诉讼；三是并不是所有这些行为都要走完诉讼程序，还有一个缓冲，就是在提起诉讼前人民检察院应当向行政机关提出检察建议，督促其依法履行职责，给了改正错误的机会，并不是都走诉讼程序。

❈ 关联规定

1.《全国人大常委会关于授权最高人民检察院在部分地区开展公益诉讼试点工作的决定》（2015 年 7 月 1 日）

为加强对国家利益和社会公共利益的保护，第十二届全国人民代表大会常务委员会第十五次会议决定：授权最高人民检察院在生态环境和资源保护、国有资产保护、国有土地使用权出让、食品药品安全等领域开展提起公益诉讼试点。试点地区确定为北京、内蒙古、吉林、江苏、安徽、福建、山东、湖北、广东、贵州、云南、陕西、甘肃十三个省、自治区、直辖市。人民法院应当依法审理人民检察院提起的公益诉讼案件。试点工作必须坚持党的领导、人民当家作主和依法治国的有机统一，充分发挥法律监督、司法审判职能作用，促进依法行政、严格执法，维护宪法法律权威，维护社会公平正义，维护国家利益和社会公共利益。试点工作应当稳妥有序，遵循相关诉讼制度的原则。提起公益诉讼前，人民检察院应当依法督促行政机关纠正违法行政行为、履行法定职责，或者督促、支持法律规定的机关和有关组织提起公益诉讼。本决定的实施办法由最高人民法院、最高人民检察院制定，报全国人民代表大会常务委员会备案。试点期限为二年，自本决定公布之日起算。

最高人民法院、最高人民检察院应当加强对试点工作的组织指导和监督检查。试点进行中，最高人民检察院应当就试点情况向全国人民代表大会常务委员会作出中期报告。试点期满后，对实践证明可行的，应当修改完善有关法律。

本决定自公布之日起施行。

2.《最高人民法院、最高人民检察院关于检察公益诉讼案件适用法律若干问题的解释》（2020年12月29日）

一、一般规定

第一条 为正确适用《中华人民共和国民法典》《中华人民共和国民事诉讼法》《中华人民共和国行政诉讼法》关于人民检察院提起公益诉讼制度的规定，结合审判、检察工作实际，制定本解释。

第二条 人民法院、人民检察院办理公益诉讼案件主要任务是充分发挥司法审判、法律监督职能作用，维护宪法法律权威，维护社会公平正义，维护国家利益和社会公共利益，督促适格主体依法行使公益诉权，促进依法行政、严格执法。

第三条 人民法院、人民检察院办理公益诉讼案件，应当遵守宪法法律规定，遵循诉讼制度的原则，遵循审判权、检察权运行规律。

第四条 人民检察院以公益诉讼起诉人身份提起公益诉讼，依照民事诉讼法、行政诉讼法享有相应的诉讼权利，履行相应的诉讼义务，但法律、司法解释另有规定的除外。

第五条 市（分、州）人民检察院提起的第一审民事公益诉讼案件，由侵权行为地或者被告住所地中级人民法院管辖。

基层人民检察院提起的第一审行政公益诉讼案件，由被诉行政机关所在地基层人民法院管辖。

第六条 人民检察院办理公益诉讼案件，可以向有关行政机关以及其他组织、公民调查收集证据材料；有关行政机关以及其他组织、公民应当配合；需要采取证据保全措施的，依照民事诉讼法、行政诉讼法相关规定办理。

第七条 人民法院审理人民检察院提起的第一审公益诉讼案件，适用人民陪审制。

第八条　人民法院开庭审理人民检察院提起的公益诉讼案件，应当在开庭三日前向人民检察院送达出庭通知书。

人民检察院应当派员出庭，并应当自收到人民法院出庭通知书之日起三日内向人民法院提交派员出庭通知书。派员出庭通知书应当写明出庭人员的姓名、法律职务以及出庭履行的具体职责。

第九条　出庭检察人员履行以下职责：

（一）宣读公益诉讼起诉书；

（二）对人民检察院调查收集的证据予以出示和说明，对相关证据进行质证；

（三）参加法庭调查，进行辩论并发表意见；

（四）依法从事其他诉讼活动。

第十条　人民检察院不服人民法院第一审判决、裁定的，可以向上一级人民法院提起上诉。

第十一条　人民法院审理第二审案件，由提起公益诉讼的人民检察院派员出庭，上一级人民检察院也可以派员参加。

第十二条　人民检察院提起公益诉讼案件判决、裁定发生法律效力，被告不履行的，人民法院应当移送执行。

三、行政公益诉讼

第二十一条　人民检察院在履行职责中发现生态环境和资源保护、食品药品安全、国有财产保护、国有土地使用权出让等领域负有监督管理职责的行政机关违法行使职权或者不作为，致使国家利益或者社会公共利益受到侵害的，应当向行政机关提出检察建议，督促其依法履行职责。

行政机关应当在收到检察建议书之日起两个月内依法履行职责，并书面回复人民检察院。出现国家利益或者社会公共利益损害继续扩大等紧急情形的，行政机关应当在十五日内书面回复。

行政机关不依法履行职责的，人民检察院依法向人民法院提起诉讼。

第二十二条　人民检察院提起行政公益诉讼应当提交下列材料：

（一）行政公益诉讼起诉书，并按照被告人数提出副本；

（二）被告违法行使职权或者不作为，致使国家利益或者社会公共利

益受到侵害的证明材料;

(三) 已经履行诉前程序,行政机关仍不依法履行职责或者纠正违法行为的证明材料。

第二十三条 人民检察院依据行政诉讼法第二十五条第四款的规定提起行政公益诉讼,符合行政诉讼法第四十九条第二项、第三项、第四项及本解释规定的起诉条件的,人民法院应当登记立案。

第二十四条 在行政公益诉讼案件审理过程中,被告纠正违法行为或者依法履行职责而使人民检察院的诉讼请求全部实现,人民检察院撤回起诉的,人民法院应当裁定准许;人民检察院变更诉讼请求,请求确认原行政行为违法的,人民法院应当判决确认违法。

第二十五条 人民法院区分下列情形作出行政公益诉讼判决:

(一) 被诉行政行为具有行政诉讼法第七十四条、第七十五条规定情形之一的,判决确认违法或者确认无效,并可以同时判决责令行政机关采取补救措施;

(二) 被诉行政行为具有行政诉讼法第七十条规定情形之一的,判决撤销或者部分撤销,并可以判决被诉行政机关重新作出行政行为;

(三) 被诉行政机关不履行法定职责的,判决在一定期限内履行;

(四) 被诉行政机关作出的行政处罚明显不当,或者其他行政行为涉及对款额的确定、认定确有错误的,可以判决予以变更;

(五) 被诉行政行为证据确凿,适用法律、法规正确,符合法定程序,未超越职权,未滥用职权,无明显不当,或者人民检察院诉请被诉行政机关履行法定职责理由不成立的,判决驳回诉讼请求。

人民法院可以将判决结果告知被诉行政机关所属的人民政府或者其他相关的职能部门。

3.《最高人民法院关于适用〈中华人民共和国行政诉讼法〉的解释》
(2018年2月6日)

第十二条 有下列情形之一的,属于行政诉讼法第二十五条第一款规定的"与行政行为有利害关系":

（一）被诉的行政行为涉及其相邻权或者公平竞争权的；

（二）在行政复议等行政程序中被追加为第三人的；

（三）要求行政机关依法追究加害人法律责任的；

（四）撤销或者变更行政行为涉及其合法权益的；

（五）为维护自身合法权益向行政机关投诉，具有处理投诉职责的行政机关作出或者未作出处理的；

（六）其他与行政行为有利害关系的情形。

第十三条 债权人以行政机关对债务人所作的行政行为损害债权实现为由提起行政诉讼的，人民法院应当告知其就民事争议提起民事诉讼，但行政机关作出行政行为时依法应予保护或者应予考虑的除外。

第十四条 行政诉讼法第二十五条第二款规定的"近亲属"，包括配偶、父母、子女、兄弟姐妹、祖父母、外祖父母、孙子女、外孙子女和其他具有扶养、赡养关系的亲属。

公民因被限制人身自由而不能提起诉讼的，其近亲属可以依其口头或者书面委托以该公民的名义提起诉讼。近亲属起诉时无法与被限制人身自由的公民取得联系，近亲属可以先行起诉，并在诉讼中补充提交委托证明。

第十五条 合伙企业向人民法院提起诉讼的，应当以核准登记的字号为原告。未依法登记领取营业执照的个人合伙的全体合伙人为共同原告；全体合伙人可以推选代表人，被推选的代表人，应当由全体合伙人出具推选书。

个体工商户向人民法院提起诉讼的，以营业执照上登记的经营者为原告。有字号的，以营业执照上登记的字号为原告，并应当注明该字号经营者的基本信息。

第十六条 股份制企业的股东大会、股东会、董事会等认为行政机关作出的行政行为侵犯企业经营自主权的，可以企业名义提起诉讼。

联营企业、中外合资或者合作企业的联营、合资、合作各方，认为联营、合资、合作企业权益或者自己一方合法权益受行政行为侵害的，可以自己的名义提起诉讼。

非国有企业被行政机关注销、撤销、合并、强令兼并、出售、分立或者改变企业隶属关系的，该企业或者其法定代表人可以提起诉讼。

第十七条　事业单位、社会团体、基金会、社会服务机构等非营利法人的出资人、设立人认为行政行为损害法人合法权益的，可以自己的名义提起诉讼。

第十八条　业主委员会对于行政机关作出的涉及业主共有利益的行政行为，可以自己的名义提起诉讼。

业主委员会不起诉的，专有部分占建筑物总面积过半数或者占总户数过半数的业主可以提起诉讼。

4.《最高人民法院关于审理涉及农村集体土地行政案件若干问题的规定》（2011年8月7日）

第三条　村民委员会或者农村集体经济组织对涉及农村集体土地的行政行为不起诉的，过半数的村民可以以集体经济组织名义提起诉讼。

农村集体经济组织成员全部转为城镇居民后，对涉及农村集体土地的行政行为不服的，过半数的原集体经济组织成员可以提起诉讼。

第四条　土地使用权人或者实际使用人对行政机关作出涉及其使用或实际使用的集体土地的行政行为不服的，可以以自己的名义提起诉讼。

❋ 典型案例

1. 江苏省溧阳市人民检察院督促整治
网吧违规接纳未成年人行政公益诉讼案[①]

◎ 关键词

行政公益诉讼　不适宜未成年人活动场所　社会支持体系　综合治理

◎ 要旨

不适宜未成年人活动场所违规接纳未成年人进入，损害未成年人身心健康，易滋生违法犯罪，侵犯社会公共利益。检察机关应当依法履行公益

[①] 最高人民检察院检例第145号。

诉讼职责，推动行政机关落实监管措施。充分发挥未成年人检察工作社会支持体系作用，促进社会综合治理，形成未成年人保护合力。

◎ **基本案情**

2019年以来，江苏省溧阳市所辖市区及农村地区部分网吧存在违规接纳未成年人上网的问题。有的网吧未在入口处显著位置悬挂未成年人禁入标志，有的网吧经营者在未成年人进入网吧时未要求其出示身份证件并核对年龄，有的网吧经营者发现未成年人进入后，仍然使用成年人身份证帮助其开户上网，家长多次反映但未能得到解决。

◎ **检察机关履职过程**

2019年11月，江苏省溧阳市人民检察院在办理未成年人孟某某盗窃案中发现，溧阳市辖区内多家网吧违规接纳未成年人上网，部分未成年人甚至通宵在网吧上网。溧阳市人民检察院通过发放120份调查问卷、调查走访全市所有58家网吧等方式，全面了解辖区内未成年人随意进出网吧的数量和比例，发现120名受访未成年人中曾随意进出网吧未受制止的占32%。未成年人出入网吧影响身心健康，易沾染不良习气，甚至滋生违法犯罪问题。根据《中华人民共和国未成年人保护法》、国务院《互联网上网服务营业场所管理条例》相关规定，市文体广电和旅游局负责对依法设立的互联网上网服务营业场所的经营活动进行监督管理。

2020年3月2日，溧阳市人民检察院向市文旅局发出行政公益诉讼诉前检察建议：一是结合实际情况，处罚涉案网吧；二是联合相关部门，推动专项执法；三是发挥社会力量，加强监督宣传；四是加强监督管理，规范网吧经营；五是完善制度，建立长效机制。

收到检察建议后，市文旅局对涉案网吧分别给予警告并罚款3000元的行政处罚，对相关责任人进行约谈。市文旅局、市公安局运用信息技术，联合推出双重严防系统，在全市所有网吧内全部强制上线运行，将网吧经营管理后台数据接入公安机关，实现对网吧运行数据的有效监控，确保从源头上杜绝网吧违规接纳未成年人现象。市文旅局在全市开展了为期6个月的"清风行动"，通过定期通报、签订承诺书、"文明网吧"创建等形式，推动网吧规范经营。

5月2日，市文旅局向检察机关书面回复检察建议落实情况，提出进一步加强网吧监管的工作措施：一是严格审批，强化退出机制，对违法违规的网吧一律列入黑名单；二是对照标准，完善监管体系，会同公安机关建设信息化监管平台；三是依法管理，推进社会监督，聘请200余名市场监督员对网吧进行监督；四是定人定岗，实行网格监管，全市每个网吧均有对应的管理执法人员，进行滚动式巡查；五是严管重罚，在寒假、暑假和法定节假日开展专项治理。

溧阳市人民检察院与市文旅局、市公安局召开联席会议，从2020年6月开始开展三个月的"回头看"工作。检察机关将办案中发现的放任未成年人进入营业性娱乐场所、酒吧、网吧的未成年人父母或其他监护人情况，向妇联、关工委等通报，推动妇联、关工委发挥自身优势，动员社会力量，开展家庭教育指导。积极协同相关职能部门，链接司法社工、"五老"、社区网格员、志愿者等多方资源力量，推动构建常态化监管网络体系，有效防止网吧违规接纳未成年人进入的问题复发和反弹。溧阳市人民检察院注重延伸办案效果，扩大保护范围，牵头与市教育局、公安局、司法局、团市委、卫健局、妇联等6家单位会签《关于加强未成年人权益保护的意见》，建立市青少年法治教育基地，推动形成全市未成年人保护大格局。

◎ 指导意义

（一）不适宜未成年人活动的场所多次违规接纳未成年人进入，行政监管不到位的，检察机关可以通过行政公益诉讼督促监管履职。营业性娱乐场所、酒吧、网吧等不适宜未成年人活动场所违规接纳未成年人，以及旅馆、宾馆、酒店等住宿经营者违规接待未成年人入住等，易对未成年人身心健康造成不良影响甚至诱发违法犯罪。上述违规行为发现难、监管难、易反弹，检察机关发现行政机关未依法充分履行监管执法职责的，可以通过行政公益诉讼，督促和支持行政机关依法履职，及时查处违规接纳未成年人的行为，避免出现侵犯未成年人合法权益和诱发违法犯罪等危害后果。

（二）充分发挥未成年人检察工作社会支持体系作用，促进构建未成年人保护大格局。检察机关在积极履行未成年人司法保护职责的同时，应当充分发挥未成年人检察工作社会支持体系优势，加强跨部门协同协作，引入并汇聚更多社会资源和专业力量参与，深入推进未成年人检察办案与社会化保护优势互补，促进齐抓共管和协同治理，以更强的综合保护合力，促进未成年人保护法律规定不折不扣地落到实处。

◎ **相关规定**

《中华人民共和国未成年人保护法》（2020年修订）第一百零六条

《中华人民共和国未成年人保护法》（2012年修正）第三十六条、第六十六条（现为2020年修订后的第五十八条、第一百二十三条）

《中华人民共和国行政诉讼法》（2017年修订）第二十五条

《互联网上网服务营业场所管理条例》（2019年修订）第二十一条、第三十一条

《最高人民法院、最高人民检察院关于检察公益诉讼案件适用法律若干问题的解释》（法释〔2018〕6号）第二十一条（现为2020年修订后的第二十一条）

2. 山西省检察机关督促整治浑源矿企非法开采行政公益诉讼案[①]

◎ **关键词**

行政公益诉讼诉前程序　重大公益损害　矿产资源保护　分层级监督　生态环境修复

◎ **要旨**

检察机关办理重大公益损害案件，要积极争取党委领导和政府支持。在多层级多个行政机关都负有监管职责的情况下，要统筹发挥一体化办案机制作用，根据同级监督原则，由不同层级检察机关督促相应行政机关依法履行职责。办案过程中，可以综合运用诉前检察建议和社会治理检察建议等相应监督办案方式，推动形成检察监督与行政层级监督合力，促进问题解决。

---

① 最高人民检察院检例第163号。

◎ 基本案情

山西浑源A煤业有限公司（以下简称A煤业公司）、山西浑源B露天煤业有限责任公司（以下简称B煤业公司）等32家煤矿、花岗岩矿、萤石矿等矿企，分别地处恒山国家级风景名胜区、恒山省级自然保护区和恒山国家森林公园及周边（以下简称恒山风景名胜区及周边）。上述矿企在开采和经营过程中，违反生态环境保护和自然资源管理法律法规，无证开采、越界开采，严重破坏生态环境和矿产、耕地及林草资源。其中，A煤业公司矿区在未办理建设用地使用手续的情况下非法占用农用地，造成农用地大量毁坏，涉及耕地面积达9305亩。B煤业公司等其他矿企也分别长期存在越界开采煤炭资源，违反矿山开发利用方案多采区同时开采，未经审批占用耕地、林地等违法行为，违法开采造成生态环境受损面积达8.4万余亩，经济损失约9.5亿元。

◎ 检察机关履职过程

（一）线索发现和立案调查

2017年12月，山西省人民检察院（以下简称山西省院）通过公益诉讼大数据信息平台收集到多条反映浑源县矿企破坏恒山风景名胜区及周边生态环境和自然资源的线索，报告最高人民检察院（以下简称最高检）后，最高检挂牌督办。山西省院启动一体化办案机制，统筹推进省市县三级检察院开展立案调查。

检察机关通过调取涉案地区卫星遥感图片和无人机航拍照片，初步查实恒山风景名胜区及周边露天开采矿企底数、生态破坏面积等基本情况。经委托专门鉴定机构现场勘查测绘，针对不同矿企制作现场平面图、三维建模图等，检察机关摸清了生态环境和资源遭受破坏情况并及时固定证据。初步认定，A煤业公司、B煤业公司等矿企长期实施非法采矿、非法占地、非法排污及无证经营等违法行为，使当地煤炭、花岗岩等矿产和耕地、林草资源遭到严重破坏。2018年9月3日，浑源县人民检察院（以下简称浑源县院）决定作为公益诉讼案件立案办理，此后相关检察院也经指定管辖先后依法立案。

（二）督促履职

根据查明的违法情形及损害后果，并结合行政机关法定职责，检察机关研判认为自然资源、林草、生态环境、应急管理、水务、市场监管部门及乡、镇政府等行政机关负有监管职责，且不同的矿产资源、林地权属及矿企的违法行为由不同层级的行政机关监管。其中，煤矿、花岗岩矿分别由省级和市级自然资源部门颁发采矿许可予以监管；矿企破坏林地的违法行为分别由市级、县级林草部门监管；矿企违法占地、未取得安全生产许可证生产、非法倾倒固体废物、无营业执照经营等违法行为分别由县级自然资源、应急管理、生态环境、市场监管等部门监管。

多年来，上述相应的行政机关对涉案矿企的违法行为曾采取过罚款、没收违法所得、责令退回本矿区范围内开采、下达停工通知和停止违法违规生产建设行为通知等监管治理措施，但生态环境和自然资源受损状况并未改观甚至日益加剧。2018年8月至12月，大同市两级检察机关针对花岗岩矿、萤石矿、粘土砖矿企业实施的破坏生态环境和自然资源违法行为，根据同级监督的原则，分别向负有监督管理职责的相应行政机关发出检察建议，督促对涉案矿企违法行为依法全面履行监管职责。

因该案涉及矿企数量众多，违法和公益损害的情形多样，涉及不同层级多个行政机关，为有效推进案件办理，大同市人民检察院（以下简称大同市院）发挥一体化办案优势，统筹辖区办案资源，除浑源县院外，还将该案相关具体线索分别指定辖区多个县级检察院管辖。根据大同市院的指定，云冈区检察院就A煤业公司剥离废渣石随意堆积污染环境违法情形，于2018年10月15日向浑源县生态环境部门制发诉前检察建议，建议其依法履职，督促该矿采取有效防范措施，防止固废污染环境。同年12月10日，生态环境部门回复已完成对剥离废渣石等固废的整治并建立矿山监管长效机制。广灵县、左云县、平城区、天镇县检察院根据大同市院指定，先后向大同市国土资源局、林业局，浑源县国土资源局、林业局、安监局以及浑源县青瓷窑乡、千佛岭乡政府等行政机关发出诉前检察建议并持续跟进，相关行政机关均按期回复，查处整治、植被恢复等整改任务都已落实到位。

山西省自然资源厅系A煤业公司、B煤业公司等5家涉案煤矿企业采矿许可证发证机关，对涉案煤企的违法行为负有监管职责。2019年1月21日，山西省院向山西省自然资源厅发出行政公益诉讼诉前检察建议，督促其对涉案煤矿企业破坏资源环境和耕地的违法行为依法全面履行监管职责。1月29日，山西省自然资源厅函复山西省院，对被非法占用的耕地和基本农田及时组织补划工作，协调开展技术评审。该厅派员赴大同市、浑源县对接查处整治和生态修复工作，全程指导浑源县矿山地质环境恢复、综合治理规划、露天采矿生态环境治理修复可行性研究、勘察设计制定、生态环境治理修复工程实施等工作。3月19日，该厅书面回复山西省院，已在全省开展严厉打击非法用地用矿专项行动，并组织对破坏资源的鉴定工作，建议动用5家煤矿企业预存的5500万元土地复垦费用直接用于生态修复，并联合省财政厅下达专项资金支持浑源县开展露天矿山生态修复。

鉴于相关违法行为具有一定的普遍性和典型性，且损害重大公共利益，为督促相关省级行政机关加大对下级主管部门的行政执法监督和指导力度，2019年1月29日，山西省院向省市场监督管理局、省应急管理厅、省生态环境厅、省林业和草原局等行政机关发出社会治理检察建议，建议上述机关分别针对涉案煤矿无安全生产许可证开采经营、无环评手续非法生产、擅自倾倒堆放固废、违法占用林地等违法行为督促大同市、浑源县有关部门依法及时查处。上述四厅局迅速向大同市、浑源县通报情况并实地督导，在项目规划、资金筹措、技术支持、法规适用等方面跟踪指导并相互配合，确保生态修复有序推进。

鉴于案情重大复杂，山西省院在办案过程中及时就案件进展情况向最高检和山西省委请示汇报，最高检持续进行督办，山西省委常委会专题研究并成立整治浑源县露天矿山开采破坏生态环境专项工作领导小组，扎实推动相关整改工作。

（三）综合整治成效

相关行政机关收到检察建议后，均在法定期限内予以回复，依法全面履职，整治涉案矿企违法违规行为，积极推进生态修复。通过采取注销采矿许可证、拆除、搬迁等措施，使涉案矿企违法违规开采及破坏环境资源违法行为得到全面遏制，部分花岗岩矿和粘土砖矿已完成搬迁拆除或注销，对涉案 5 家煤矿根据违法违规情形责令逐步分批分期退出。

在该案办理过程中，检察机关根据调查核实掌握的证据，就有关公职人员不依法履行监管职责、大面积耕地被非法占用等情况进行研判，向纪检监察机关移送公职人员违纪违法线索 92 件，其中 77 人受到党政纪处分，9 人被追究刑事责任；向公安机关移送涉嫌非法占用农用地等涉嫌犯罪线索 31 件，公安机关立案侦查 35 人，检察机关向人民法院提起公诉 30 人。

当地政府制定了恒山风景名胜区及周边生态修复整治方案，提出"一年见绿，两年见树，三年见景"的生态修复目标。截至 2021 年底，修复工程完成矿山生态治理面积 5.39 万亩，其中恢复林地耕地 1.1 万亩，栽种各类树木 348.55 万株，铺设各类灌溉管网 16.525 万米，累计投入 10 亿余元。其余受损生态也在按修复整治方案因地因势治理中。

◎ 指导意义

（一）统分结合，分层级精准监督，推动受损生态全面修复。重大公益诉讼案件往往涉及到不同层级的多个行政机关，检察机关要统筹发挥一体化办案机制作用，在全面查清公益损害事实和相应监管机关的基础上，上级检察机关加强督办指导，采取统分结合的办法立案办理，由不同层级检察机关对应监督同级行政机关，督促不同行政机关各司其职，促进受损公益得到全面修复。

（二）多措并举，综合运用诉前检察建议和社会治理检察建议，推动行政机关上下联动。《中华人民共和国人民检察院组织法》第二十一条规定，人民检察院行使法律监督职权，可以向有关单位发出检察建议。《人民检察院检察建议工作规定》第十一条规定，"人民检察院在办理案件中发现社会治理工作存在下列情形之一的，可以向有关单位和部门提出改进工作、完善治理的检察建议……（四）相关单位或者部门不依法及时履行职责，致使个人或者组织合法权益受到损害或者存在损害危险，需要及时整改消除的。"根据上述规定，针对整改难度大、违法情形具有普遍性的重大公益损害案件，检察机关在通过制发诉前检察建议督促负有直接监督管理职责的行政机关依法履职的同时，可以向负有领导、督促和指导整改工作的上级行政机关发出社会治理检察建议，通过诉前检察建议和社会治理检察建议的结合运用,推动行政机关上下联动,形成层级监督整改合力,促进受损公益尽快得到修复。

(三)综合治理,争取党委领导、政府支持,协同发挥公益诉讼检察与刑事检察职能作用,并与纪检监察、公安等机关有效衔接配合。检察机关办理重大公益诉讼案件过程中,要积极向党委报告重大情况,争取政府支持,统筹推进整改工作。对发现的涉嫌犯罪或者职务违法、违纪线索,应当及时移送公安、纪检监察等有管辖权的机关依法惩治破坏环境资源等犯罪及其背后的职务犯罪,强化公益保护的整体效应。

◎ 相关规定

《中华人民共和国人民检察院组织法》(2018年修订)第二十一条

《中华人民共和国行政诉讼法》(2017年修正)第二十五条第四款

《中华人民共和国矿产资源法》(2009年修正)第二十九条、第四十条、第四十四条、第四十五条

《中华人民共和国煤炭法》(2016年修正)第二十一条、第二十二条第一款、第二十六条

《中华人民共和国土地管理法》(2004年修正)第七十四条、第七十六条第一款、第八十一条(现为2019年修正后的第七十五条、第七十七条第一款、第八十二条)

《中华人民共和国森林法》(2009年修正)第十五条第一、三款、第十八条第一款、第四十四条第一款(现为2019年修正后的第十五条第三款、第三十七条、第七十四条第一款)

《中华人民共和国固体废物污染环境防治法》(2016年修正)第十七条第一款(现为2020年修订后的第二十条第一款)

《安全生产许可证条例》(2014年施行)第三条第三款、第四款

《风景名胜区条例》(2016年施行)第二十六条

《中华人民共和国矿产资源法实施细则》(1994年施行)第八条第二款、第四款

《最高人民法院、最高人民检察院关于检察公益诉讼案件适用法律若干问题的解释》(2018年施行)第二十一条第一款(现为2020年修正后

的第二十一条第一款）

《人民检察院检察建议工作规定》第十一条（2019年施行）

第二十六条 被告资格

公民、法人或者其他组织直接向人民法院提起诉讼的，作出行政行为的行政机关是被告。

经复议的案件，复议机关决定维持原行政行为的，作出原行政行为的行政机关和复议机关是共同被告；复议机关改变原行政行为的，复议机关是被告。

复议机关在法定期限内未作出复议决定，公民、法人或者其他组织起诉原行政行为的，作出原行政行为的行政机关是被告；起诉复议机关不作为的，复议机关是被告。

两个以上行政机关作出同一行政行为的，共同作出行政行为的行政机关是共同被告。

行政机关委托的组织所作的行政行为，委托的行政机关是被告。

行政机关被撤销或者职权变更的，继续行使其职权的行政机关是被告。

关联规定

1.《最高人民法院关于适用〈中华人民共和国行政诉讼法〉的解释》（2018年2月6日）

第二十条　行政机关组建并赋予行政管理职能但不具有独立承担法律责任能力的机构，以自己的名义作出行政行为，当事人不服提起诉讼的，应当以组建该机构的行政机关为被告。

法律、法规或者规章授权行使行政职权的行政机关内设机构、派出机构或者其他组织，超出法定授权范围实施行政行为，当事人不服提起诉讼的，应当以实施该行为的机构或者组织为被告。

没有法律、法规或者规章规定，行政机关授权其内设机构、派出机构或者其他组织行使行政职权的，属于行政诉讼法第二十六条规定的委托。当事人不服提起诉讼的，应当以该行政机关为被告。

第二十一条 当事人对由国务院、省级人民政府批准设立的开发区管理机构作出的行政行为不服提起诉讼的，以该开发区管理机构为被告；对由国务院、省级人民政府批准设立的开发区管理机构所属职能部门作出的行政行为不服提起诉讼的，以其职能部门为被告；对其他开发区管理机构所属职能部门作出的行政行为不服提起诉讼的，以开发区管理机构为被告；开发区管理机构没有行政主体资格的，以设立该机构的地方人民政府为被告。

第二十二条 行政诉讼法第二十六条第二款规定的"复议机关改变原行政行为"，是指复议机关改变原行政行为的处理结果。复议机关改变原行政行为所认定的主要事实和证据、改变原行政行为所适用的规范依据，但未改变原行政行为处理结果的，视为复议机关维持原行政行为。

复议机关确认原行政行为无效，属于改变原行政行为。

复议机关确认原行政行为违法，属于改变原行政行为，但复议机关以违反法定程序为由确认原行政行为违法的除外。

第二十三条 行政机关被撤销或者职权变更，没有继续行使其职权的行政机关的，以其所属的人民政府为被告；实行垂直领导的，以垂直领导的上一级行政机关为被告。

第二十四条 当事人对村民委员会或者居民委员会依据法律、法规、规章的授权履行行政管理职责的行为不服提起诉讼的，以村民委员会或者居民委员会为被告。

当事人对村民委员会、居民委员会受行政机关委托作出的行为不服提起诉讼的，以委托的行政机关为被告。

当事人对高等学校等事业单位以及律师协会、注册会计师协会等行业协会依据法律、法规、规章的授权实施的行政行为不服提起诉讼的，以该事业单位、行业协会为被告。

当事人对高等学校等事业单位以及律师协会、注册会计师协会等行业协会受行政机关委托作出的行为不服提起诉讼的，以委托的行政机关为被告。

第二十五条　市、县级人民政府确定的房屋征收部门组织实施房屋征收与补偿工作过程中作出行政行为，被征收人不服提起诉讼的，以房屋征收部门为被告。

征收实施单位受房屋征收部门委托，在委托范围内从事的行为，被征收人不服提起诉讼的，应当以房屋征收部门为被告。

第二十六条　原告所起诉的被告不适格，人民法院应当告知原告变更被告；原告不同意变更的，裁定驳回起诉。

应当追加被告而原告不同意追加的，人民法院应当通知其以第三人的身份参加诉讼，但行政复议机关作共同被告的除外。

2.《最高人民法院关于审理反倾销行政案件应用法律若干问题的规定》
（2002年11月21日）

第三条　反倾销行政案件的被告，应当是作出相应被诉反倾销行政行为的国务院主管部门。

3.《最高人民法院关于审理反补贴行政案件应用法律若干问题的规定》
（2002年11月21日）

第三条　反补贴行政案件的被告，应当是作出相应被诉反补贴行政行为的国务院主管部门。

4.《最高人民法院关于审理政府信息公开行政案件若干问题的规定》
（2011年7月29日）

第四条　公民、法人或者其他组织对国务院部门、地方各级人民政府及县级以上地方人民政府部门依申请公开政府信息行政行为不服提起诉讼的，以作出答复的机关为被告；逾期未作出答复的，以受理申请的机关为被告。

公民、法人或者其他组织对主动公开政府信息行政行为不服提起诉讼的，以公开该政府信息的机关为被告。

公民、法人或者其他组织对法律、法规授权的具有管理公共事务职能的组织公开政府信息的行为不服提起诉讼的，以该组织为被告。

有下列情形之一的，应当以在对外发生法律效力的文书上署名的机关为被告：

（一）政府信息公开与否的答复依法报经有权机关批准的；

（二）政府信息是否可以公开系由国家保密行政管理部门或者省、自治区、直辖市保密行政管理部门确定的；

（三）行政机关在公开政府信息前与有关行政机关进行沟通、确认的。

5.《最高人民法院关于审理涉及农村集体土地行政案件若干问题的规定》（2011年8月7日）

第五条 土地权利人认为土地储备机构作出的行为侵犯其依法享有的农村集体土地所有权或使用权的，向人民法院提起诉讼的，应当以土地储备机构所隶属的土地管理部门为被告。

第六条 土地权利人认为乡级以上人民政府作出的土地确权决定侵犯其依法享有的农村集体土地所有权或者使用权，经复议后向人民法院提起诉讼的，人民法院应当依法受理。

法律、法规规定应当先申请行政复议的土地行政案件，复议机关作出不受理复议申请的决定或者以不符合受理条件为由驳回复议申请，复议申请人不服的，应当以复议机关为被告向人民法院提起诉讼。

6.《最高人民法院关于正确确定县级以上地方人民政府行政诉讼被告资格若干问题的规定》（2021年3月25日）

为准确适用《中华人民共和国行政诉讼法》，依法正确确定县级以上地方人民政府的行政诉讼被告资格，结合人民法院行政审判工作实际，制定本解释。

第一条　法律、法规、规章规定属于县级以上地方人民政府职能部门的行政职权，县级以上地方人民政府通过听取报告、召开会议、组织研究、下发文件等方式进行指导，公民、法人或者其他组织不服县级以上地方人民政府的指导行为提起诉讼的，人民法院应当释明，告知其以具体实施行政行为的职能部门为被告。

第二条　县级以上地方人民政府根据城乡规划法的规定，责成有关职能部门对违法建筑实施强制拆除，公民、法人或者其他组织不服强制拆除行为提起诉讼，人民法院应当根据行政诉讼法第二十六条第一款的规定，以作出强制拆除决定的行政机关为被告；没有强制拆除决定书的，以具体实施强制拆除行为的职能部门为被告。

第三条　公民、法人或者其他组织对集体土地征收中强制拆除房屋等行为不服提起诉讼的，除有证据证明系县级以上地方人民政府具体实施外，人民法院应当根据行政诉讼法第二十六条第一款的规定，以作出强制拆除决定的行政机关为被告；没有强制拆除决定书的，以具体实施强制拆除等行为的行政机关为被告。

县级以上地方人民政府已经作出国有土地上房屋征收与补偿决定，公民、法人或者其他组织不服具体实施房屋征收与补偿工作中的强制拆除房屋等行为提起诉讼的，人民法院应当根据行政诉讼法第二十六条第一款的规定，以作出强制拆除决定的行政机关为被告；没有强制拆除决定书的，以县级以上地方人民政府确定的房屋征收部门为被告。

第四条　公民、法人或者其他组织向县级以上地方人民政府申请履行法定职责或者给付义务，法律、法规、规章规定该职责或者义务属于下级人民政府或者相应职能部门的行政职权，县级以上地方人民政府已经转送下级人民政府或者相应职能部门处理并告知申请人，申请人起诉要求履行法定职责或者给付义务的，以下级人民政府或者相应职能部门为被告。

第五条　县级以上地方人民政府确定的不动产登记机构或者其他实际履行该职责的职能部门按照《不动产登记暂行条例》的规定办理不动产登记，公民、法人或者其他组织不服提起诉讼的，以不动产登记机构或者实际履行该职责的职能部门为被告。

公民、法人或者其他组织对《不动产登记暂行条例》实施之前由县级以上地方人民政府作出的不动产登记行为不服提起诉讼的，以继续行使其职权的不动产登记机构或者实际履行该职责的职能部门为被告。

第六条 县级以上地方人民政府根据《中华人民共和国政府信息公开条例》的规定，指定具体机构负责政府信息公开日常工作，公民、法人或者其他组织对该指定机构以自己名义所作的政府信息公开行为不服提起诉讼的，以该指定机构为被告。

第七条 被诉行政行为不是县级以上地方人民政府作出，公民、法人或者其他组织以县级以上地方人民政府作为被告的，人民法院应当予以指导和释明，告知其向有管辖权的人民法院起诉；公民、法人或者其他组织经人民法院释明仍不变更的，人民法院可以裁定不予立案，也可以将案件移送有管辖权的人民法院。

第八条 本解释自2021年4月1日起施行。本解释施行后，最高人民法院此前作出的相关司法解释与本解释相抵触的，以本解释为准。

7.《最高人民法院关于审理行政赔偿案件若干问题的规定》（2022年3月20日）

第八条 两个以上行政机关共同实施侵权行政行为造成损害的，共同侵权行政机关为共同被告。赔偿请求人坚持对其中一个或者几个侵权机关提起行政赔偿诉讼，以被起诉的机关为被告，未被起诉的机关追加为第三人。

第九条 原行政行为造成赔偿请求人损害，复议决定加重损害的，复议机关与原行政行为机关为共同被告。赔偿请求人坚持对作出原行政行为机关或者复议机关提起行政赔偿诉讼，以被起诉的机关为被告，未被起诉的机关追加为第三人。

第十条 行政机关依据行政诉讼法第九十七条的规定申请人民法院强制执行其行政行为，因据以强制执行的行政行为违法而发生行政赔偿诉讼的，申请强制执行的行政机关为被告。

第二十七条　共同诉讼

当事人一方或者双方为二人以上，因同一行政行为发生的行政案件，或者因同类行政行为发生的行政案件、人民法院认为可以合并审理并经当事人同意的，为共同诉讼。

❖ 关联规定

《最高人民法院关于适用〈中华人民共和国行政诉讼法〉的解释》（2018年2月6日）

第二十七条　必须共同进行诉讼的当事人没有参加诉讼的，人民法院应当依法通知其参加；当事人也可以向人民法院申请参加。

人民法院应当对当事人提出的申请进行审查，申请理由不成立的，裁定驳回；申请理由成立的，书面通知其参加诉讼。

前款所称的必须共同进行诉讼，是指按照行政诉讼法第二十七条的规定，当事人一方或者双方为两人以上，因同一行政行为发生行政争议，人民法院必须合并审理的诉讼。

第二十八条　代表人诉讼

当事人一方人数众多的共同诉讼，可以由当事人推选代表人进行诉讼。代表人的诉讼行为对其所代表的当事人发生效力，但代表人变更、放弃诉讼请求或者承认对方当事人的诉讼请求，应当经被代表的当事人同意。

❖ 要点提示

推选的代表人必须是当事人之一，不能推选当事人之外的人。因为诉讼代表人的诉讼行为对其代表的当事人发生效力，他们的利益应当是一致的。诉讼代表人的诉讼行为仅指提出管辖权异议、提供证据、进行法庭辩论等不涉及当事人实体权利的行为。代表人变更、放弃诉讼请求或者承认对方当事人的诉讼请求，这些属于当事人的实体权利，应当经被代表的当事人同意，否则就是对当事人权利的侵犯。

❀ 关联规定

《最高人民法院关于适用〈中华人民共和国行政诉讼法〉的解释》（2018年2月6日）

第二十八条 人民法院追加共同诉讼的当事人时，应当通知其他当事人。应当追加的原告，已明确表示放弃实体权利的，可不予追加；既不愿意参加诉讼，又不放弃实体权利的，应追加为第三人，其不参加诉讼，不能阻碍人民法院对案件的审理和裁判。

第二十九条 行政诉讼法第二十八条规定的"人数众多"，一般指十人以上。

根据行政诉讼法第二十八条的规定，当事人一方人数众多的，由当事人推选代表人。当事人推选不出的，可以由人民法院在起诉的当事人中指定代表人。

行政诉讼法第二十八条规定的代表人为二至五人。代表人可以委托一至二人作为诉讼代理人。

第二十九条　诉讼第三人

公民、法人或者其他组织同被诉行政行为有利害关系但没有提起诉讼，或者同案件处理结果有利害关系的，可以作为第三人申请参加诉讼，或者由人民法院通知参加诉讼。

人民法院判决第三人承担义务或者减损第三人权益的，第三人有权依法提起上诉。

❀ 要点提示

同被诉行政行为有利害关系：

同被诉行政行为有利害关系，一般来说，就是具有原告资格，可以以自己名义提起行政诉讼，如果没有提起诉讼，其他利害关系人提起诉讼，可以作为第三人参加诉讼。第三人参加诉讼，有利于查清案件事实，实现公正审判，也有利于避免同一问题引起新的争议，做到案结事了，提高司法效率。

同案件处理结果有利害关系：

有些公民、法人或者其他组织虽然与被诉行政行为没有利害关系，但同案件的判决结果有利害关系，为维护自己的合法权益，可以作为第三人，参加到已开始的诉讼中来。

❖ 关联规定

1.《最高人民法院关于适用〈中华人民共和国行政诉讼法〉的解释》（2018年2月6日）

第三十条　行政机关的同一行政行为涉及两个以上利害关系人，其中一部分利害关系人对行政行为不服提起诉讼，人民法院应当通知没有起诉的其他利害关系人作为第三人参加诉讼。

与行政案件处理结果有利害关系的第三人，可以申请参加诉讼，或者由人民法院通知其参加诉讼。人民法院判决其承担义务或者减损其权益的第三人，有权提出上诉或者申请再审。

行政诉讼法第二十九条规定的第三人，因不能归责于本人的事由未参加诉讼，但有证据证明发生法律效力的判决、裁定、调解书损害其合法权益的，可以依照行政诉讼法第九十条的规定，自知道或者应当知道其合法权益受到损害之日起六个月内，向上一级人民法院申请再审。

2.《最高人民法院关于审理反倾销行政案件应用法律若干问题的规定》（2002年11月21日）

第四条　与被诉反倾销行政行为具有法律上利害关系的其他国务院主管部门，可以作为第三人参加诉讼。

3.《最高人民法院关于审理反补贴行政案件应用法律若干问题的规定》（2002年11月21日）

第四条　与被诉反补贴行政行为具有法律上利害关系的其他国务院主管部门，可以作为第三人参加诉讼。

第三十条　法定代理人

> 没有诉讼行为能力的公民，由其法定代理人代为诉讼。法定代理人互相推诿代理责任的，由人民法院指定其中一人代为诉讼。

要点提示

法定代理人代理当事人参加诉讼，是其对被代理人和社会应尽的义务。因此，法定代理人不能推诿代理责任。如果无诉讼行为能力人有两个或者两个以上法定代理人，可能会出现互相推诿的情况。为了保障诉讼活动的正常进行，保护无诉讼行为能力人的合法权益以及社会公共利益，本条规定，法定代理人互相推诿代理责任的，由人民法院指定其中一人代为诉讼。

关联规定

《民法典》（2020年5月28日）

第十九条　八周岁以上的未成年人为限制民事行为能力人，实施民事法律行为由其法定代理人代理或者经其法定代理人同意、追认；但是，可以独立实施纯获利益的民事法律行为或者与其年龄、智力相适应的民事法律行为。

第二十条　不满八周岁的未成年人为无民事行为能力人，由其法定代理人代理实施民事法律行为。

第二十一条　不能辨认自己行为的成年人为无民事行为能力人，由其法定代理人代理实施民事法律行为。

八周岁以上的未成年人不能辨认自己行为的，适用前款规定。

第二十二条　不能完全辨认自己行为的成年人为限制民事行为能力人，实施民事法律行为由其法定代理人代理或者经其法定代理人同意、追认；但是，可以独立实施纯获利益的民事法律行为或者与其智力、精神健康状况相适应的民事法律行为。

第二十三条　无民事行为能力人、限制民事行为能力人的监护人是其法定代理人。

第三十一条　委托代理人

当事人、法定代理人，可以委托一至二人作为诉讼代理人。

下列人员可以被委托为诉讼代理人：

（一）律师、基层法律服务工作者；

（二）当事人的近亲属或者工作人员；

（三）当事人所在社区、单位以及有关社会团体推荐的公民。

关联规定

《最高人民法院关于适用〈中华人民共和国行政诉讼法〉的解释》（2018年2月6日）

第三十一条　当事人委托诉讼代理人，应当向人民法院提交由委托人签名或者盖章的授权委托书。委托书应当载明委托事项和具体权限。公民在特殊情况下无法书面委托的，也可以由他人代书，并由自己捺印等方式确认，人民法院应当核实并记录在卷；被诉行政机关或者其他有义务协助的机关拒绝人民法院向被限制人身自由的公民核实的，视为委托成立。当事人解除或者变更委托的，应当书面报告人民法院。

第三十二条　依照行政诉讼法第三十一条第二款第二项规定，与当事人有合法劳动人事关系的职工，可以当事人工作人员的名义作为诉讼代理人。以当事人的工作人员身份参加诉讼活动，应当提交以下证据之一加以证明：

（一）缴纳社会保险记录凭证；

（二）领取工资凭证；

（三）其他能够证明其为当事人工作人员身份的证据。

第三十三条　根据行政诉讼法第三十一条第二款第三项规定，有关社会团体推荐公民担任诉讼代理人的，应当符合下列条件：

（一）社会团体属于依法登记设立或者依法免予登记设立的非营利性法人组织；

（二）被代理人属于该社会团体的成员，或者当事人一方住所地位于该社会团体的活动地域；

（三）代理事务属于该社会团体章程载明的业务范围；

（四）被推荐的公民是该社会团体的负责人或者与该社会团体有合法劳动人事关系的工作人员。

专利代理人经中华全国专利代理人协会推荐，可以在专利行政案件中担任诉讼代理人。

第三十二条　当事人及诉讼代理人权利

代理诉讼的律师，有权按照规定查阅、复制本案有关材料，有权向有关组织和公民调查，收集与本案有关的证据。对涉及国家秘密、商业秘密和个人隐私的材料，应当依照法律规定保密。

当事人和其他诉讼代理人有权按照规定查阅、复制本案庭审材料，但涉及国家秘密、商业秘密和个人隐私的内容除外。

第五章　证　　据

第三十三条　证据种类

证据包括：

（一）书证；

（二）物证；

（三）视听资料；

（四）电子数据；

（五）证人证言；

（六）当事人的陈述；

（七）鉴定意见；

（八）勘验笔录、现场笔录。

以上证据经法庭审查属实，才能作为认定案件事实的根据。

关联规定

1.《最高人民法院关于适用〈中华人民共和国行政诉讼法〉的解释》（2018年2月6日）

第三十九条　当事人申请调查收集证据，但该证据与待证事实无关联、对证明待证事实无意义或者其他无调查收集必要的，人民法院不予准许。

第四十二条　能够反映案件真实情况、与待证事实相关联、来源和形式符合法律规定的证据，应当作为认定案件事实的根据。

2.《最高人民法院关于行政诉讼证据若干问题的规定》（2002年7月24日）

第十条　根据行政诉讼法第三十一条第一款第（一）项的规定，当事人向人民法院提供书证的，应当符合下列要求：

（一）提供书证的原件，原本、正本和副本均属于书证的原件。提供原件确有困难的，可以提供与原件核对无误的复印件、照片、节录本；

（二）提供由有关部门保管的书证原件的复制件、影印件或者抄录件的，应当注明出处，经该部门核对无异后加盖其印章；

（三）提供报表、图纸、会计账册、专业技术资料、科技文献等书证的，应当附有说明材料；

（四）被告提供的被诉具体行政行为所依据的询问、陈述、谈话类笔录，应当有行政执法人员、被询问人、陈述人、谈话人签名或者盖章。

法律、法规、司法解释和规章对书证的制作形式另有规定的，从其规定。

第十一条 根据行政诉讼法第三十一条第一款第（二）项的规定，当事人向人民法院提供物证的，应当符合下列要求：

（一）提供原物。提供原物确有困难的，可以提供与原物核对无误的复制件或者证明该物证的照片、录像等其他证据；

（二）原物为数量较多的种类物的，提供其中的一部分。

第十二条 根据行政诉讼法第三十一条第一款第（三）项的规定，当事人向人民法院提供计算机数据或者录音、录像等视听资料的，应当符合下列要求：

（一）提供有关资料的原始载体。提供原始载体确有困难的，可以提供复制件；

（二）注明制作方法、制作时间、制作人和证明对象等；

（三）声音资料应当附有该声音内容的文字记录。

第十三条 根据行政诉讼法第三十一条第一款第（四）项的规定，当事人向人民法院提供证人证言的，应当符合下列要求：

（一）写明证人的姓名、年龄、性别、职业、住址等基本情况；

（二）有证人的签名，不能签名的，应当以盖章等方式证明；

（三）注明出具日期；

（四）附有居民身份证复印件等证明证人身份的文件。

第十四条 根据行政诉讼法第三十一条第一款第（六）项的规定，被告向人民法院提供的在行政程序中采用的鉴定结论，应当载明委托人和委托鉴定的事项、向鉴定部门提交的相关材料、鉴定的依据和使用的科学技术手段、鉴定部门和鉴定人鉴定资格的说明，并应有鉴定人的签名和鉴定部门的盖章。通过分析获得的鉴定结论，应当说明分析过程。

第十五条　根据行政诉讼法第三十一条第一款第（七）项的规定，被告向人民法院提供的现场笔录，应当载明时间、地点和事件等内容，并由执法人员和当事人签名。当事人拒绝签名或者不能签名的，应当注明原因。有其他人在现场的，可由其他人签名。

法律、法规和规章对现场笔录的制作形式另有规定的，从其规定。

第三十四条　被告举证责任

> 被告对作出的行政行为负有举证责任，应当提供作出该行政行为的证据和所依据的规范性文件。
>
> 被告不提供或者无正当理由逾期提供证据，视为没有相应证据。但是，被诉行政行为涉及第三人合法权益，第三人提供证据的除外。

❁ 要点提示

被告对作出的行政行为负有举证责任是行政诉讼举证责任分配的基本原则，也是行政诉讼区别于其他诉讼的特有原则。

❁ 关联规定

1.《最高人民法院关于适用〈中华人民共和国行政诉讼法〉的解释》（2018年2月6日）

第四十六条　原告或者第三人确有证据证明被告持有的证据对原告或者第三人有利的，可以在开庭审理前书面申请人民法院责令行政机关提交。

申请理由成立的,人民法院应当责令行政机关提交,因提交证据所产生的费用,由申请人预付。行政机关无正当理由拒不提交的,人民法院可以推定原告或者第三人基于该证据主张的事实成立。

持有证据的当事人以妨碍对方当事人使用为目的,毁灭有关证据或者实施其他致使证据不能使用行为的,人民法院可以推定对方当事人基于该证据主张的事实成立,并可依照行政诉讼法第五十九条规定处理。

2. 《最高人民法院关于互联网法院审理案件若干问题的规定》(2018 年 9 月 6 日)

第九条 互联网法院组织在线证据交换的,当事人应当将在线电子数据上传、导入诉讼平台,或者将线下证据通过扫描、翻拍、转录等方式进行电子化处理后上传至诉讼平台进行举证,也可以运用已经导入诉讼平台的电子数据证明自己的主张。

第十条 当事人及其他诉讼参与人通过技术手段将身份证明、营业执照副本、授权委托书、法定代表人身份证明等诉讼材料,以及书证、鉴定意见、勘验笔录等证据材料进行电子化处理后提交的,经互联网法院审核通过后,视为符合原件形式要求。对方当事人对上述材料真实性提出异议且有合理理由的,互联网法院应当要求当事人提供原件。

第十一条 当事人对电子数据真实性提出异议的,互联网法院应当结合质证情况,审查判断电子数据生成、收集、存储、传输过程的真实性,并着重审查以下内容:

(一)电子数据生成、收集、存储、传输所依赖的计算机系统等硬件、软件环境是否安全、可靠;

(二)电子数据的生成主体和时间是否明确,表现内容是否清晰、客观、准确;

(三)电子数据的存储、保管介质是否明确,保管方式和手段是否妥当;

(四)电子数据提取和固定的主体、工具和方式是否可靠,提取过程是否可以重现;

（五）电子数据的内容是否存在增加、删除、修改及不完整等情形；

（六）电子数据是否可以通过特定形式得到验证。

当事人提交的电子数据，通过电子签名、可信时间戳、哈希值校验、区块链等证据收集、固定和防篡改的技术手段或者通过电子取证存证平台认证，能够证明其真实性的，互联网法院应当确认。

当事人可以申请具有专门知识的人就电子数据技术问题提出意见。互联网法院可以根据当事人申请或者依职权，委托鉴定电子数据的真实性或者调取其他相关证据进行核对。

3.《最高人民法院关于行政诉讼证据若干问题的规定》（2002年7月24日）

第六十条　下列证据不能作为认定被诉具体行政行为合法的依据：

（一）被告及其诉讼代理人在作出具体行政行为后或者在诉讼程序中自行收集的证据；

（二）被告在行政程序中非法剥夺公民、法人或者其他组织依法享有的陈述、申辩或者听证权利所采用的证据；

（三）原告或者第三人在诉讼程序中提供的、被告在行政程序中未作为具体行政行为依据的证据。

第六十一条　复议机关在复议程序中收集和补充的证据，或者作出原具体行政行为的行政机关在复议程序中未向复议机关提交的证据，不能作为人民法院认定原具体行政行为合法的依据。

4.《最高人民法院关于审理反倾销行政案件应用法律若干问题的规定》（2002年11月21日）

第八条　原告对其主张的事实有责任提供证据。经人民法院依照法定程序审查，原告提供的证据具有关联性、合法性和真实性的，可以作为定案的根据。

被告在反倾销行政调查程序中依照法定程序要求原告提供证据，原告无正当理由拒不提供、不如实提供或者以其他方式严重妨碍调查，而在诉讼程序中提供的证据，人民法院不予采纳。

第九条 在反倾销行政调查程序中，利害关系人无正当理由拒不提供证据、不如实提供证据或者以其他方式严重妨碍调查的，国务院主管部门根据能够获得的证据得出的事实结论，可以认定为证据充分。

5.《最高人民法院关于审理反补贴行政案件应用法律若干问题的规定》（2002年11月21日）

第八条 原告对其主张的事实有责任提供证据。经人民法院依照法定程序审查，原告提供的证据具有关联性、合法性和真实性的，可以作为定案的根据。

被告在反补贴行政调查程序中依照法定程序要求原告提供证据，原告无正当理由拒不提供、不如实提供或者以其他方式严重妨碍调查，而在诉讼程序中提供的证据，人民法院不予采纳。

第九条 在反补贴行政调查程序中，利害关系人无正当理由拒不提供证据、不如实提供证据或者以其他方式严重妨碍调查的，国务院主管部门根据能够获得的证据得出的事实结论，可以认定为证据充分。

6.《最高人民法院印发〈关于审理证券行政处罚案件证据若干问题的座谈会纪要〉的通知》（2011年7月13日）

一、关于证券行政处罚案件的举证问题

会议认为，监管机构根据行政诉讼法第三十二条、最高人民法院《关于行政诉讼证据若干问题的规定》第一条的规定，对作出的被诉行政处罚决定承担举证责任。人民法院在审理证券行政处罚案件时，也应当考虑到部分类型的证券违法行为的特殊性，由监管机构承担主要违法事实的证明责任，通过推定的方式适当向原告、第三人转移部分特定事实的证明责任。

监管机构在听证程序中书面明确告知行政相对人享有提供排除其涉嫌违法行为证据的权利，行政相对人能够提供但无正当理由拒不提供，后又在诉讼中提供的，人民法院一般不予采纳。行政处罚相对人在行政程序中未提供但有正当理由，在诉讼中依照最高人民法院《关于行政诉讼证据若干问题的规定》提供的证据，人民法院应当采纳。

监管机构除依法向人民法院提供据以作出被诉行政处罚决定的证据和依据外，还应当提交原告、第三人在行政程序中提供的证据材料。

7.《最高人民法院关于审理政府信息公开行政案件若干问题的规定》（2011年7月29日）

第五条　被告拒绝向原告提供政府信息的，应当对拒绝的根据以及履行法定告知和说明理由义务的情况举证。

因公共利益决定公开涉及商业秘密、个人隐私政府信息的，被告应当对认定公共利益以及不公开可能对公共利益造成重大影响的理由进行举证和说明。

被告拒绝更正与原告相关的政府信息记录的，应当对拒绝的理由进行举证和说明。

被告能够证明政府信息涉及国家秘密，请求在诉讼中不予提交的，人民法院应当准许。

被告主张政府信息不存在，原告能够提供该政府信息系由被告制作或者保存的相关线索的，可以申请人民法院调取证据。

被告以政府信息与申请人自身生产、生活、科研等特殊需要无关为由不予提供的，人民法院可以要求原告对特殊需要事由作出说明。

原告起诉被告拒绝更正政府信息记录的，应当提供其向被告提出过更正申请以及政府信息与其自身相关且记录不准确的事实根据。

第三十五条　行政机关收集证据的限制

在诉讼过程中，被告及其诉讼代理人不得自行向原告、第三人和证人收集证据。

关联规定

1.《最高人民法院关于适用〈中华人民共和国行政诉讼法〉的解释》（2018年2月6日）

第四十五条 被告有证据证明其在行政程序中依照法定程序要求原告或者第三人提供证据，原告或者第三人依法应当提供而没有提供，在诉讼程序中提供的证据，人民法院一般不予采纳。

2.《最高人民法院关于行政诉讼证据若干问题的规定》（2002年7月24日）

第三条 根据行政诉讼法第三十三条的规定，在诉讼过程中，被告及其诉讼代理人不得自行向原告和证人收集证据。

第六十条 下列证据不能作为认定被诉具体行政行为合法的依据：

（一）被告及其诉讼代理人在作出具体行政行为后或者在诉讼程序中自行收集的证据；

（二）被告在行政程序中非法剥夺公民、法人或者其他组织依法享有的陈述、申辩或者听证权利所采用的证据；

（三）原告或者第三人在诉讼程序中提供的、被告在行政程序中未作为具体行政行为依据的证据。

第三十六条 被告延期提供证据和补充证据

被告在作出行政行为时已经收集了证据，但因不可抗力等正当事由不能提供的，经人民法院准许，可以延期提供。

原告或者第三人提出了其在行政处理程序中没有提出的理由或者证据的，经人民法院准许，被告可以补充证据。

要点提示

被告补充证据是指被告在法定举证期限提交证据以后进一步提供证据

的行为。一般不允许被告补充提供证据。但是特殊情况下，被告可以补充证据。

❋ 关联规定

1.《最高人民法院关于适用〈中华人民共和国行政诉讼法〉的解释》（2018年2月6日）

第三十四条　根据行政诉讼法第三十六条第一款的规定，被告申请延期提供证据的，应当在收到起诉状副本之日起十五日内以书面方式向人民法院提出。人民法院准许延期提供的，被告应当在正当事由消除后十五日内提供证据。逾期提供的，视为被诉行政行为没有相应的证据。

第三十五条　原告或者第三人应当在开庭审理前或者人民法院指定的交换证据清单之日提供证据。因正当事由申请延期提供证据的，经人民法院准许，可以在法庭调查中提供。逾期提供证据的，人民法院应当责令其说明理由；拒不说明理由或者理由不成立的，视为放弃举证权利。

原告或者第三人在第一审程序中无正当事由未提供而在第二审程序中提供的证据，人民法院不予接纳。

第三十六条　当事人申请延长举证期限，应当在举证期限届满前向人民法院提出书面申请。

申请理由成立的，人民法院应当准许，适当延长举证期限，并通知其他当事人。申请理由不成立的，人民法院不予准许，并通知申请人。

第三十七条　根据行政诉讼法第三十九条的规定，对当事人无争议，但涉及国家利益、公共利益或者他人合法权益的事实，人民法院可以责令当事人提供或者补充有关证据。

2.《最高人民法院关于行政诉讼证据若干问题的规定》（2002年7月24日）

第五十九条　被告在行政程序中依照法定程序要求原告提供证据，原告依法应当提供而拒不提供，在诉讼程序中提供的证据，人民法院一般不予采纳。

第三十七条 原告可以提供证据

原告可以提供证明行政行为违法的证据。原告提供的证据不成立的,不免除被告的举证责任。

❋ 要点提示

需要注意的是,这里规定的是"可以",原告没有提供证明行政行为违法的证据的责任,原告提出相关证据完全是出于自愿,可以向人民法院提供行政行为违法的证据,也可以不提供。即使原告提供的证明被诉行政行为违法的证据不成立,也不能免除被告对被诉行政行为合法性的举证责任。被告如不提供或者无正当理由逾期提供其作出行政行为的证据的,仍将视为没有相应证据,要承担不利法律后果。

第三十八条 原告举证责任

在起诉被告不履行法定职责的案件中,原告应当提供其向被告提出申请的证据。但有下列情形之一的除外:

(一)被告应当依职权主动履行法定职责的;

(二)原告因正当理由不能提供证据的。

在行政赔偿、补偿的案件中,原告应当对行政行为造成的损害提供证据。因被告的原因导致原告无法举证的,由被告承担举证责任。

❋ 要点提示

依申请的行政行为是指行政机关只有在行政相对人申请的条件下才能作出行政行为;没有行政相对人的申请,行政机关不能主动作出行政行为。对于依申请的行政行为,如果由行政机关对行政相对人的申请行为举证,会十分困难,尤其是在行政相对人根本没有提出申请的情况下,行政机关更是无从举证。因此，规定在此种情况下，由原告提供证据更为合理。

关联规定

1.《国家赔偿法》（2012年10月26日）

第十五条　人民法院审理行政赔偿案件，赔偿请求人和赔偿义务机关对自己提出的主张，应当提供证据。

赔偿义务机关采取行政拘留或者限制人身自由的强制措施期间，被限制人身自由的人死亡或者丧失行为能力的，赔偿义务机关的行为与被限制人身自由的人的死亡或者丧失行为能力是否存在因果关系，赔偿义务机关应当提供证据。

2.《最高人民法院关于适用〈中华人民共和国行政诉讼法〉的解释》（2018年2月6日）

第四十七条　根据行政诉讼法第三十八条第二款的规定，在行政赔偿、补偿案件中，因被告的原因导致原告无法就损害情况举证的，应当由被告就该损害情况承担举证责任。

对于各方主张损失的价值无法认定的，应当由负有举证责任的一方当事人申请鉴定，但法律、法规、规章规定行政机关在作出行政行为时依法应当评估或者鉴定的除外；负有举证责任的当事人拒绝申请鉴定的，由其承担不利的法律后果。

当事人的损失因客观原因无法鉴定的，人民法院应当结合当事人的主张和在案证据，遵循法官职业道德，运用逻辑推理和生活经验、生活常识等，酌情确定赔偿数额。

典型案例

沙明保等诉马鞍山市花山区人民政府房屋强制拆除行政赔偿案[①]

◎ **关键词**

行政　行政赔偿　强制拆除　举证责任　市场合理价值

◎ **裁判要点**

在房屋强制拆除引发的行政赔偿案件中,原告提供了初步证据,但因行政机关的原因导致原告无法对房屋内物品损失举证,行政机关亦因未依法进行财产登记、公证等措施无法对房屋内物品损失举证的,人民法院对原告未超出市场价值的符合生活常理的房屋内物品的赔偿请求,应当予以支持。

◎ **相关法条**

《中华人民共和国行政诉讼法》第38条第2款

◎ **基本案情**

2011年12月5日,安徽省人民政府作出皖政地〔2011〕769号《关于马鞍山市2011年第35批次城市建设用地的批复》,批准征收马鞍山市花山区霍里街道范围内农民集体建设用地10.04公顷,用于城市建设。2011年12月23日,马鞍山市人民政府作出2011年37号《马鞍山市人民政府征收土地方案公告》,将安徽省人民政府的批复内容予以公告,并载明征地方案由花山区人民政府实施。苏月华名下的花山区霍里镇丰收村丰收村民组B11-3房屋在本次征收范围内。苏月华于2011年9月13日去世,其生前将该房屋处置给四原告所有。原告古宏英系苏月华的女儿,原告沙明保、沙明虎、沙明莉系苏月华的外孙。在实施征迁过程中,征地单位分别制作了《马鞍山市国家建设用地征迁费用补偿表》、《马鞍山市征迁住房货币化安置(产权调换)备案表》,对苏月华户房屋及地上附着物予以登记补偿,原告古宏英的丈夫领取了安置补偿款。2012年年初,被告组织相关部门将苏月华户房屋及地上附着物拆除。原告沙明保等四人认为马鞍山市花山区人民政府非法将上述房屋拆除,侵犯了其合法财产权,故提

[①] 最高人民法院指导案例91号。

起诉讼，请求人民法院判令马鞍山市花山区人民政府赔偿房屋损失、装潢损失、房租损失共计282.7680万元；房屋内物品损失共计10万元，主要包括衣物、家具、家电、手机等5万元；实木雕花床5万元。

马鞍山市中级人民法院判决驳回原告沙明保等四人的赔偿请求。沙明保等四人不服，上诉称：1. 2012年初，马鞍山市花山区人民政府对案涉农民集体土地进行征收，未征求公众意见，上诉人亦不知以何种标准予以补偿；2. 2012年8月1日，马鞍山市花山区人民政府对上诉人的房屋进行拆除的行为违法，事前未达成协议，未告知何时拆迁，屋内财产未搬离、未清点，所造成的财产损失应由马鞍山市花山区人民政府承担举证责任；3. 2012年8月27日，上诉人沙明保、沙明虎、沙明莉的父亲沙开金受胁迫在补偿表上签字，但其父沙开金对房屋并不享有权益且该补偿表系房屋被拆后所签。综上，请求二审法院撤销一审判决，支持其赔偿请求。

马鞍山市花山区人民政府未作书面答辩。

◎ **裁判结果**

马鞍山市中级人民法院于2015年7月20日作出（2015）马行赔初字第00004号行政赔偿判决：驳回沙明保等四人的赔偿请求。宣判后，沙明保等四人提出上诉，安徽省高级人民法院于2015年11月24日作出（2015）皖行赔终字第00011号行政赔偿判决：撤销马鞍山市中级人民法院（2015）马行赔初字第00004号行政赔偿判决；判令马鞍山市花山区人民政府赔偿上诉人沙明保等四人房屋内物品损失8万元。

◎ **裁判理由**

法院生效裁判认为：根据《中华人民共和国土地管理法实施条例》第四十五条的规定，土地行政主管部门责令限期交出土地，被征收人拒不交出的，申请人民法院强制执行。马鞍山市花山区人民政府提供的证据不能证明原告自愿交出了被征土地上的房屋，其在土地行政主管部门未作出责令交出土地决定亦未申请人民法院强制执行的情况下，对沙明保等四人的房屋组织实施拆除，行为违法。关于被拆房屋内物品损失问题，根据《中华人民共和国行政诉讼法》第三十八条第二款之规定，在行政赔偿、补偿的案件中，原告应当对行政行为造成的损害提供证据。因被告的原因导致原告无法举证的，由被告承担举证责任。马鞍山市花山区人民政府组织拆除上诉人的房屋时，未依法对屋内物品登记保全，未制作物品清单并交上诉人签字确认，致使上诉人无法对物品受损情况举证，故该损失是否存在、具体损失情况等，依法应由马鞍山市花山区人民政府承担举证责任。上诉人主张的屋内物品5万元包括衣物、家具、家电、手机等，均系日常生活必需品，符合一般家庭实际情况，且被上诉人亦未提供证据证明这些物品不存在，故对上诉人主张的屋内物品种类、数量及价值应予认定。上诉人主张实木雕花床价值为5万元，已超出市场正常价格范围，其又不能确定该床的材质、形成时间、与普通实木雕花床有何不同等，法院不予支持。但出于最大限度保护被侵权人的合法权益考虑，结合目前普通实木雕花床的市场价格，按"就高不就低"的原则，综合酌定该实木雕花床价值为3万元。综上，法院作出如上判决。

第三十九条　法院要求当事人提供或者补充证据

人民法院有权要求当事人提供或者补充证据。

❀ 关联规定

《最高人民法院关于适用〈中华人民共和国行政诉讼法〉的解释》（2018年2月6日）

第三十七条　根据行政诉讼法第三十九条的规定，对当事人无争议，但涉及国家利益、公共利益或者他人合法权益的事实，人民法院可以责令当事人提供或者补充有关证据。

第四十四条　人民法院认为有必要的，可以要求当事人本人或者行政机关执法人员到庭，就案件有关事实接受询问。在询问之前，可以要求其签署保证书。

保证书应当载明据实陈述、如有虚假陈述愿意接受处罚等内容。当事人或者行政机关执法人员应当在保证书上签名或者捺印。

负有举证责任的当事人拒绝到庭、拒绝接受询问或者拒绝签署保证书，待证事实又欠缺其他证据加以佐证的，人民法院对其主张的事实不予认定。

第四十条 法院调取证据

人民法院有权向有关行政机关以及其他组织、公民调取证据。但是，不得为证明行政行为的合法性调取被告作出行政行为时未收集的证据。

◆ 关联规定

《最高人民法院关于行政诉讼证据若干问题的规定》（2002年7月24日）

第二十二条 根据行政诉讼法第三十四条第二款的规定，有下列情形之一的，人民法院有权向有关行政机关以及其他组织、公民调取证据：

（一）涉及国家利益、公共利益或者他人合法权益的事实认定的；

（二）涉及依职权追加当事人、中止诉讼、终结诉讼、回避等程序性事项的。

第二十三条 原告或者第三人不能自行收集，但能够提供确切线索的，可以申请人民法院调取下列证据材料：

（一）由国家有关部门保存而须由人民法院调取的证据材料；

（二）涉及国家秘密、商业秘密、个人隐私的证据材料；

（三）确因客观原因不能自行收集的其他证据材料。

人民法院不得为证明被诉具体行政行为的合法性，调取被告在作出具体行政行为时未收集的证据。

第二十四条 当事人申请人民法院调取证据的，应当在举证期限内提交调取证据申请书。

调取证据申请书应当写明下列内容：

（一）证据持有人的姓名或者名称、住址等基本情况；

（二）拟调取证据的内容；

（三）申请调取证据的原因及其要证明的案件事实。

第二十五条　人民法院对当事人调取证据的申请，经审查符合调取证据条件的，应当及时决定调取；不符合调取证据条件的，应当向当事人或者其诉讼代理人送达通知书，说明不准许调取的理由。当事人及其诉讼代理人可以在收到通知书之日起三日内向受理申请的人民法院书面申请复议一次。人民法院应当在收到复议申请之日起五日内作出答复。

人民法院根据当事人申请，经调取未能取得相应证据的，应当告知申请人并说明原因。

第二十六条　人民法院需要调取的证据在异地的，可以书面委托证据所在地人民法院调取。受托人民法院应当在收到委托书后，按照委托要求及时完成调取证据工作，送交委托人民法院。受托人民法院不能完成委托内容的，应当告知委托的人民法院并说明原因。

第四十一条　申请法院调取证据

与本案有关的下列证据，原告或者第三人不能自行收集的，可以申请人民法院调取：

（一）由国家机关保存而须由人民法院调取的证据；

（二）涉及国家秘密、商业秘密和个人隐私的证据；

（三）确因客观原因不能自行收集的其他证据。

❋ 关联规定

1.《反不正当竞争法》（2019 年 4 月 23 日）

第九条　经营者不得实施下列侵犯商业秘密的行为：

（一）以盗窃、贿赂、欺诈、胁迫、电子侵入或者其他不正当手段获取权利人的商业秘密；

（二）披露、使用或者允许他人使用以前项手段获取的权利人的商业秘密；

（三）违反保密义务或者违反权利人有关保守商业秘密的要求，披露、使用或者允许他人使用其所掌握的商业秘密；

（四）教唆、引诱、帮助他人违反保密义务或者违反权利人有关保守商业秘密的要求，获取、披露、使用或者允许他人使用权利人的商业秘密。

经营者以外的其他自然人、法人和非法人组织实施前款所列违法行为的，视为侵犯商业秘密。

第三人明知或者应知商业秘密权利人的员工、前员工或者其他单位、个人实施本条第一款所列违法行为，仍获取、披露、使用或者允许他人使用该商业秘密的，视为侵犯商业秘密。

本法所称的商业秘密，是指不为公众所知悉、具有商业价值并经权利人采取相应保密措施的技术信息、经营信息等商业信息。

2.《政府信息公开条例》（2019年4月3日）

第十四条　依法确定为国家秘密的政府信息，法律、行政法规禁止公开的政府信息，以及公开后可能危及国家安全、公共安全、经济安全、社会稳定的政府信息，不予公开。

第三十二条　依申请公开的政府信息公开会损害第三方合法权益的，行政机关应当书面征求第三方的意见。第三方应当自收到征求意见书之日起15个工作日内提出意见。第三方逾期未提出意见的，由行政机关依照本条例的规定决定是否公开。第三方不同意公开且有合理理由的，行政机关不予公开。行政机关认为不公开可能对公共利益造成重大影响的，可以决定予以公开，并将决定公开的政府信息内容和理由书面告知第三方。

第四十二条　证据保全

在证据可能灭失或者以后难以取得的情况下，诉讼参加人可以向人民法院申请保全证据，人民法院也可以主动采取保全措施。

❋ 要点提示

证据保全具有以下特征：（1）申请保全证据应当在举证期限届满前以

书面形式提出。(2) 采取证据保全措施的只能是人民法院。(3) 目的在于防止证据灭失或者以后难以取得。证据灭失是指证据不复存在，主要有两种情况：一是证人因年迈或者疾病可能去世的，对其证言进行保全；二是案件涉及某些鲜活或者容易变质的食品或者其他物品，对这些物证进行保全。证据以后难以取得是指，证据虽然不至于灭失，但失去时机，将会导致证据的状态发生改变或者在一段时间内无法取得。(4) 人民法院保全证据应当以裁定的方式作出。

❖ 关联规定

《最高人民法院关于行政诉讼证据若干问题的规定》（2002年7月24日）

第二十七条　当事人根据行政诉讼法第三十六条的规定向人民法院申请保全证据的，应当在举证期限届满前以书面形式提出，并说明证据的名称和地点、保全的内容和范围、申请保全的理由等事项。

当事人申请保全证据的，人民法院可以要求其提供相应的担保。

法律、司法解释规定诉前保全证据的，依照其规定办理。

第二十八条　人民法院依照行政诉讼法第三十六条规定保全证据的，可以根据具体情况，采取查封、扣押、拍照、录音、录像、复制、鉴定、勘验、制作询问笔录等保全措施。

人民法院保全证据时，可以要求当事人或者其诉讼代理人到场。

第四十三条　证据适用规则

证据应当在法庭上出示，并由当事人互相质证。对涉及国家秘密、商业秘密和个人隐私的证据，不得在公开开庭时出示。

人民法院应当按照法定程序，全面、客观地审查核实证据。对未采纳的证据应当在裁判文书中说明理由。

以非法手段取得的证据，不得作为认定案件事实的根据。

❋ 要点提示

证据审查核实是指，人民法院应当根据案件的具体情况，从证据是否符合法定形式，证据的取得是否符合法律、法规的要求，是否存在其他影响证据效力的违法情形等方面审查证据的合法性；从证据形成的原因，发现证据时的客观环境，证据是否为原件、原物，复制件、复制品与原件、原物是否相符，提供证据的人或者证人与当事人是否具有利害关系等方面审查证据的真实性。

❋ 关联规定

《最高人民法院关于适用〈中华人民共和国行政诉讼法〉的解释》（2018年2月6日）

第四十三条 有下列情形之一的，属于行政诉讼法第四十三条第三款规定的"以非法手段取得的证据"：

（一）严重违反法定程序收集的证据材料；

（二）以违反法律强制性规定的手段获取且侵害他人合法权益的证据材料；

（三）以利诱、欺诈、胁迫、暴力等手段获取的证据材料。

第六章　起诉和受理

第四十四条　行政复议与行政诉讼的关系

对属于人民法院受案范围的行政案件，公民、法人或者其他组织可以先向行政机关申请复议，对复议决定不服的，再向人民法院提起诉讼；也可以直接向人民法院提起诉讼。

法律、法规规定应当先向行政机关申请复议，对复议决定不服再向人民法院提起诉讼的，依照法律、法规的规定。

关联规定

《最高人民法院关于适用〈中华人民共和国行政诉讼法〉的解释》（2018年2月6日）

第五十六条 法律、法规规定应当先申请复议，公民、法人或者其他组织未申请复议直接提起诉讼的，人民法院裁定不予立案。

依照行政诉讼法第四十五条的规定，复议机关不受理复议申请或者在法定期限内不作出复议决定，公民、法人或者其他组织不服，依法向人民法院提起诉讼的，人民法院应当依法立案。

第五十七条 法律、法规未规定行政复议为提起行政诉讼必经程序，公民、法人或者其他组织既提起诉讼又申请行政复议的，由先立案的机关管辖；同时立案的，由公民、法人或者其他组织选择。公民、法人或者其他组织已经申请行政复议，在法定复议期间内又向人民法院提起诉讼的，人民法院裁定不予立案。

第五十八条 法律、法规未规定行政复议为提起行政诉讼必经程序，公民、法人或者其他组织向复议机关申请行政复议后，又经复议机关同意撤回复议申请，在法定起诉期限内对原行政行为提起诉讼的，人民法院应当依法立案。

第五十九条 公民、法人或者其他组织向复议机关申请行政复议后，复议机关作出维持决定的，应当以复议机关和原行为机关为共同被告，并以复议决定送达时间确定起诉期限。

第四十五条 经行政复议的起诉期限

公民、法人或者其他组织不服复议决定的，可以在收到复议决定书之日起十五日内向人民法院提起诉讼。复议机关逾期不作决定的，申请人可以在复议期满之日起十五日内向人民法院提起诉讼。法律另有规定的除外。

❋ 要点提示

行政复议是行政系统内部的监督机制，行政复议决定属于一种行政行为。行政复议决定书一经送达，即发生法律效力，即会对当事人的权利义务产生影响，因此，当事人不服行政复议决定的，可以提起诉讼。同时，行政复议也具有权利救济的性质，经过复议后，继续提起行政诉讼进行再救济，需要兼顾行政法律关系的稳定性。故本条将不服行政决定情况下的起诉期限与一般起诉期限进行了区分，限定为收到复议决定书之日起十五日内或复议期满之日起十五日内。

本条规定，复议机关逾期不作决定的，申请人可以在复议期满之日起十五日内向人民法院提起诉讼。对于是否"逾期"，需要结合行政复议法规定的复议期间来认定。

❋ 关联规定

《最高人民法院关于适用〈中华人民共和国行政诉讼法〉的解释》（2018年2月6日）

第五十六条　法律、法规规定应当先申请复议，公民、法人或者其他组织未申请复议直接提起诉讼的，人民法院裁定不予立案。

依照行政诉讼法第四十五条的规定，复议机关不受理复议申请或者在法定期限内不作出复议决定，公民、法人或者其他组织不服，依法向人民法院提起诉讼的，人民法院应当依法立案。

第五十七条　法律、法规未规定行政复议为提起行政诉讼必经程序，公民、法人或者其他组织既提起诉讼又申请行政复议的，由先立案的机关管辖；同时立案的，由公民、法人或者其他组织选择。公民、法人或者其他组织已经申请行政复议，在法定复议期间内又向人民法院提起诉讼的，人民法院裁定不予立案。

第五十八条　法律、法规未规定行政复议为提起行政诉讼必经程序，公民、法人或者其他组织向复议机关申请行政复议后，又经复议机关同意撤回复议申请，在法定起诉期限内对原行政行为提起诉讼的，人民法院应当依法立案。

第五十九条 公民、法人或者其他组织向复议机关申请行政复议后，复议机关作出维持决定的，应当以复议机关和原行为机关为共同被告，并以复议决定送达时间确定起诉期限。

第四十六条 起诉期限

公民、法人或者其他组织直接向人民法院提起诉讼的，应当自知道或者应当知道作出行政行为之日起六个月内提出。法律另有规定的除外。

因不动产提起诉讼的案件自行政行为作出之日起超过二十年，其他案件自行政行为作出之日起超过五年提起诉讼的，人民法院不予受理。

要点提示

起诉期限是当事人向法院提起诉讼，并获法院受理的期间，是起诉条件之一。起诉如无正当事由超过起诉期限，当事人则丧失诉权，法院将不再受理。确定起诉期限的目的是督促当事人及时启动权利救济程序，避免行政法律关系长期处于不确定状态。相对于六个月的一般起诉期限，本条还规定了特殊起诉期限，即"法律另有规定的除外"。

关联规定

1.《民法典》（2020年5月28日）

第一百八十八条 向人民法院请求保护民事权利的诉讼时效期间为三年。法律另有规定的，依照其规定。

诉讼时效期间自权利人知道或者应当知道权利受到损害以及义务人之日起计算。法律另有规定的，依照其规定。但是，自权利受到损害之日起超过二十年的，人民法院不予保护，有特殊情况的，人民法院可以根据权利人的申请决定延长。

2.《专利法》（2020年10月17日）

第四十六条　国务院专利行政部门对宣告专利权无效的请求应当及时审查和作出决定，并通知请求人和专利权人。宣告专利权无效的决定，由国务院专利行政部门登记和公告。

对国务院专利行政部门宣告专利权无效或者维持专利权的决定不服的，可以自收到通知之日起三个月内向人民法院起诉。人民法院应当通知无效宣告请求程序的对方当事人作为第三人参加诉讼。

3.《土地管理法》（2019年8月26日）

第十四条　土地所有权和使用权争议，由当事人协商解决；协商不成的，由人民政府处理。

单位之间的争议，由县级以上人民政府处理；个人之间、个人与单位之间的争议，由乡级人民政府或者县级以上人民政府处理。

当事人对有关人民政府的处理决定不服的，可以自接到处理决定通知之日起三十日内，向人民法院起诉。

在土地所有权和使用权争议解决前，任何一方不得改变土地利用现状。

4.《集会游行示威法》（2009年8月27日）

第三十一条　当事人对公安机关依照本法第二十八条第二款或者第三十条的规定给予的拘留处罚决定不服的，可以自接到处罚决定通知之日起五日内，向上一级公安机关提出申诉，上一级公安机关应当自接到申诉之日起五日内作出裁决；对上一级公安机关裁决不服的，可以自接到裁决通知之日起五日内，向人民法院提起诉讼。

5.《最高人民法院关于适用〈中华人民共和国行政诉讼法〉的解释》（2018年2月6日）

第六十五条　公民、法人或者其他组织不知道行政机关作出的行政行为内容的，其起诉期限从知道或者应当知道该行政行为内容之日起计算，但最长不得超过行政诉讼法第四十六条第二款规定的起诉期限。

第一百三十八条 人民法院决定在行政诉讼中一并审理相关民事争议，或者案件当事人一致同意相关民事争议在行政诉讼中一并解决，人民法院准许的，由受理行政案件的人民法院管辖。

公民、法人或者其他组织请求一并审理相关民事争议，人民法院经审查发现行政案件已经超过起诉期限，民事案件尚未立案的，告知当事人另行提起民事诉讼；民事案件已经立案的，由原审判组织继续审理。

人民法院在审理行政案件中发现民事争议为解决行政争议的基础，当事人没有请求人民法院一并审理相关民事争议的，人民法院应当告知当事人依法申请一并解决民事争议。当事人就民事争议另行提起民事诉讼并已立案的，人民法院应当中止行政诉讼的审理。民事争议处理期间不计算在行政诉讼审理期限内。

第四十七条 行政机关不履行法定职责的起诉期限

公民、法人或者其他组织申请行政机关履行保护其人身权、财产权等合法权益的法定职责，行政机关在接到申请之日起两个月内不履行的，公民、法人或者其他组织可以向人民法院提起诉讼。法律、法规对行政机关履行职责的期限另有规定的，从其规定。

公民、法人或者其他组织在紧急情况下请求行政机关履行保护其人身权、财产权等合法权益的法定职责，行政机关不履行的，提起诉讼不受前款规定期限的限制。

要点提示

对于在紧急情况下请求行政机关履行保护其人身权、财产权等合法权益的法定职责，行政机关不履行的，起诉期限不受两个月的限制。例如，公民请求公安机关制止歹徒正在进行的不法侵害、请求灭火等，此时如果公安机关没有立即采取措施的，公民、法人或者其他组织可以立即向人民法院起诉，法院应当予以受理。

❖ 关联规定

《最高人民法院关于适用〈中华人民共和国行政诉讼法〉的解释》（2018年2月6日）

第六十六条　公民、法人或者其他组织依照行政诉讼法第四十七条第一款的规定，对行政机关不履行法定职责提起诉讼的，应当在行政机关履行法定职责期限届满之日起六个月内提出。

第四十八条　起诉期限的扣除和延长

公民、法人或者其他组织因不可抗力或者其他不属于其自身的原因耽误起诉期限的，被耽误的时间不计算在起诉期限内。

公民、法人或者其他组织因前款规定以外的其他特殊情况耽误起诉期限的，在障碍消除后十日内，可以申请延长期限，是否准许由人民法院决定。

❖ 要点提示

延长期限，是在扣除期限基础上，对当事人诉权的进一步保护。由于实践情况千变万化，是否属于"其他特殊情况"最终交由法院在个案中加以认定。为方便法院认定，原告在提出申请时应当提供相应证据。

❖ 关联规定

《最高人民法院关于审理与低温雨雪冰冻灾害有关的行政案件若干问题座谈会纪要》（2008年4月29日）

（一）关于起诉期限。公民、法人或者其他组织因低温雨雪冰冻灾害耽误法定起诉期限，在障碍消除后的10日内申请延长期限的，人民法院应当认定属于行政诉讼法第四十条规定的不可抗力。低温雨雪冰冻灾害的起止时间，原则上应以当地气象部门的认定为准。

（二）关于举证期限。被告因低温雨雪冰冻灾害逾期提供证据，或者无法在收到起诉状副本之日起 10 日内向人民法院提出延期提供证据书面申请的，人民法院应当认定属于《最高人民法院关于行政诉讼证据若干问题的规定》第一条规定的不可抗力或者客观上不能控制的其他正当事由，一般不视为被诉具体行政行为没有相应的证据。原告或者第三人因低温雨雪冰冻灾害申请延期提供证据的，经人民法院准许，可以在法庭调查中提供。由于低温雨雪冰冻灾害属于众所周知的事实，原则上无需诉讼当事人举证证明。

（三）关于中止诉讼问题。因低温雨雪冰冻灾害致使诉讼活动不能正常进行的，适用《最高人民法院关于执行〈中华人民共和国行政诉讼法〉若干问题的规定》第五十一条关于中止诉讼的规定，人民法院可以依职权作出中止诉讼的裁定。

第四十九条　起诉条件

提起诉讼应当符合下列条件：
（一）原告是符合本法第二十五条规定的公民、法人或者其他组织；
（二）有明确的被告；
（三）有具体的诉讼请求和事实根据；
（四）属于人民法院受案范围和受诉人民法院管辖。

要点提示

本条列举了提起诉讼需要符合的四项条件，但这并不是说提起诉讼的全部条件。提起诉讼，除了满足本条的有关规定外，还要符合起诉期限等其他条件。

关于原告适格，实践中原告资格的判断和认定比较复杂，有些案件在立案阶段很难把相关问题都弄清楚，需要在审理过程中进一步研究和判断。从保障当事人诉权的角度出发，在此情况下不宜以起诉人不具有原告资格为由不予受理，比较稳妥的做法是先将案件受理，待进入案件审理阶段后进一步研究和判断。

关于有明确的被告，就是指原告所诉被告清楚、具体、可以指认。由此可以看出，在立案审查时对所列被告要求并不高，只要原告起诉时，所诉被告具体、明确，同时符合其他起诉条件就应当立案受理。

关于有具体的诉讼请求和事实根据，由于行政诉讼是当事人对行政行为不服提起的诉讼，因此，具体的诉讼请求应当指向有关行政行为。同时，如果当事人还有附带赔偿诉讼或者附带民事诉讼的，还应当要求当事人提出具体赔偿数额等请求。审查过程中，如果当事人确系法律知识欠缺，法官可以给当事人必要的指导、释明。

关于属于法院受案范围和受诉法院管辖，就是要求起诉人"确定好对的事""找到对的门"。"属于人民法院受案范围"，即应当符合本法第十二条的规定。本法第三章规定了管辖制度，包括级别管辖、地域管辖、指定管辖等，"属于受诉人民法院管辖"即应当符合本法第三章的规定。

除此之外，本法的其他一些规定也是起诉条件。如本法第四十四条规定，法律、法规规定应当先向行政机关申请复议，对复议决定不服再向人民法院提起诉讼的，依照法律、法规的规定。第四十六条规定，公民、法人或者其他组织直接向人民法院提起诉讼的，应当自知道或者应当知道作出行政行为之日起六个月内提出。法律另有规定的除外。这些虽然没有在本条列明，但当事人在起诉时也应当符合这些条件。

❋ 关联规定

1.《最高人民法院关于适用〈中华人民共和国行政诉讼法〉的解释》
（2018年2月6日）

第六十七条 原告提供被告的名称等信息足以使被告与其他行政机关相区别的，可以认定为行政诉讼法第四十九条第二项规定的"有明确的被告"。

起诉状列写被告信息不足以认定明确的被告的，人民法院可以告知原告补正；原告补正后仍不能确定明确的被告的，人民法院裁定不予立案。

第六十八条 行政诉讼法第四十九条第三项规定的"有具体的诉讼请求"是指：

（一）请求判决撤销或者变更行政行为；

（二）请求判决行政机关履行特定法定职责或者给付义务；

（三）请求判决确认行政行为违法；

（四）请求判决确认行政行为无效；

（五）请求判决行政机关予以赔偿或者补偿；

（六）请求解决行政协议争议；

（七）请求一并审查规章以下规范性文件；

（八）请求一并解决相关民事争议；

（九）其他诉讼请求。

当事人单独或者一并提起行政赔偿、补偿诉讼的，应当有具体的赔偿、补偿事项以及数额；请求一并审查规章以下规范性文件的，应当提供明确的文件名称或者审查对象；请求一并解决相关民事争议的，应当有具体的民事诉讼请求。

当事人未能正确表达诉讼请求的，人民法院应当要求其明确诉讼请求。

第六十九条 有下列情形之一，已经立案的，应当裁定驳回起诉：

（一）不符合行政诉讼法第四十九条规定的；

（二）超过法定起诉期限且无行政诉讼法第四十八条规定情形的；

（三）错列被告且拒绝变更的；

（四）未按照法律规定由法定代理人、指定代理人、代表人为诉讼行为的；

（五）未按照法律、法规规定先向行政机关申请复议的；

（六）重复起诉的；

（七）撤回起诉后无正当理由再行起诉的；

（八）行政行为对其合法权益明显不产生实际影响的；

（九）诉讼标的已为生效裁判或者调解书所羁束的；

（十）其他不符合法定起诉条件的情形。

前款所列情形可以补正或者更正的，人民法院应当指定期间责令补正或者更正；在指定期间已经补正或者更正的，应当依法审理。

人民法院经过阅卷、调查或者询问当事人，认为不需要开庭审理的，可以迳行裁定驳回起诉。

2.《最高人民法院关于审理行政协议案件若干问题的规定》（2019年11月27日）

第九条 在行政协议案件中，行政诉讼法第四十九条第三项规定的"有具体的诉讼请求"是指：

（一）请求判决撤销行政机关变更、解除行政协议的行政行为，或者确认该行政行为违法；

（二）请求判决行政机关依法履行或者按照行政协议约定履行义务；

（三）请求判决确认行政协议的效力；

（四）请求判决行政机关依法或者按照约定订立行政协议；

（五）请求判决撤销、解除行政协议；

（六）请求判决行政机关赔偿或者补偿；

（七）其他有关行政协议的订立、履行、变更、终止等诉讼请求。

3.《最高人民法院关于审理反倾销行政案件应用法律若干问题的规定》（2002年11月21日）

第二条 与反倾销行政行为具有法律上利害关系的个人或者组织为利害关系人，可以依照行政诉讼法及其他有关法律、行政法规的规定，向人民法院提起行政诉讼。

前款所称利害关系人，是指向国务院主管部门提出反倾销调查书面申请的申请人，有关出口经营者和进口经营者及其他具有法律上利害关系的自然人、法人或者其他组织。

4.《最高人民法院关于审理反补贴行政案件应用法律若干问题的规定》
（2002年11月21日）

第二条　与反补贴行政行为具有法律上利害关系的个人或者组织为利害关系人，可以依照行政诉讼法及其他有关法律、行政法规的规定，向人民法院提起行政诉讼。

前款所称利害关系人，是指向国务院主管机关提出反补贴调查书面申请的申请人，有关出口经营者和进口经营者及其他具有法律上利害关系的自然人、法人或者其他组织。

第五十条　起诉方式

起诉应当向人民法院递交起诉状，并按照被告人数提出副本。

书写起诉状确有困难的，可以口头起诉，由人民法院记入笔录，出具注明日期的书面凭证，并告知对方当事人。

关联规定

《民事诉讼法》（2023年9月1日）

第一百二十一条　当事人进行民事诉讼，应当按照规定交纳案件受理费。财产案件除交纳案件受理费外，并按照规定交纳其他诉讼费用。

当事人交纳诉讼费用确有困难的，可以按照规定向人民法院申请缓交、减交或者免交。

收取诉讼费用的办法另行制定。

第一百二十四条　起诉状应当记明下列事项：

（一）原告的姓名、性别、年龄、民族、职业、工作单位、住所、联系方式，法人或者其他组织的名称、住所和法定代表人或者主要负责人的姓名、职务、联系方式；

（二）被告的姓名、性别、工作单位、住所等信息，法人或者其他组织的名称、住所等信息；

（三）诉讼请求和所根据的事实与理由；

（四）证据和证据来源，证人姓名和住所。

第五十一条 登记立案

人民法院在接到起诉状时对符合本法规定的起诉条件的，应当登记立案。

对当场不能判定是否符合本法规定的起诉条件的，应当接收起诉状，出具注明收到日期的书面凭证，并在七日内决定是否立案。不符合起诉条件的，作出不予立案的裁定。裁定书应当载明不予立案的理由。原告对裁定不服的，可以提起上诉。

起诉状内容欠缺或者有其他错误的，应当给予指导和释明，并一次性告知当事人需要补正的内容。不得未经指导和释明即以起诉不符合条件为由不接收起诉状。

对于不接收起诉状、接收起诉状后不出具书面凭证，以及不一次性告知当事人需要补正的起诉状内容的，当事人可以向上级人民法院投诉，上级人民法院应当责令改正，并对直接负责的主管人员和其他直接责任人员依法给予处分。

关联规定

1.《最高人民法院关于适用〈中华人民共和国行政诉讼法〉的解释》（2018年2月6日）

第五十七条　法律、法规未规定行政复议为提起行政诉讼必经程序，公民、法人或者其他组织既提起诉讼又申请行政复议的，由先立案的机关管辖；同时立案的，由公民、法人或者其他组织选择。公民、法人或者其他组织已经申请行政复议，在法定复议期间内又向人民法院提起诉讼的，人民法院裁定不予立案。

第五十八条 法律、法规未规定行政复议为提起行政诉讼必经程序，公民、法人或者其他组织向复议机关申请行政复议后，又经复议机关同意撤回复议申请，在法定起诉期限内对原行政行为提起诉讼的，人民法院应当依法立案。

第五十九条 公民、法人或者其他组织向复议机关申请行政复议后，复议机关作出维持决定的，应当以复议机关和原行为机关为共同被告，并以复议决定送达时间确定起诉期限。

第六十条 人民法院裁定准许原告撤诉后，原告以同一事实和理由重新起诉的，人民法院不予立案。

准予撤诉的裁定确有错误，原告申请再审的，人民法院应当通过审判监督程序撤销原准予撤诉的裁定，重新对案件进行审理。

第六十一条 原告或者上诉人未按规定的期限预交案件受理费，又不提出缓交、减交、免交申请，或者提出申请未获批准的，按自动撤诉处理。在按撤诉处理后，原告或者上诉人在法定期限内再次起诉或者上诉，并依法解决诉讼费预交问题的，人民法院应予立案。

第六十二条 人民法院判决撤销行政机关的行政行为后，公民、法人或者其他组织对行政机关重新作出的行政行为不服向人民法院起诉的，人民法院应当依法立案。

第六十三条 行政机关作出行政行为时，没有制作或者没有送达法律文书，公民、法人或者其他组织只要能证明行政行为存在，并在法定期限内起诉的，人民法院应当依法立案。

第六十九条 有下列情形之一，已经立案的，应当裁定驳回起诉：

（一）不符合行政诉讼法第四十九条规定的；

（二）超过法定起诉期限且无行政诉讼法第四十八条规定情形的；

（三）错列被告且拒绝变更的；

（四）未按照法律规定由法定代理人、指定代理人、代表人为诉讼行为的；

（五）未按照法律、法规规定先向行政机关申请复议的；

（六）重复起诉的；

（七）撤回起诉后无正当理由再行起诉的；

（八）行政行为对其合法权益明显不产生实际影响的；

（九）诉讼标的已为生效裁判或者调解书所羁束的；

（十）其他不符合法定起诉条件的情形。

前款所列情形可以补正或者更正的，人民法院应当指定期间责令补正或者更正；在指定期间已经补正或者更正的，应当依法审理。

人民法院经过阅卷、调查或者询问当事人，认为不需要开庭审理的，可以迳行裁定驳回起诉。

2.《最高人民法院关于互联网法院审理案件若干问题的规定》（2018年9月6日）

第七条　互联网法院在线接收原告提交的起诉材料，并于收到材料后七日内，在线作出以下处理：

（一）符合起诉条件的，登记立案并送达案件受理通知书、诉讼费交纳通知书、举证通知书等诉讼文书。

（二）提交材料不符合要求的，及时发出补正通知，并于收到补正材料后次日重新起算受理时间；原告未在指定期限内按要求补正的，起诉材料作退回处理。

（三）不符合起诉条件的，经释明后，原告无异议的，起诉材料作退回处理；原告坚持继续起诉的，依法作出不予受理裁定。

第五十二条　法院不立案的救济

人民法院既不立案，又不作出不予立案裁定的，当事人可以向上一级人民法院起诉。上一级人民法院认为符合起诉条件的，应当立案、审理，也可以指定其他下级人民法院立案、审理。

✦ 要点提示

既不立案又不作出不予立案裁定的法院，不能再被上一级法院指定审理该案件。下级法院既不立案又不作出不予立案裁定，是明显违反了行政诉讼法的规定，对当事人而言，便难以相信其还能持公正立场审理该案，难以期望其能够作出公正的判决。因此，本条规定"可以指定其他下级人民法院立案、审理"。

❀ 关联规定

《最高人民法院关于适用〈中华人民共和国行政诉讼法〉的解释》（2018年2月6日）

第六条　当事人以案件重大复杂为由，认为有管辖权的基层人民法院不宜行使管辖权或者根据行政诉讼法第五十二条的规定，向中级人民法院起诉，中级人民法院应当根据不同情况在七日内分别作出以下处理：

（一）决定自行审理；

（二）指定本辖区其他基层人民法院管辖；

（三）书面告知当事人向有管辖权的基层人民法院起诉。

第五十三条　规范性文件的附带审查

公民、法人或者其他组织认为行政行为所依据的国务院部门和地方人民政府及其部门制定的规范性文件不合法，在对行政行为提起诉讼时，可以一并请求对该规范性文件进行审查。

前款规定的规范性文件不含规章。

❀ 关联规定

《最高人民法院关于适用〈中华人民共和国行政诉讼法〉的解释》（2018年2月6日）

第一百四十五条　公民、法人或者其他组织在对行政行为提起诉讼时一并请求对所依据的规范性文件审查的，由行政行为案件管辖法院一并审查。

第一百四十六条　公民、法人或者其他组织请求人民法院一并审查行政诉讼法第五十三条规定的规范性文件，应当在第一审开庭审理前提出；有正当理由的，也可以在法庭调查中提出。

第一百四十七条 人民法院在对规范性文件审查过程中，发现规范性文件可能不合法的，应当听取规范性文件制定机关的意见。

制定机关申请出庭陈述意见的，人民法院应当准许。

行政机关未陈述意见或者未提供相关证明材料的，不能阻止人民法院对规范性文件进行审查。

第七章　审理和判决

第一节　一般规定

第五十四条　公开审理原则

人民法院公开审理行政案件，但涉及国家秘密、个人隐私和法律另有规定的除外。

涉及商业秘密的案件，当事人申请不公开审理的，可以不公开审理。

要点提示

随着当事人对技术情报等相关信息的保密意识日益增强，在审理行政案件过程中，应当允许当事人以案件涉及商业秘密为由申请不公开审理。但案件是否涉及商业秘密，应当由人民法院结合相关法律法规、司法解释和案件实际情况予以确定。

第五十五条 回避

当事人认为审判人员与本案有利害关系或者有其他关系可能影响公正审判，有权申请审判人员回避。

审判人员认为自己与本案有利害关系或者有其他关系，应当申请回避。

前两款规定，适用于书记员、翻译人员、鉴定人、勘验人。

院长担任审判长时的回避，由审判委员会决定；审判人员的回避，由院长决定；其他人员的回避，由审判长决定。当事人对决定不服的，可以申请复议一次。

关联规定

《最高人民法院关于适用〈中华人民共和国行政诉讼法〉的解释》（2018年2月6日）

第七十四条 当事人申请回避，应当说明理由，在案件开始审理时提出；回避事由在案件开始审理后知道的，应当在法庭辩论终结前提出。

被申请回避的人员，在人民法院作出是否回避的决定前，应当暂停参与本案的工作，但案件需要采取紧急措施的除外。

对当事人提出的回避申请，人民法院应当在三日内以口头或者书面形式作出决定。对当事人提出的明显不属于法定回避事由的申请，法庭可以依法当庭驳回。

申请人对驳回回避申请决定不服的，可以向作出决定的人民法院申请复议一次。复议期间，被申请回避的人员不停止参与本案的工作。对申请人的复议申请，人民法院应当在三日内作出复议决定，并通知复议申请人。

第七十五条 在一个审判程序中参与过本案审判工作的审判人员，不得再参与该案其他程序的审判。

发回重审的案件，在一审法院作出裁判后又进入第二审程序的，原第二审程序中合议庭组成人员不受前款规定的限制。

第五十六条　诉讼不停止执行

诉讼期间，不停止行政行为的执行。但有下列情形之一的，裁定停止执行：

（一）被告认为需要停止执行的；

（二）原告或者利害关系人申请停止执行，人民法院认为该行政行为的执行会造成难以弥补的损失，并且停止执行不损害国家利益、社会公共利益的；

（三）人民法院认为该行政行为的执行会给国家利益、社会公共利益造成重大损害的；

（四）法律、法规规定停止执行的。

当事人对停止执行或者不停止执行的裁定不服的，可以申请复议一次。

要点提示

为了贯彻行政诉讼保护公民、法人和其他组织的合法权益的宗旨，立法应当赋予原告或者利害关系人申请停止执行的权利。同时，为了平衡原告利益与国家利益、社会公共利益，立法赋予人民法院对原告或者利害关系人申请停止执行进行审查的权力。一是审查被诉行政行为的执行是否会造成难以弥补的损失。例如，建筑物和其他设施一旦被拆除，当事人即使提起行政诉讼并胜诉，客观上也不能恢复原状，也难以用赔偿来弥补损失。二是审查停止执行是否损害国家利益、社会公共利益。关于判断是否对国家利益、社会公共利益有损害，人民法院在进行审查时需与申请人的个人利益共同考虑，存疑的情况下应从立法的基本原则和态度出发进行推定。

关联规定

1.《治安管理处罚法》（2012 年 10 月 26 日）

第一百零七条　被处罚人不服行政拘留处罚决定，申请行政复议、提起行政诉讼的，可以向公安机关提出暂缓执行行政拘留的申请。公安机关认为暂缓执行行政拘留不致发生社会危险的，由被处罚人或者其近亲属提出符合本法第一百零八条规定条件的担保人，或者按每日行政拘留二百元的标准交纳保证金，行政拘留的处罚决定暂缓执行。

第一百零八条　担保人应当符合下列条件：

（一）与本案无牵连；

（二）享有政治权利，人身自由未受到限制；

（三）在当地有常住户口和固定住所；

（四）有能力履行担保义务。

2.《最高人民法院关于适用〈中华人民共和国行政诉讼法〉的解释》（2018 年 2 月 6 日）

第七十六条　人民法院对于因一方当事人的行为或者其他原因，可能使行政行为或者人民法院生效裁判不能或者难以执行的案件，根据对方当事人的申请，可以裁定对其财产进行保全、责令其作出一定行为或者禁止其作出一定行为；当事人没有提出申请的，人民法院在必要时也可以裁定采取上述保全措施。

人民法院采取保全措施，可以责令申请人提供担保；申请人不提供担保的，裁定驳回申请。

人民法院接受申请后，对情况紧急的，必须在四十八小时内作出裁定；裁定采取保全措施的，应当立即开始执行。

当事人对保全的裁定不服的，可以申请复议；复议期间不停止裁定的执行。

第七十七条　利害关系人因情况紧急，不立即申请保全将会使其合法权益受到难以弥补的损害的，可以在提起诉讼前向被保全财产所在地、被申请人住所地或者对案件有管辖权的人民法院申请采取保全措施。申请人应当提供担保，不提供担保的，裁定驳回申请。

人民法院接受申请后，必须在四十八小时内作出裁定；裁定采取保全措施的，应当立即开始执行。

申请人在人民法院采取保全措施后三十日内不依法提起诉讼的，人民法院应当解除保全。

当事人对保全的裁定不服的，可以申请复议；复议期间不停止裁定的执行。

第七十八条 保全限于请求的范围，或者与本案有关的财物。

财产保全采取查封、扣押、冻结或者法律规定的其他方法。人民法院保全财产后，应当立即通知被保全人。

财产已被查封、冻结的，不得重复查封、冻结。

涉及财产的案件，被申请人提供担保的，人民法院应当裁定解除保全。

申请有错误的，申请人应当赔偿被申请人因保全所遭受的损失。

第五十七条　先予执行

人民法院对起诉行政机关没有依法支付抚恤金、最低生活保障金和工伤、医疗社会保险金的案件，权利义务关系明确、不先予执行将严重影响原告生活的，可以根据原告的申请，裁定先予执行。

当事人对先予执行裁定不服的，可以申请复议一次。复议期间不停止裁定的执行。

❖ 要点提示

"申请复议一次"，是指向作出先予执行裁定的人民法院申请复议，不是向上一级人民法院申请。先予执行以当事人的申请为前提。一般情况下，申请人无须就其申请提供担保，这是行政诉讼先予执行程序不同于民事诉讼的特点。

❋ 关联规定

1.《社会保险法》（2018年12月29日）

第二十八条 符合基本医疗保险药品目录、诊疗项目、医疗服务设施标准以及急诊、抢救的医疗费用，按照国家规定从基本医疗保险基金中支付。

第三十八条 因工伤发生的下列费用，按照国家规定从工伤保险基金中支付：

（一）治疗工伤的医疗费用和康复费用；

（二）住院伙食补助费；

（三）到统筹地区以外就医的交通食宿费；

（四）安装配置伤残辅助器具所需费用；

（五）生活不能自理的，经劳动能力鉴定委员会确认的生活护理费；

（六）一次性伤残补助金和一至四级伤残职工按月领取的伤残津贴；

（七）终止或者解除劳动合同时，应当享受的一次性医疗补助金；

（八）因工死亡的，其遗属领取的丧葬补助金、供养亲属抚恤金和因工死亡补助金；

（九）劳动能力鉴定费。

2.《军人抚恤优待条例》（2019年3月2日）

第十三条 现役军人死亡，根据其死亡性质和死亡时的月工资标准，由县级人民政府退役军人事务部门发给其遗属一次性抚恤金，标准是：烈士和因公牺牲的，为上一年度全国城镇居民人均可支配收入的20倍加本人40个月的工资；病故的，为上一年度全国城镇居民人均可支配收入的2倍加本人40个月的工资。月工资或者津贴低于排职少尉军官工资标准的，按照排职少尉军官工资标准计算。

获得荣誉称号或者立功的烈士、因公牺牲军人、病故军人，其遗属在应当享受的一次性抚恤金的基础上，由县级人民政府退役军人事务部门按照下列比例增发一次性抚恤金：

（一）获得中央军事委员会授予荣誉称号的，增发35%；

（二）获得军队军区级单位授予荣誉称号的，增发30%；

（三）立一等功的，增发25%；

（四）立二等功的，增发15%；

（五）立三等功的，增发5%。

多次获得荣誉称号或者立功的烈士、因公牺牲军人、病故军人，其遗属由县级人民政府退役军人事务部门按照其中最高等级奖励的增发比例，增发一次性抚恤金。

第十四条　对生前作出特殊贡献的烈士、因公牺牲军人、病故军人，除按照本条例规定发给其遗属一次性抚恤金外，军队可以按照有关规定发给其遗属一次性特别抚恤金。

第十五条　一次性抚恤金发给烈士、因公牺牲军人、病故军人的父母（抚养人）、配偶、子女；没有父母（抚养人）、配偶、子女的，发给未满18周岁的兄弟姐妹和已满18周岁但无生活费来源且由该军人生前供养的兄弟姐妹。

第十六条　对符合下列条件之一的烈士遗属、因公牺牲军人遗属、病故军人遗属，发给定期抚恤金：

（一）父母（抚养人）、配偶无劳动能力、无生活费来源，或者收入水平低于当地居民平均生活水平的；

（二）子女未满18周岁或者已满18周岁但因上学或者残疾无生活费来源的；

（三）兄弟姐妹未满18周岁或者已满18周岁但因上学无生活费来源且由该军人生前供养的。

对符合享受定期抚恤金条件的遗属，由县级人民政府退役军人事务部门发给《定期抚恤金领取证》。

第十七条　定期抚恤金标准应当参照全国城乡居民家庭人均收入水平确定。定期抚恤金的标准及其调整办法，由国务院退役军人事务部门会同国务院财政部门规定。

第十八条 县级以上地方人民政府对依靠定期抚恤金生活仍有困难的烈士遗属、因公牺牲军人遗属、病故军人遗属，可以增发抚恤金或者采取其他方式予以补助，保障其生活不低于当地的平均生活水平。

第十九条 享受定期抚恤金的烈士遗属、因公牺牲军人遗属、病故军人遗属死亡的，增发6个月其原享受的定期抚恤金，作为丧葬补助费，同时注销其领取定期抚恤金的证件。

第二十六条 退出现役的残疾军人，按照残疾等级享受残疾抚恤金。残疾抚恤金由县级人民政府退役军人事务部门发给。

因工作需要继续服现役的残疾军人，经军队军级以上单位批准，由所在部队按照规定发给残疾抚恤金。

第二十七条 残疾军人的抚恤金标准应当参照全国职工平均工资水平确定。残疾抚恤金的标准以及一级至十级残疾军人享受残疾抚恤金的具体办法，由国务院退役军人事务部门会同国务院财政部门规定。

县级以上地方人民政府对依靠残疾抚恤金生活仍有困难的残疾军人，可以增发残疾抚恤金或者采取其他方式予以补助，保障其生活不低于当地的平均生活水平。

第二十八条 退出现役的因战、因公致残的残疾军人因旧伤复发死亡的，由县级人民政府退役军人事务部门按照因公牺牲军人的抚恤金标准发给其遗属一次性抚恤金，其遗属享受因公牺牲军人遗属抚恤待遇。

退出现役的因战、因公、因病致残的残疾军人因病死亡的，对其遗属增发12个月的残疾抚恤金，作为丧葬补助费；其中，因战、因公致残的一级至四级残疾军人因病死亡的，其遗属享受病故军人遗属抚恤待遇。

3.《社会救助暂行办法》（2019年3月2日）

第二章 最低生活保障

第九条 国家对共同生活的家庭成员人均收入低于当地最低生活保障标准，且符合当地最低生活保障家庭财产状况规定的家庭，给予最低生活保障。

第十条　最低生活保障标准，由省、自治区、直辖市或者设区的市级人民政府按照当地居民生活必需的费用确定、公布，并根据当地经济社会发展水平和物价变动情况适时调整。

最低生活保障家庭收入状况、财产状况的认定办法，由省、自治区、直辖市或者设区的市级人民政府按照国家有关规定制定。

第十一条　申请最低生活保障，按照下列程序办理：

（一）由共同生活的家庭成员向户籍所在地的乡镇人民政府、街道办事处提出书面申请；家庭成员申请有困难的，可以委托村民委员会、居民委员会代为提出申请。

（二）乡镇人民政府、街道办事处应当通过入户调查、邻里访问、信函索证、群众评议、信息核查等方式，对申请人的家庭收入状况、财产状况进行调查核实，提出初审意见，在申请人所在村、社区公示后报县级人民政府民政部门审批。

（三）县级人民政府民政部门经审查，对符合条件的申请予以批准，并在申请人所在村、社区公布；对不符合条件的申请不予批准，并书面向申请人说明理由。

第十二条　对批准获得最低生活保障的家庭，县级人民政府民政部门按照共同生活的家庭成员人均收入低于当地最低生活保障标准的差额，按月发给最低生活保障金。

对获得最低生活保障后生活仍有困难的老年人、未成年人、重度残疾人和重病患者，县级以上地方人民政府应当采取必要措施给予生活保障。

第十三条　最低生活保障家庭的人口状况、收入状况、财产状况发生变化的，应当及时告知乡镇人民政府、街道办事处。

县级人民政府民政部门以及乡镇人民政府、街道办事处应当对获得最低生活保障家庭的人口状况、收入状况、财产状况定期核查。

最低生活保障家庭的人口状况、收入状况、财产状况发生变化的，县级人民政府民政部门应当及时决定增发、减发或者停发最低生活保障金；决定停发最低生活保障金的，应当书面说明理由。

第五十八条 拒不到庭或中途退庭的法律后果

经人民法院传票传唤，原告无正当理由拒不到庭，或者未经法庭许可中途退庭的，可以按照撤诉处理；被告无正当理由拒不到庭，或者未经法庭许可中途退庭的，可以缺席判决。

要点提示

当事人参加诉讼，应当遵守法庭纪律、维护法庭尊严，不能未经法庭许可中途退庭。原告未经法庭许可中途退庭的，可以视为放弃自身的诉讼请求，是一种对自己诉讼权利的消极处分，可以按照撤诉处理。被告未经法庭许可中途退庭的，也是一种对自己诉讼权利的消极处分，但不能逃避自己应承担的法律责任，人民法院可以缺席判决。

关联规定

1.《最高人民法院关于适用〈中华人民共和国行政诉讼法〉的解释》（2018年2月6日）

第七十九条　原告或者上诉人申请撤诉，人民法院裁定不予准许的，原告或者上诉人经传票传唤无正当理由拒不到庭，或者未经法庭许可中途退庭的，人民法院可以缺席判决。

第三人经传票传唤无正当理由拒不到庭，或者未经法庭许可中途退庭的，不发生阻止案件审理的效果。

根据行政诉讼法第五十八条的规定，被告经传票传唤无正当理由拒不到庭，或者未经法庭许可中途退庭的，人民法院可以按期开庭或者继续开庭审理，对到庭的当事人诉讼请求、双方的诉辩理由以及已经提交的证据及其他诉讼材料进行审理后，依法缺席判决。

2.《最高人民法院关于互联网法院审理案件若干问题的规定》（2018年9月6日）

第十四条　互联网法院根据在线庭审特点，适用《中华人民共和国人民法院法庭规则》的有关规定。除经查明确属网络故障、设备损坏、电力中断或者不可抗力等原因外，当事人不按时参加在线庭审的，视为"拒不到庭"，庭审中擅自退出的，视为"中途退庭"，分别按照《中华人民共和国民事诉讼法》《中华人民共和国行政诉讼法》及相关司法解释的规定处理。

第五十九条 妨害行政诉讼强制措施

诉讼参与人或者其他人有下列行为之一的，人民法院可以根据情节轻重，予以训诫、责令具结悔过或者处一万元以下的罚款、十五日以下的拘留；构成犯罪的，依法追究刑事责任：

（一）有义务协助调查、执行的人，对人民法院的协助调查决定、协助执行通知书，无故推拖、拒绝或者妨碍调查、执行的；

（二）伪造、隐藏、毁灭证据或者提供虚假证明材料，妨碍人民法院审理案件的；

（三）指使、贿买、胁迫他人作伪证或者威胁、阻止证人作证的；

（四）隐藏、转移、变卖、毁损已被查封、扣押、冻结的财产的；

（五）以欺骗、胁迫等非法手段使原告撤诉的；

（六）以暴力、威胁或者其他方法阻碍人民法院工作人员执行职务，或者以哄闹、冲击法庭等方法扰乱人民法院工作秩序的；

（七）对人民法院审判人员或者其他工作人员、诉讼参与人、协助调查和执行的人员恐吓、侮辱、诽谤、诬陷、殴打、围攻或者打击报复的。

> 人民法院对有前款规定的行为之一的单位,可以对其主要负责人或者直接责任人员依照前款规定予以罚款、拘留;构成犯罪的,依法追究刑事责任。
>
> 罚款、拘留须经人民法院院长批准。当事人不服的,可以向上一级人民法院申请复议一次。复议期间不停止执行。

❀ 要点提示

对妨害行政诉讼的行为,人民法院应当依照行政诉讼法的规定,采取相应的强制措施,保障行政诉讼的顺利进行。构成妨害行政诉讼的行为,应当同时具备以下三个要件:一是在行政诉讼过程中实施。行政诉讼过程,包括一审程序、二审程序和执行程序。在行政诉讼开始前或者结束后实施的违法行为,如在起诉前或者执行完毕后扰乱人民法院工作秩序的行为,不属于妨害行政诉讼的行为,应当由公安机关依照治安管理处罚法的规定予以行政处罚;构成犯罪的,可以由检察机关提起公诉,依法追究刑事责任。二是有主观上的故意。过失行为不构成妨害行政诉讼的行为。三是客观上妨害了行政诉讼的正常进行。只有妨害诉讼的意图而未实施的,不构成妨害诉讼的行为。

❀ 关联规定

1.《刑法》(2020年12月26日)

第三百零七条 以暴力、威胁、贿买等方法阻止证人作证或者指使他人作伪证的,处三年以下有期徒刑或者拘役;情节严重的,处三年以上七年以下有期徒刑。

帮助当事人毁灭、伪造证据,情节严重的,处三年以下有期徒刑或者拘役。

司法工作人员犯前两款罪的,从重处罚。

第三百零七条之一 以捏造的事实提起民事诉讼,妨害司法秩序或者严重侵害他人合法权益的，处三年以下有期徒刑、拘役或者管制，并处或者单处罚金；情节严重的，处三年以上七年以下有期徒刑，并处罚金。

单位犯前款罪的，对单位判处罚金，并对其直接负责的主管人员和其他直接责任人员，依照前款的规定处罚。

有第一款行为，非法占有他人财产或者逃避合法债务，又构成其他犯罪的，依照处罚较重的规定定罪从重处罚。

司法工作人员利用职权，与他人共同实施前三款行为的，从重处罚；同时构成其他犯罪的，依照处罚较重的规定定罪从重处罚。

第三百零八条 对证人进行打击报复的，处三年以下有期徒刑或者拘役；情节严重的，处三年以上七年以下有期徒刑。

第三百零八条之一 司法工作人员、辩护人、诉讼代理人或者其他诉讼参与人，泄露依法不公开审理的案件中不应当公开的信息，造成信息公开传播或者其他严重后果的，处三年以下有期徒刑、拘役或者管制，并处或者单处罚金。

有前款行为，泄露国家秘密的，依照本法第三百九十八条的规定定罪处罚。

公开披露、报道第一款规定的案件信息，情节严重的，依照第一款的规定处罚。

单位犯前款罪的，对单位判处罚金，并对其直接负责的主管人员和其他直接责任人员，依照第一款的规定处罚。

第三百零九条 有下列扰乱法庭秩序情形之一的，处三年以下有期徒刑、拘役、管制或者罚金：

（一）聚众哄闹、冲击法庭的；

（二）殴打司法工作人员或者诉讼参与人的；

（三）侮辱、诽谤、威胁司法工作人员或者诉讼参与人，不听法庭制止，严重扰乱法庭秩序的；

（四）有毁坏法庭设施，抢夺、损毁诉讼文书、证据等扰乱法庭秩序行为，情节严重的。

第三百一十四条 隐藏、转移、变卖、故意毁损已被司法机关查封、扣押、冻结的财产，情节严重的，处三年以下有期徒刑、拘役或者罚金。

2.《最高人民法院关于适用〈中华人民共和国行政诉讼法〉的解释》（2018年2月6日）

第八十三条　行政诉讼法第五十九条规定的罚款、拘留可以单独适用，也可以合并适用。

对同一妨害行政诉讼行为的罚款、拘留不得连续适用。发生新的妨害行政诉讼行为的，人民法院可以重新予以罚款、拘留。

3.《最高人民法院关于行政诉讼证据若干问题的规定》（2002年7月24日）

第七十六条　证人、鉴定人作伪证的，依照行政诉讼法第四十九条第一款第（二）项的规定追究其法律责任。

第七十七条　诉讼参与人或者其他人有对审判人员或者证人、鉴定人、勘验人及其近亲属实施威胁、侮辱、殴打、骚扰或者打击报复等妨碍行政诉讼行为的，依照行政诉讼法第四十九条第一款第（三）项、第（五）项或者第（六）项的规定追究其法律责任。

第七十八条　对应当协助调取证据的单位和个人，无正当理由拒不履行协助义务的，依照行政诉讼法第四十九条第一款第（五）项的规定追究其法律责任。

第六十条　调解

人民法院审理行政案件，不适用调解。但是，行政赔偿、补偿以及行政机关行使法律、法规规定的自由裁量权的案件可以调解。

调解应当遵循自愿、合法原则，不得损害国家利益、社会公共利益和他人合法权益。

✱ 关联规定

1.《行政诉讼法》（2017 年 6 月 27 日）

　　第一百零一条　人民法院审理行政案件，关于期间、送达、财产保全、开庭审理、调解、中止诉讼、终结诉讼、简易程序、执行等，以及人民检察院对行政案件受理、审理、裁判、执行的监督，本法没有规定的，适用《中华人民共和国民事诉讼法》的相关规定。

2.《民事诉讼法》（2023 年 9 月 1 日）

　　第九十六条　人民法院审理民事案件，根据当事人自愿的原则，在事实清楚的基础上，分清是非，进行调解。

　　第九十七条　人民法院进行调解，可以由审判员一人主持，也可以由合议庭主持，并尽可能就地进行。

　　人民法院进行调解，可以用简便方式通知当事人、证人到庭。

　　第九十八条　人民法院进行调解，可以邀请有关单位和个人协助。被邀请的单位和个人，应当协助人民法院进行调解。

　　第九十九条　调解达成协议，必须双方自愿，不得强迫。调解协议的内容不得违反法律规定。

　　第一百条　调解达成协议，人民法院应当制作调解书。调解书应当写明诉讼请求、案件的事实和调解结果。

　　调解书由审判人员、书记员署名，加盖人民法院印章，送达双方当事人。

　　调解书经双方当事人签收后，即具有法律效力。

　　第一百零一条　下列案件调解达成协议，人民法院可以不制作调解书：

　　（一）调解和好的离婚案件；

　　（二）调解维持收养关系的案件；

　　（三）能够即时履行的案件；

　　（四）其他不需要制作调解书的案件。

　　对不需要制作调解书的协议，应当记入笔录，由双方当事人、审判人员、书记员签名或者盖章后，即具有法律效力。

第一百零二条 调解未达成协议或者调解书送达前一方反悔的，人民法院应当及时判决。

3.《最高人民法院关于适用〈中华人民共和国行政诉讼法〉的解释》
（2018年2月6日）

第八十四条 人民法院审理行政诉讼法第六十条第一款规定的行政案件，认为法律关系明确、事实清楚，在征得当事人双方同意后，可以迳行调解。

第八十五条 调解达成协议，人民法院应当制作调解书。调解书应当写明诉讼请求、案件的事实和调解结果。

调解书由审判人员、书记员署名，加盖人民法院印章，送达双方当事人。

调解书经双方当事人签收后，即具有法律效力。调解书生效日期根据最后收到调解书的当事人签收的日期确定。

第八十六条 人民法院审理行政案件，调解过程不公开，但当事人同意公开的除外。

经人民法院准许，第三人可以参加调解。人民法院认为有必要的，可以通知第三人参加调解。

调解协议内容不公开，但为保护国家利益、社会公共利益、他人合法权益，人民法院认为确有必要公开的除外。

当事人一方或者双方不愿调解、调解未达成协议的，人民法院应当及时判决。

当事人自行和解或者调解达成协议后，请求人民法院按照和解协议或者调解协议的内容制作判决书的，人民法院不予准许。

第九十五条 人民法院经审理认为被诉行政行为违法或者无效，可能给原告造成损失，经释明，原告请求一并解决行政赔偿争议的，人民法院可以就赔偿事项进行调解；调解不成的，应当一并判决。人民法院也可以告知其就赔偿事项另行提起诉讼。

第六十一条 民事争议和行政争议交叉

在涉及行政许可、登记、征收、征用和行政机关对民事争议所作的裁决的行政诉讼中，当事人申请一并解决相关民事争议的，人民法院可以一并审理。

在行政诉讼中，人民法院认为行政案件的审理需以民事诉讼的裁判为依据的，可以裁定中止行政诉讼。

❖ 关联规定

《最高人民法院关于适用〈中华人民共和国行政诉讼法〉的解释》（2018年2月6日）

第一百三十七条　公民、法人或者其他组织请求一并审理行政诉讼法第六十一条规定的相关民事争议，应当在第一审开庭审理前提出；有正当理由的，也可以在法庭调查中提出。

第一百三十八条　人民法院决定在行政诉讼中一并审理相关民事争议，或者案件当事人一致同意相关民事争议在行政诉讼中一并解决，人民法院准许的，由受理行政案件的人民法院管辖。

公民、法人或者其他组织请求一并审理相关民事争议，人民法院经审查发现行政案件已经超过起诉期限，民事案件尚未立案的，告知当事人另行提起民事诉讼；民事案件已经立案的，由原审判组织继续审理。

人民法院在审理行政案件中发现民事争议为解决行政争议的基础，当事人没有请求人民法院一并审理相关民事争议的，人民法院应当告知当事人依法申请一并解决民事争议。当事人就民事争议另行提起民事诉讼并已立案的，人民法院应当中止行政诉讼的审理。民事争议处理期间不计算在行政诉讼审理期限内。

第一百三十九条　有下列情形之一的，人民法院应当作出不予准许一并审理民事争议的决定，并告知当事人可以依法通过其他渠道主张权利：

（一）法律规定应当由行政机关先行处理的；

（二）违反民事诉讼法专属管辖规定或者协议管辖约定的；

(三)约定仲裁或者已经提起民事诉讼的;

(四)其他不宜一并审理民事争议的情形。

对不予准许的决定可以申请复议一次。

第一百四十条　人民法院在行政诉讼中一并审理相关民事争议的,民事争议应当单独立案,由同一审判组织审理。

人民法院审理行政机关对民事争议所作裁决的案件,一并审理民事争议的,不另行立案。

第一百四十一条　人民法院一并审理相关民事争议,适用民事法律规范的相关规定,法律另有规定的除外。

当事人在调解中对民事权益的处分,不能作为审查被诉行政行为合法性的根据。

第一百四十二条　对行政争议和民事争议应当分别裁判。

当事人仅对行政裁判或者民事裁判提出上诉的,未上诉的裁判在上诉期满后即发生法律效力。第一审人民法院应当将全部案卷一并移送第二审人民法院,由行政审判庭审理。第二审人民法院发现未上诉的生效裁判确有错误的,应当按照审判监督程序再审。

第一百四十三条　行政诉讼原告在宣判前申请撤诉的,是否准许由人民法院裁定。人民法院裁定准许行政诉讼原告撤诉,但其对已经提起的一并审理相关民事争议不撤诉的,人民法院应当继续审理。

第一百四十四条　人民法院一并审理相关民事争议,应当按行政案件、民事案件的标准分别收取诉讼费用。

第六十二条　撤诉

人民法院对行政案件宣告判决或者裁定前,原告申请撤诉的,或者被告改变其所作的行政行为,原告同意并申请撤诉的,是否准许,由人民法院裁定。

❀ 关联规定

1.《最高人民法院关于适用〈中华人民共和国行政诉讼法〉的解释》
（2018年2月6日）

第六十条 人民法院裁定准许原告撤诉后，原告以同一事实和理由重新起诉的，人民法院不予立案。

准予撤诉的裁定确有错误，原告申请再审的，人民法院应当通过审判监督程序撤销原准予撤诉的裁定，重新对案件进行审理。

第六十一条 原告或者上诉人未按规定的期限预交案件受理费，又不提出缓交、减交、免交申请，或者提出申请未获批准的，按自动撤诉处理。在按撤诉处理后，原告或者上诉人在法定期限内再次起诉或者上诉，并依法解决诉讼费预交问题的，人民法院应予立案。

第七十九条 原告或者上诉人申请撤诉，人民法院裁定不予准许的，原告或者上诉人经传票传唤无正当理由拒不到庭，或者未经法庭许可中途退庭的，人民法院可以缺席判决。

第三人经传票传唤无正当理由拒不到庭，或者未经法庭许可中途退庭的，不发生阻止案件审理的效果。

根据行政诉讼法第五十八条的规定，被告经传票传唤无正当理由拒不到庭，或者未经法庭许可中途退庭的，人民法院可以按期开庭或者继续开庭审理，对到庭的当事人诉讼请求、双方的诉辩理由以及已经提交的证据及其他诉讼材料进行审理后，依法缺席判决。

第八十条 原告或者上诉人在庭审中明确拒绝陈述或者以其他方式拒绝陈述，导致庭审无法进行，经法庭释明法律后果后仍不陈述意见的，视为放弃陈述权利，由其承担不利的法律后果。

当事人申请撤诉或者依法可以按撤诉处理的案件，当事人有违反法律的行为需要依法处理的，人民法院可以不准许撤诉或者不按撤诉处理。

法庭辩论终结后原告申请撤诉，人民法院可以准许，但涉及到国家利益和社会公共利益的除外。

第一百四十三条 行政诉讼原告在宣判前申请撤诉的，是否准许由人民法院裁定。人民法院裁定准许行政诉讼原告撤诉，但其对已经提起的一并审理相关民事争议不撤诉的，人民法院应当继续审理。

2.《最高人民法院关于行政诉讼撤诉若干问题的规定》（2008年1月14日）

为妥善化解行政争议，依法审查行政诉讼中行政机关改变被诉具体行政行为及当事人申请撤诉的行为，根据《中华人民共和国行政诉讼法》制定本规定。

第一条 人民法院经审查认为被诉具体行政行为违法或者不当，可以在宣告判决或者裁定前，建议被告改变其所作的具体行政行为。

第二条 被告改变被诉具体行政行为，原告申请撤诉，符合下列条件的，人民法院应当裁定准许：

（一）申请撤诉是当事人真实意思表示；

（二）被告改变被诉具体行政行为，不违反法律、法规的禁止性规定，不超越或者放弃职权，不损害公共利益和他人合法权益；

（三）被告已经改变或者决定改变被诉具体行政行为，并书面告知人民法院；

（四）第三人无异议。

第三条 有下列情形之一的，属于行政诉讼法第五十一条规定的"被告改变其所作的具体行政行为"：

（一）改变被诉具体行政行为所认定的主要事实和证据；

（二）改变被诉具体行政行为所适用的规范依据且对定性产生影响；

（三）撤销、部分撤销或者变更被诉具体行政行为处理结果。

第四条 有下列情形之一的，可以视为"被告改变其所作的具体行政行为"：

（一）根据原告的请求依法履行法定职责；

（二）采取相应的补救、补偿等措施；

（三）在行政裁决案件中，书面认可原告与第三人达成的和解。

第五条 被告改变被诉具体行政行为，原告申请撤诉，有履行内容且履行完毕的，人民法院可以裁定准许撤诉；不能即时或者一次性履行的，人民法院可以裁定准许撤诉，也可以裁定中止审理。

第六条 准许撤诉裁定可以载明被告改变被诉具体行政行为的主要内容及履行情况，并可以根据案件具体情况，在裁定理由中明确被诉具体行政行为全部或者部分不再执行。

第七条 申请撤诉不符合法定条件，或者被告改变被诉具体行政行为后当事人不撤诉的，人民法院应当及时作出裁判。

第八条 第二审或者再审期间行政机关改变被诉具体行政行为，当事人申请撤回上诉或者再审申请的，参照本规定。

准许撤回上诉或者再审申请的裁定可以载明行政机关改变被诉具体行政行为的主要内容及履行情况，并可以根据案件具体情况，在裁定理由中明确被诉具体行政行为或者原裁判全部或者部分不再执行。

第九条 本院以前所作的司法解释及规范性文件，凡与本规定不一致的，按本规定执行。

3.《最高人民法院关于认真贯彻执行〈关于行政诉讼撤诉若干问题的规定〉的通知》（2008年1月31日）

二、执行中应当注意处理好的几个问题

一是以依法妥善处理行政争议为目标。制定《撤诉规定》的主要目的，是为了妥善化解行政争议，依法审查行政诉讼中行政机关改变被诉具体行政行为及当事人申请撤诉的行为。人民法院经审查认为被诉具体行政行为违法或者明显不当，可以根据案件的具体情况，建议被告改变其所作的具体行政行为，主动赔偿或补偿原告的损失，原告同意后可以申请撤诉。这种处理机制是在法律允许范围内的制度创新，是新形势下解决行政争议的一项有效制度，是实现"案结事了"，促进"官"民和谐的必然要求。各级人民法院要通过认真执行《撤诉规定》，积极探索协调解决行政争议的新机制。特别是对于群体性行政争议、因农村土地征收、城市房屋拆迁、企业改制、劳动和社会保障、资源环保等社会热点问题引发的行政争议，更要注意最大限度地采取协调方式处理。鼓励和提倡双方当事人通过合意协商，在妥善解决争议的基础上通过撤诉的方式结案。

二是正确处理合法性审查与当事人撤诉的关系。提倡和鼓励以当事人撤诉的方式结案，不能排除或放弃合法性审查原则。人民法院应当在通过对具体行政行为的合法性、适当性进行审查，初步确认具体行政行为违法或明显不当的基础上，根据案件具体情况建议被告改变被诉具体行政行为。被告改变其所作的具体行政行为及原告申请撤诉只有符合法定条件，人民法院才能作出准许撤诉的裁定。

三是准确把握审判组织在新机制中的地位和作用。由于行政诉讼中被告改变其所作的具体行政行为，原告同意并申请撤诉，是建立在当事人自愿的基础上，合议庭可以发挥宣传、建议、协调和法律释明的作用，但要严格遵循当事人自愿原则，坚决防止和杜绝动员甚至强迫当事人撤诉的现象。既要尽可能通过协调化解行政争议，又不能片面追求撤诉率，侵害当事人合法权益。

第六十三条　审理依据

人民法院审理行政案件，以法律和行政法规、地方性法规为依据。地方性法规适用于本行政区域内发生的行政案件。

人民法院审理民族自治地方的行政案件，并以该民族自治地方的自治条例和单行条例为依据。

人民法院审理行政案件，参照规章。

关联规定

1.《最高人民法院关于适用〈中华人民共和国行政诉讼法〉的解释》（2018年2月6日）

第一百条　人民法院审理行政案件，适用最高人民法院司法解释的，应当在裁判文书中援引。

人民法院审理行政案件，可以在裁判文书中引用合法有效的规章及其他规范性文件。

2.《最高人民法院关于审理国际贸易行政案件若干问题的规定》（2002 年 8 月 27 日）

第七条　根据行政诉讼法第五十二条第一款及立法法第六十三条第一款和第二款规定，人民法院审理国际贸易行政案件，应当依据中华人民共和国法律、行政法规以及地方立法机关在法定立法权限范围内制定的有关或者影响国际贸易的地方性法规。地方性法规适用于本行政区域内发生的国际贸易行政案件。

第八条　根据行政诉讼法第五十三条第一款及立法法第七十一条、第七十二条和第七十三条规定，人民法院审理国际贸易行政案件，参照国务院部门根据法律和国务院的行政法规、决定、命令，在本部门权限范围内制定的有关或者影响国际贸易的部门规章，以及省、自治区、直辖市和省、自治区的人民政府所在地的市、经济特区所在地的市、国务院批准的较大的市的人民政府根据法律、行政法规和地方性法规制定的有关或者影响国际贸易的地方政府规章。

第六十四条　规范性文件审查和处理

> 人民法院在审理行政案件中，经审查认为本法第五十三条规定的规范性文件不合法的，不作为认定行政行为合法的依据，并向制定机关提出处理建议。

❖ 关联规定

《最高人民法院关于适用〈中华人民共和国行政诉讼法〉的解释》（2018 年 2 月 6 日）

第一百四十八条　人民法院对规范性文件进行一并审查时，可以从规范性文件制定机关是否超越权限或者违反法定程序、作出行政行为所依据的条款以及相关条款等方面进行。

有下列情形之一的，属于行政诉讼法第六十四条规定的"规范性文件不合法"：

（一）超越制定机关的法定职权或者超越法律、法规、规章的授权范围的；

（二）与法律、法规、规章等上位法的规定相抵触的；

（三）没有法律、法规、规章依据，违法增加公民、法人和其他组织义务或者减损公民、法人和其他组织合法权益的；

（四）未履行法定批准程序、公开发布程序，严重违反制定程序的；

（五）其他违反法律、法规以及规章规定的情形。

第六十五条　裁判文书公开

人民法院应当公开发生法律效力的判决书、裁定书，供公众查阅，但涉及国家秘密、商业秘密和个人隐私的内容除外。

❁ 要点提示

人民法院公开生效裁判文书供公众查阅，一是有利于促进人民法院切实贯彻公开审判原则，实现审判活动公开透明；二是可以使公众知悉裁判文书的内容，促使审判人员增强责任心，审慎处理每一个案件，不断提高办案质量，使当事人和社会公众在每一个案件中都能感受到司法的公平、公正，最大限度地赢得当事人和社会公众对司法的信任和支持；三是通过具体案例以案释法，宣传普及法律知识，为社会公众学法提供途径，为法学理论研究提供资料来源，促进法治社会建设；四是有利于人民法院之间相互交流、学习和借鉴，有利于统一司法标准，提高司法水平。

❁ 关联规定

《最高人民法院关于适用〈中华人民共和国行政诉讼法〉的解释》（2018年2月6日）

第八十六条　人民法院审理行政案件，调解过程不公开，但当事人同意公开的除外。

经人民法院准许，第三人可以参加调解。人民法院认为有必要的，可以通知第三人参加调解。

调解协议内容不公开，但为保护国家利益、社会公共利益、他人合法权益，人民法院认为确有必要公开的除外。

当事人一方或者双方不愿调解、调解未达成协议的，人民法院应当及时判决。

当事人自行和解或者调解达成协议后，请求人民法院按照和解协议或者调解协议的内容制作判决书的，人民法院不予准许。

第六十六条 有关行政机关工作人员和被告的处理

人民法院在审理行政案件中，认为行政机关的主管人员、直接责任人员违法违纪的，应当将有关材料移送监察机关、该行政机关或者其上一级行政机关；认为有犯罪行为的，应当将有关材料移送公安、检察机关。

人民法院对被告经传票传唤无正当理由拒不到庭，或者未经法庭许可中途退庭的，可以将被告拒不到庭或者中途退庭的情况予以公告，并可以向监察机关或者被告的上一级行政机关提出依法给予其主要负责人或者直接责任人员处分的司法建议。

要点提示

本条规定的行政机关的主管人员是指行政机关的负责人，包括主要负责人和分管负责人；直接责任人员是指直接从事某项工作或者具体实施行政行为的工作人员。有关材料是指能够证明行政机关的主管人员、直接责任人员存在违法违纪行为或者犯罪行为的证据材料。

关联规定

1.《公务员法》（2018年12月29日）

第六十二条　处分分为：警告、记过、记大过、降级、撤职、开除。

2.《行政机关公务员处分条例》（2007年4月22日）

第二十五条 有下列行为之一的，给予记过或者记大过处分；情节较重的，给予降级或者撤职处分；情节严重的，给予开除处分：

（一）以殴打、体罚、非法拘禁等方式侵犯公民人身权利的；

（二）压制批评，打击报复，扣压、销毁举报信件，或者向被举报人透露举报情况的；

（三）违反规定向公民、法人或者其他组织摊派或者收取财物的；

（四）妨碍执行公务或者违反规定干预执行公务的；

（五）其他滥用职权，侵害公民、法人或者其他组织合法权益的行为。

第二节 第一审普通程序

第六十七条 发送起诉状和提出答辩状

人民法院应当在立案之日起五日内，将起诉状副本发送被告。被告应当在收到起诉状副本之日起十五日内向人民法院提交作出行政行为的证据和所依据的规范性文件，并提出答辩状。人民法院应当在收到答辩状之日起五日内，将答辩状副本发送原告。

被告不提出答辩状的，不影响人民法院审理。

❋ 要点提示

被告在提交答辩状时，还要提交作出行政行为的证据和所依据的规范性文件。这是行政诉讼法较民事诉讼法所特有的规定。要求提交证据，是与行政诉讼中由被告负举证责任和逾期不举证视为没有证据等证据规则相关联的。尽管行政行为所依据的规范性文件不属于证据范畴，但与被告负举证责任的原理是一致的，被告更接近于规范性文件，同时规范性文件数量很多，由被告提供有利于提高审判效率。

关联规定

《最高人民法院关于适用〈中华人民共和国行政诉讼法〉的解释》（2018年2月6日）

第七十条 起诉状副本送达被告后，原告提出新的诉讼请求的，人民法院不予准许，但有正当理由的除外。

第六十八条 审判组织形式

人民法院审理行政案件，由审判员组成合议庭，或者由审判员、陪审员组成合议庭。合议庭的成员，应当是三人以上的单数。

关联规定

《最高人民法院关于互联网法院审理案件若干问题的规定》（2018年9月6日）

第十二条 互联网法院采取在线视频方式开庭。存在确需当庭查明身份、核对原件、查验实物等特殊情形的，互联网法院可以决定在线下开庭，但其他诉讼环节仍应当在线完成。

第十三条 互联网法院可以视情决定采取下列方式简化庭审程序：

（一）开庭前已经在线完成当事人身份核实、权利义务告知、庭审纪律宣示的，开庭时可以不再重复进行；

（二）当事人已经在线完成证据交换的，对于无争议的证据，法官在庭审中说明后，可以不再举证、质证；

（三）经征得当事人同意，可以将当事人陈述、法庭调查、法庭辩论等庭审环节合并进行。对于简单民事案件，庭审可以直接围绕诉讼请求或者案件要素进行。

第六十九条 驳回原告诉讼请求判决

行政行为证据确凿，适用法律、法规正确，符合法定程序的，或者原告申请被告履行法定职责或者给付义务理由不成立的，人民法院判决驳回原告的诉讼请求。

关联规定

1.《最高人民法院关于适用〈中华人民共和国行政诉讼法〉的解释》
（2018年2月6日）

第九十三条 原告请求被告履行法定职责或者依法履行支付抚恤金、最低生活保障待遇或者社会保险待遇等给付义务，原告未先向行政机关提出申请的，人民法院裁定驳回起诉。

人民法院经审理认为原告所请求履行的法定职责或者给付义务明显不属于行政机关权限范围的，可以裁定驳回起诉。

2.《最高人民法院关于审理反倾销行政案件应用法律若干问题的规定》
（2002年11月21日）

第十条 人民法院审理反倾销行政案件，根据不同情况，分别作出以下判决：

（一）被诉反倾销行政行为证据确凿，适用法律、行政法规正确，符合法定程序的，判决维持；

（二）被诉反倾销行政行为有下列情形之一的，判决撤销或者部分撤销，并可以判决被告重新作出反倾销行政行为：

1. 主要证据不足的；
2. 适用法律、行政法规错误的；
3. 违反法定程序的；
4. 超越职权的；
5. 滥用职权的。

（三）依照法律或者司法解释规定作出的其他判决。

3.《最高人民法院关于审理反补贴行政案件应用法律若干问题的规定》
(2002年11月21日)

第十条 人民法院审理反补贴行政案件,根据不同情况,分别作出以下判决:

(一)被诉反补贴行政行为证据确凿,适用法律、行政法规正确,符合法定程序的,判决维持;

(二)被诉反补贴行政行为有下列情形之一的,判决撤销或者部分撤销,并可以判决被告重新作出反补贴行政行为:

1. 主要证据不足的;
2. 适用法律、行政法规错误的;
3. 违反法定程序的;
4. 超越职权的;
5. 滥用职权的。

(三)依照法律或者司法解释规定作出的其他判决。

第七十条 撤销判决和重作判决

行政行为有下列情形之一的,人民法院判决撤销或者部分撤销,并可以判决被告重新作出行政行为:

(一)主要证据不足的;

(二)适用法律、法规错误的;

(三)违反法定程序的;

(四)超越职权的;

(五)滥用职权的;

(六)明显不当的。

❄ 要点提示

本条规定的明显不当是从客观结果角度提出的,滥用职权则是从主观角度提出的。考虑到合法性审查原则的统帅地位，对明显不当不能作过宽理解，界定为被诉行政行为结果的畸轻畸重为宜。

关联规定

《最高人民法院关于适用〈中华人民共和国行政诉讼法〉的解释》（2018年2月6日）

第八十九条　复议决定改变原行政行为错误，人民法院判决撤销复议决定时，可以一并责令复议机关重新作出复议决定或者判决恢复原行政行为的法律效力。

第七十一条　重作判决对被告的限制

人民法院判决被告重新作出行政行为的，被告不得以同一的事实和理由作出与原行政行为基本相同的行政行为。

要点提示

法院判决既判力既体现在被诉行政机关必须重新作出行政行为，不得拒绝作出，还体现在重新作出的行政行为要受到法院撤销判决所认定事实和阐述理由的约束，即不得以同一事实和理由作出与原行政行为基本相同的行政行为。换言之，行政机关重新作出行政行为，不仅要依法作出，还要受判决所载明内容的约束。这里的同一事实，是指被撤销行政行为所认定的事实。同一理由，是指被撤销行政行为的证据和所依据的规范性文件。

关联规定

《最高人民法院关于适用〈中华人民共和国行政诉讼法〉的解释》（2018年2月6日）

第九十条　人民法院判决被告重新作出行政行为，被告重新作出的行政行为与原行政行为的结果相同，但主要事实或者主要理由有改变的，不属于行政诉讼法第七十一条规定的情形。

人民法院以违反法定程序为由,判决撤销被诉行政行为的,行政机关重新作出行政行为不受行政诉讼法第七十一条规定的限制。

行政机关以同一事实和理由重新作出与原行政行为基本相同的行政行为,人民法院应当根据行政诉讼法第七十条、第七十一条的规定判决撤销或者部分撤销,并根据行政诉讼法第九十六条的规定处理。

第七十二条 履行判决

> 人民法院经过审理,查明被告不履行法定职责的,判决被告在一定期限内履行。

❋ 要点提示

履行职责判决针对的是行政机关不履行法定职责的情形。理解该判决的适用情形,需要注意以下几点:一是不履行包括拒绝履行和拖延履行两种情形。二是不履行的是法定职责,即法律法规明确规定的职责,原则上约定职责、后续义务等不属于本判决适用情形,应当作为行政协议争议解决。三是与本法适用范围相对应,法定职责主要是保护职责、对当事人的申请不予答复。具体范围需要在司法实践中予以研究和具体化,要防止对不履行法定职责作过宽或者过窄理解,不能把行政机关裁量范围内的事项以未采取一定措施为由一律划入不作为范围内。

❋ 关联规定

《最高人民法院关于适用〈中华人民共和国行政诉讼法〉的解释》(2018年2月6日)

第九十一条 原告请求被告履行法定职责的理由成立,被告违法拒绝履行或者无正当理由逾期不予答复的,人民法院可以根据行政诉讼法第七十二条的规定,判决被告在一定期限内依法履行原告请求的法定职责;尚需被告调查或者裁量的,应当判决被告针对原告的请求重新作出处理。

典型案例

魏某等19人诉山西省某市发展和改革局不履行法定职责检察监督案[①]

◎ **关键词**

行政争议实质性化解　履行法定职责　抗诉　公开听证　解决同类问题

◎ **要旨**

检察机关提出抗诉的行政案件，为保障申请人及时实现合法诉求，维护未提起行政诉讼的同等情况的其他主体合法权益，可以继续跟进推动行政争议化解，通过公开听证等方式，促成解决同类问题。对行政机关以法律、法规和规范性文件规定不明确为由履职不到位导致的行政争议，应当协调有关部门予以明确，推动行政争议解决，促进系统治理。

◎ **基本案情**

2013年，山西省某市人民政府决定对该市某小区实施整体拆迁改造，于同年10月与魏某等被征收人签订《某小区房屋征收与安置补偿协议书》。2014年3月，该市某街道办事处某居委会与山西某房地产开发有限公司（以下简称房地产公司）签订《小区片区改造项目合作开发协议书》，由房地产公司对案涉小区进行开发改造。2015年3月，案涉小区拆迁改造被确定为棚户区改造项目。在回迁安置过程中，房地产公司委托某物业管理有限公司（以下简称物业公司）向回迁安置户收取了供水、供气、供热等设施建设费。2017年6月30日，魏某等19人投诉至某市发展和改革局，要求对物业公司乱收费行为进行查处，7月10日，该局予以受理并立案，在查处案件过程中，该局认为《山西省棚户区改造工作实施方案》第十四条的规定不明确，遂于8月11日向某市人民政府作出请示。市人民政府市长办公会提出协调处理指导意见，未就该局提出的问题给出明确答复。11月20日该局将相关情况告知申请人，后未作出相应的行政处理决定。

[①] 最高人民检察院检例第118号。

2017年9月5日，魏某等19人向人民法院提起行政诉讼，要求确认发展和改革局行政不作为违法，并判令其依法履行法定职责。人民法院经审理认为，对辖区内的价格活动进行监督检查，对价格违法行为实施行政处罚属于发展和改革局的法定职责。魏某等19人就物业公司收费问题投诉后，发展和改革局及时立案，并进行了一系列检查、调查和协调工作，又因法规依据适用问题向上请示，虽然尚未作出行政行为，但案件仍在办理之中，被告不构成行政不作为。依照《中华人民共和国行政诉讼法》第六十九条之规定，判决驳回魏某等人的诉讼请求。魏某等19人不服，提出上诉。2018年3月27日某市中级人民法院审理认为，发展和改革局在立案查处过程中，因法律依据不明确，政策界限不清晰，且在全市范围内有较大影响，特向上级行政机关请示，具有一定的必要性，虽未在法定期限内作出行政行为，但其理由具有一定正当性，因此不构成不履行行政职能。依照《中华人民共和国行政诉讼法》第八十九条第一款第（一）项的规定，判决驳回上诉，维持原判。魏某等19人提出再审申请，被山西省高级人民法院驳回。

◎ **检察机关履职情况**

案件来源。魏某等19人不服人民法院的生效判决，向某市人民检察院申请监督。某市人民检察院依法受理，经审查，提请山西省人民检察院抗诉。

调查核实。为查明物业公司向魏某等人收取相关费用的行为是否合法，发展和改革局是否已经依法履职，山西省人民检察院进行了以下调查核实工作：一是向山西省人民政府发函，商请制定机关对《山西省棚户区改造工作实施方案》第十四条"……棚户区改造新建安置小区有线电视和供水、供电、供气、供热、排水、通讯、道路等市政公用设施，由各相关单位出资配套建设，不得收取入网、管网增容等经营性收费，有线电视初装费减半收取"进行解释。二是与山西省住房和建设厅进行座谈，了解棚户区改造的相关政策。三是对案涉小区所在街道办事处、居委会、市场监督管理局（2019年机构改革，发展和改革局相关职能划入市场监督管理局）、住房和城乡建设局，市供热、供水、供气等公司有关负责人员以及当事人进行询问。

检察机关查明，根据山西省政府有关文件规定和山西省住房和建设厅对山西省人民检察院的函复意见，棚户区改造项目建设供水、供气、供热等市政公用设施产生的费用，由市政公用设施的相应主管部门或责任单位承担。案涉小区在棚户区改造过程中，市场监督管理局和市供水、供气、供热公司等相关单位向房地产公司收取回迁安置小区供水、供气、供热等基础设施建设和安装费用，因此房地产公司委托物业公司向魏某等回迁安置户收取自来水入网费、供热二次管网材料费和安装费。

监督意见。山西省人民检察院经审查认为，发展和改革局虽然对魏某等19人的投诉事项进行了立案、调查，针对法律适用和政策界限问题向市政府请示，市政府提出了协调处理指导意见，但发展和改革局未作出相应的处理决定，根据《价格违法行为举报处理规定》，发展和改革局存在行政不作为的情形。因此，原审判决认为发展和改革局不构成不履行行政职能，属认定事实不清，适用法律错误。2020年6月8日，依法向山西省高级人民法院提出抗诉。

争议化解。抗诉后双方当事人均向检察机关表达和解意愿，鉴于申请人魏某等19人虽然提起的是履行职责之诉，但实质诉求是退还已缴纳的供水、供气、供暖初装费，即使在抗诉再审后赢得诉讼，实现实质诉求仍需向对方当事人主张权利乃至提起给付之诉，同时，案涉小区还有未提出诉讼的189户安置户存在同类问题，山西省人民检察院在与法院沟通后，决定跟进推动行政争议实质性化解。2020年6月17日，山西省人民检察院邀请某市政府主要领导、市场监督管理局、住建局和供水、供气、供热公司负责人等进行沟通对接，初步形成"承建方（房地产公司）收费无依据"的一致意见；6月23日，山西省人民检察院召开魏某等19人申请检察监督案公开听证会，邀请全国政协委员、某市人大代表，相关行政机关负责人和房地产公司法定代表人参加听证会。听证会围绕市场监督局是否履职到位、案涉小区回迁户可否享受棚户区改造政策、《山西省棚户区改造工作实施方案》第十四条如何理解适用、房地产公司是否应退款等四方面焦点问题，听取各方意见，促成房地产公司与魏某等19人对争议处理意见达成一致，签订和解协议。行政主管部门在充分了解法律政策及安置户权益受损后，认同对案涉小区同等情况的其他189户安置户的权利参照协议确定的方案予以保障。某市财政支付房地产公司150万元，房地产公司自行承担94万余元，由房地产公司将违规收取的费用统一退还至魏某等19人及其他189户回迁安置户。本案行政争议实质性化解，检察机关依法撤回抗诉。

◎ 指导意义

（一）检察机关办理行政诉讼监督案件，为及时实现申请人合法诉求和维护具有同等情况但未提起行政诉讼的其他主体的合法权益，提出抗诉后可以继续跟进推动行政争议化解，通过公开听证等方式，促成解决同类问题。人民检察院办理行政诉讼监督案件，应当从有效解决争议，维护当事人合法权益，减少诉累出发，对于与案件相关的同类问题，除抗诉之外，注重采取跟进督促、沟通协调、公开听证等方式，推动行政争议实质性化解。

（二）人民检察院对于行政机关以法律、法规和规范性文件规定不明确为由履职不到位导致的行政争议，应积极协调有关部门作出解释。准确适用法律法规是依法公正解决争议的基本前提，也是精准监督、促进行政争议实质性化解的必然要求。人民检察院办理行政诉讼监督案件，对于行政机关以法律法规和规范性文件规定不明确、政策界限不清晰为由执行相关规定不到位的情况，可以商请政策制定机关进行解释，明确规则，解决分歧，促进争议解决的同时推进系统治理。

◎ 相关规定

《中华人民共和国行政诉讼法》第七十二条、第八十九条

《价格违法行为举报处理规定》（2014.5.1 国家发展和改革委员会）第十条、第十一条

《山西省行政执法条例》（2001.10.1 山西省人大常委会）第二十五条

《人民检察院行政诉讼监督规则（试行）》第三十六条

《人民检察院民事诉讼监督规则（试行）》第一百一十四条

第七十三条 给付判决

人民法院经过审理，查明被告依法负有给付义务的，判决被告履行给付义务。

关联规定

1.《社会保险法》（2018年12月29日）

第八十三条 用人单位或者个人认为社会保险费征收机构的行为侵害自己合法权益的，可以依法申请行政复议或者提起行政诉讼。

用人单位或者个人对社会保险经办机构不依法办理社会保险登记、核定社会保险费、支付社会保险待遇、办理社会保险转移接续手续或者侵害其他社会保险权益的行为，可以依法申请行政复议或者提起行政诉讼。

个人与所在用人单位发生社会保险争议的，可以依法申请调解、仲裁，提起诉讼。用人单位侵害个人社会保险权益的，个人也可以要求社会保险行政部门或者社会保险费征收机构依法处理。

2.《城市居民最低生活保障条例》（1999年9月28日）

第十五条 城市居民对县级人民政府民政部门作出的不批准享受城市居民最低生活保障待遇或者减发、停发城市居民最低生活保障款物的决定或者给予的行政处罚不服的，可以依法申请行政复议；对复议决定仍不服的，可以依法提起行政诉讼。

3.《社会救助暂行办法》（2019年3月2日）

第六十五条 申请或者已获得社会救助的家庭或者人员，对社会救助管理部门作出的具体行政行为不服的，可以依法申请行政复议或者提起行政诉讼。

4.《最高人民法院关于适用〈中华人民共和国行政诉讼法〉的解释》
(2018年2月6日)

第九十二条　原告申请被告依法履行支付抚恤金、最低生活保障待遇或者社会保险待遇等给付义务的理由成立，被告依法负有给付义务而拒绝或者拖延履行义务的，人民法院可以根据行政诉讼法第七十三条的规定，判决被告在一定期限内履行相应的给付义务。

第九十三条　原告请求被告履行法定职责或者依法履行支付抚恤金、最低生活保障待遇或者社会保险待遇等给付义务，原告未先向行政机关提出申请的，人民法院裁定驳回起诉。

人民法院经审理认为原告所请求履行的法定职责或者给付义务明显不属于行政机关权限范围的，可以裁定驳回起诉。

第七十四条　确认违法判决

行政行为有下列情形之一的，人民法院判决确认违法，但不撤销行政行为：

（一）行政行为依法应当撤销，但撤销会给国家利益、社会公共利益造成重大损害的；

（二）行政行为程序轻微违法，但对原告权利不产生实际影响的。

行政行为有下列情形之一，不需要撤销或者判决履行的，人民法院判决确认违法：

（一）行政行为违法，但不具有可撤销内容的；

（二）被告改变原违法行政行为，原告仍要求确认原行政行为违法的；

（三）被告不履行或者拖延履行法定职责，判决履行没有意义的。

关联规定

《最高人民法院关于适用〈中华人民共和国行政诉讼法〉的解释》（2018年2月6日）

第九十六条 有下列情形之一，且对原告依法享有的听证、陈述、申辩等重要程序性权利不产生实质损害的，属于行政诉讼法第七十四条第一款第二项规定的"程序轻微违法"：

（一）处理期限轻微违法；

（二）通知、送达等程序轻微违法；

（三）其他程序轻微违法的情形。

典型案例

云南省剑川县人民检察院诉剑川县森林公安局
怠于履行法定职责环境行政公益诉讼案①

◎ 关键词

行政 环境行政公益诉讼 怠于履行法定职责 审查标准

◎ 裁判要点

环境行政公益诉讼中，人民法院应当以相对人的违法行为是否得到有效制止，行政机关是否充分、及时、有效采取法定监管措施，以及国家利益或者社会公共利益是否得到有效保护，作为审查行政机关是否履行法定职责的标准。

◎ 相关法条

1.《中华人民共和国森林法》第13条、第20条

2.《中华人民共和国森林法实施条例》第43条

3.《中华人民共和国行政诉讼法》第70条、第74条

◎ 基本案情

2013年1月，剑川县居民王寿全受玉鑫公司的委托在国有林区开挖公

---

① 最高人民法院指导案例137号。

路，被剑川县红旗林业局护林人员发现并制止，剑川县林业局接报后交剑川县森林公安局进行查处。剑川县森林公安局于2013年2月20日向王寿全送达了林业行政处罚听证权利告知书，并于同年2月27日向王寿全送达了剑川县林业局剑林罚书字（2013）第（288）号林业行政处罚决定书。行政处罚决定书载明：玉鑫公司在未取得合法的林地征占用手续的情况下，委托王寿全于2013年1月13日至19日期间，在13林班21、22小班之间用挖掘机开挖公路长度为494.8米、平均宽度为4.5米、面积为2226.6平方米，共计3.34亩。根据《中华人民共和国森林法实施条例》第四十三条第一款规定，决定对王寿全及玉鑫公司给予如下行政处罚：1.责令限期恢复原状；2.处非法改变用途林地每平方米10元的罚款，即22266.00元。2013年3月29日玉鑫公司交纳了罚款后，剑川县森林公安局即对该案予以结案。其后直到2016年11月9日，剑川县森林公安局没有督促玉鑫公司和王寿全履行"限期恢复原状"的行政义务，所破坏的森林植被至今没有得到恢复。

2016年11月9日，剑川县人民检察院向剑川县森林公安局发出检察建议，建议依法履行职责，认真落实行政处罚决定，采取有效措施，恢复森林植被。2016年12月8日，剑川县森林公安局回复称自接到《检察建议书》后，即刻进行认真研究，采取了积极的措施，并派民警到王寿全家对剑林罚书字（2013）第（288）号处罚决定第一项责令限期恢复原状进行催告，鉴于王寿全死亡，执行终止。对玉鑫公司，剑川县森林公安局没有向其发出催告书。

另查明，剑川县森林公安局为剑川县林业局所属的正科级机构，2013年年初，剑川县林业局向其授权委托办理本县境内的所有涉及林业、林地处罚的林政处罚案件。2013年9月27日，云南省人民政府《关于云南省林业部门相对集中林业行政处罚权工作方案的批复》，授权各级森林公安机关在全省范围内开展相对集中林业行政处罚权工作，同年11月20日，经云南省人民政府授权，云南省人民政府法制办公室对森林公安机关行政执法主体资格单位及执法权限进行了公告，剑川县森林公安局也是具有行政执法主体资格和执法权限的单位之一，同年12月11日，云南省林业厅发出通知，决定自2014年1月1日起，各级森林公安机关依法行使省政府批准的62项林业行政处罚权和11项行政强制权。

◎ 裁判结果

云南省剑川县人民法院于2017年6月19日作出（2017）云2931行初1号行政判决：一、确认被告剑川县森林公安局怠于履行剑林罚书字（2013）第（288）号处罚决定第一项内容的行为违法；二、责令被告剑川县森林公安局继续履行法定职责。宣判后，当事人服判息诉，均未提起上诉，判决已发生法律效力，剑川县森林公安局也积极履行了判决。

◎ 裁判理由

法院生效裁判认为，公益诉讼人提起本案诉讼符合最高人民法院《人民法院审理人民检察院提起公益诉讼试点工作实施办法》及最高人民检察院《人民检察院提起公益诉讼试点工作实施办法》规定的行政公益诉讼受案范围，符合起诉条件。《中华人民共和国行政诉讼法》第二十六条第六款规定："行政机关被撤销或者职权变更的，继续行使其职权的行政机关是被告"，2013年9月27日，云南省人民政府《关于云南省林业部门相对集中林业行政处罚权工作方案的批复》授权各级森林公安机关相对集中行使林业行政部门的部分行政处罚权，因此，根据规定剑川县森林公安局行使原来由剑川县林业局行使的林业行政处罚权，是适格的被告主体。本案中，剑川县森林公安局在查明玉鑫公司及王寿全擅自改变林地的事实后，以剑川县林业局名义作出对玉鑫公司和王寿全责令限期恢复原状和罚款22266.00元的行政处罚决定符合法律规定，但在玉鑫公司缴纳罚款后三年多时间里没有督促玉鑫公司和王寿全对破坏的林地恢复原状，也没有代为履行，致使玉鑫公司和王寿全擅自改变的林地至今没有恢复原状，且未提供证据证明有相关合法、合理的事由，其行为显然不当，是怠于履行法定职责的行为。行政处罚决定没有执行完毕，剑川县森林公安局依法应该继续履行法定职责，采取有效措施，督促行政相对人限期恢复被改变林地的原状。

第七十五条 确认无效判决

行政行为有实施主体不具有行政主体资格或者没有依据等重大且明显违法情形，原告申请确认行政行为无效的，人民法院判决确认无效。

要点提示

确认无效判决的适用情形是很少的，其不能成为常规化的判决形式。什么是重大且明显，需要解释，一般理解为违法情形很重大，也很明显，使得普通人都能合理判断出。具体而言，如行政行为实施者没有行政主体资格，但与行政机关有着紧密联系的，以及行政行为没有任何规范性文件依据。正确界定行政行为无效情形，只有重大且明显的违法才是无效。

关联规定

1.《最高人民法院关于审理行政协议案件若干问题的规定》（2019 年 11 月 27 日）

第十二条　行政协议存在行政诉讼法第七十五条规定的重大且明显违法情形的，人民法院应当确认行政协议无效。

人民法院可以适用民事法律规范确认行政协议无效。

行政协议无效的原因在一审法庭辩论终结前消除的，人民法院可以确认行政协议有效。

2.《最高人民法院关于适用〈中华人民共和国行政诉讼法〉的解释》（2018 年 2 月 6 日）

第九十四条　公民、法人或者其他组织起诉请求撤销行政行为，人民法院经审查认为行政行为无效的，应当作出确认无效的判决。

公民、法人或者其他组织起诉请求确认行政行为无效，人民法院审查认为行政行为不属于无效情形，经释明，原告请求撤销行政行为的，应当继续审理并依法作出相应判决；原告请求撤销行政行为但超过法定起诉期限的，裁定驳回起诉；原告拒绝变更诉讼请求的，判决驳回其诉讼请求。

第七十六条 确认违法和无效判决的补充规定

人民法院判决确认违法或者无效的，可以同时判决责令被告采取补救措施；给原告造成损失的，依法判决被告承担赔偿责任。

❋ 要点提示

确认违法判决是作为撤销判决的补充而规定的，前提是行政行为违法，但出于国家利益、社会公共利益等重要考量，不撤销该违法行政行为，而只是作否定评价，确认该违法行政行为的违法性。

❋ 关联规定

《最高人民法院关于适用〈中华人民共和国行政诉讼法〉的解释》（2018年2月6日）

第九十五条 人民法院经审理认为被诉行政行为违法或者无效，可能给原告造成损失，经释明，原告请求一并解决行政赔偿争议的，人民法院可以就赔偿事项进行调解；调解不成的，应当一并判决。人民法院也可以告知其就赔偿事项另行提起诉讼。

第九十七条 原告或者第三人的损失系由其自身过错和行政机关的违法行政行为共同造成的，人民法院应当依据各方行为与损害结果之间有无因果关系以及在损害发生和结果中作用力的大小，确定行政机关相应的赔偿责任。

第九十八条 因行政机关不履行、拖延履行法定职责，致使公民、法人或者其他组织的合法权益遭受损害的，人民法院应当判决行政机关承担行政赔偿责任。在确定赔偿数额时，应当考虑该不履行、拖延履行法定职责的行为在损害发生过程和结果中所起的作用等因素。

第九十九条 有下列情形之一的，属于行政诉讼法第七十五条规定的"重大且明显违法"：

（一）行政行为实施主体不具有行政主体资格；
（二）减损权利或者增加义务的行政行为没有法律规范依据；
（三）行政行为的内容客观上不可能实施；
（四）其他重大且明显违法的情形。

第七十七条 变更判决

> 行政处罚明显不当，或者其他行政行为涉及对款额的确定、认定确有错误的，人民法院可以判决变更。
>
> 人民法院判决变更，不得加重原告的义务或者减损原告的权益。但利害关系人同为原告，且诉讼请求相反的除外。

要点提示

两类情形可以适用变更判决。一是行政处罚明显不当。明显不当主要表现为处罚决定的畸轻畸重，由于已属极不合理，故视为违法情形。其他行政行为明显不当的，不能适用变更判决，法院只能作出撤销判决。二是其他行政行为中对款额的确定或认定确有错误的。这主要是指涉及金钱数量的确定和认定的除行政处罚外的其他行政行为。确定是由行政机关作出决定，如支付抚恤金、最低生活保障待遇、社会保险待遇案件中，对抚恤金、最低生活保障费、社会保险金的确定。认定主要是对客观存在事实的肯定，如拖欠税金的案件中，税务机关对企业营业额的认定。

第七十八条 行政协议履行及补偿判决

被告不依法履行、未按照约定履行或者违法变更、解除本法第十二条第一款第十一项规定的协议的，人民法院判决被告承担继续履行、采取补救措施或者赔偿损失等责任。

被告变更、解除本法第十二条第一款第十一项规定的协议合法，但未依法给予补偿的，人民法院判决给予补偿。

关联规定

《最高人民法院关于审理行政协议案件若干问题的规定》（2019年11月27日）

第十六条 在履行行政协议过程中，可能出现严重损害国家利益、社会公共利益的情形，被告作出变更、解除协议的行政行为后，原告请求撤销该行为，人民法院经审理认为该行为合法的，判决驳回原告诉讼请求；给原告造成损失的，判决被告予以补偿。

被告变更、解除行政协议的行政行为存在行政诉讼法第七十条规定情形的，人民法院判决撤销或者部分撤销，并可以责令被告重新作出行政行为。

被告变更、解除行政协议的行政行为违法，人民法院可以依据行政诉讼法第七十八条的规定判决被告继续履行协议、采取补救措施；给原告造成损失的，判决被告予以赔偿。

第十九条 被告未依法履行、未按照约定履行行政协议，人民法院可以依据行政诉讼法第七十八条的规定，结合原告诉讼请求，判决被告继续履行，并明确继续履行的具体内容；被告无法履行或者继续履行无实际意义的，人民法院可以判决被告采取相应的补救措施；给原告造成损失的，判决被告予以赔偿。

原告要求按照约定的违约金条款或者定金条款予以赔偿的，人民法院应予支持。

第七十九条　复议决定和原行政行为一并裁判

复议机关与作出原行政行为的行政机关为共同被告的案件，人民法院应当对复议决定和原行政行为一并作出裁判。

关联规定

《最高人民法院关于适用〈中华人民共和国行政诉讼法〉的解释》（2018年2月6日）

第一百三十五条　复议机关决定维持原行政行为的，人民法院应当在审查原行政行为合法性的同时，一并审查复议决定的合法性。

作出原行政行为的行政机关和复议机关对原行政行为合法性共同承担举证责任，可以由其中一个机关实施举证行为。复议机关对复议决定的合法性承担举证责任。

复议机关作共同被告的案件，复议机关在复议程序中依法收集和补充的证据，可以作为人民法院认定复议决定和原行政行为合法的依据。

第一百三十六条　人民法院对原行政行为作出判决的同时，应当对复议决定一并作出相应判决。

人民法院依职权追加作出原行政行为的行政机关或者复议机关为共同被告的，对原行政行为或者复议决定可以作出相应判决。

人民法院判决撤销原行政行为和复议决定的，可以判决作出原行政行为的行政机关重新作出行政行为。

人民法院判决作出原行政行为的行政机关履行法定职责或者给付义务的，应当同时判决撤销复议决定。

原行政行为合法、复议决定违法的，人民法院可以判决撤销复议决定或者确认复议决定违法，同时判决驳回原告针对原行政行为的诉讼请求。

原行政行为被撤销、确认违法或者无效，给原告造成损失的，应当由作出原行政行为的行政机关承担赔偿责任；因复议决定加重损害的，由复议机关对加重部分承担赔偿责任。

原行政行为不符合复议或者诉讼受案范围等受理条件，复议机关作出维持决定的，人民法院应当裁定一并驳回对原行政行为和复议决定的起诉。

第八十条 公开宣判

人民法院对公开审理和不公开审理的案件，一律公开宣告判决。

当庭宣判的，应当在十日内发送判决书；定期宣判的，宣判后立即发给判决书。

宣告判决时，必须告知当事人上诉权利、上诉期限和上诉的人民法院。

第八十一条 第一审审限

人民法院应当在立案之日起六个月内作出第一审判决。有特殊情况需要延长的，由高级人民法院批准，高级人民法院审理第一审案件需要延长的，由最高人民法院批准。

❖ 关联规定

1.《最高人民法院关于适用〈中华人民共和国行政诉讼法〉的解释》（2018年2月6日）

第五十条　行政诉讼法第八十一条、第八十三条、第八十八条规定的审理期限，是指从立案之日起至裁判宣告、调解书送达之日止的期间，但公告期间、鉴定期间、调解期间、中止诉讼期间、审理当事人提出的管辖异议以及处理人民法院之间的管辖争议期间不应计算在内。

再审案件按照第一审程序或者第二审程序审理的，适用行政诉讼法第八十一条、第八十八条规定的审理期限。审理期限自再审立案的次日起算。

基层人民法院申请延长审理期限，应当直接报请高级人民法院批准，同时报中级人民法院备案。

2.《最高人民法院关于审理涉及农村集体土地行政案件若干问题的规定》（2011年8月7日）

第十三条　在审理土地行政案件中，人民法院经当事人同意进行协调的期间，不计算在审理期限内。当事人不同意继续协商的，人民法院应当及时审理，并恢复计算审理期限。

第三节　简易程序

第八十二条　简易程序适用情形

人民法院审理下列第一审行政案件，认为事实清楚、权利义务关系明确、争议不大的，可以适用简易程序：

（一）被诉行政行为是依法当场作出的；

（二）案件涉及款额二千元以下的；

（三）属于政府信息公开案件的。

除前款规定以外的第一审行政案件，当事人各方同意适用简易程序的，可以适用简易程序。

发回重审、按照审判监督程序再审的案件不适用简易程序。

❀ 要点提示

行政案件简易程序的适用主体为基层人民法院和中级人民法院。与民事诉讼简易程序只能适用于基层人民法院和它的派出法庭不同，中级人民法院审理第一审行政案件也可以适用简易程序。中级人民法院管辖的有些第一审行政案件，如县级人民政府实施的不动产登记案件，国务院各部门、县级以上人民政府信息公开案件，也可能是事实清楚、权利义务关系明确、争议不大的案件，可以适用简易程序。

❋ 关联规定

1.《最高人民法院关于适用〈中华人民共和国行政诉讼法〉的解释》（2018年2月6日）

　　第一百零二条　行政诉讼法第八十二条规定的行政案件中的"事实清楚"，是指当事人对争议的事实陈述基本一致，并能提供相应的证据，无须人民法院调查收集证据即可查明事实；"权利义务关系明确"，是指行政法律关系中权利和义务能够明确区分；"争议不大"，是指当事人对行政行为的合法性、责任承担等没有实质分歧。

2.《最高人民法院关于互联网法院审理案件若干问题的规定》（2018年9月6日）

　　第十八条　对需要进行公告送达的事实清楚、权利义务关系明确的简单民事案件，互联网法院可以适用简易程序审理。

第八十三条　简易程序的审判组织形式和审限

　　适用简易程序审理的行政案件，由审判员一人独任审理，并应当在立案之日起四十五日内审结。

❋ 要点提示

　　简易程序主要的特点之一就是审理方式实行独任审判。需要注意，独任审判是由"审判员"一人独任审判，而不能由人民陪审员独任审判。

❋ 关联规定

《最高人民法院关于适用〈中华人民共和国行政诉讼法〉的解释》（2018年2月6日）

　　第一百零三条　适用简易程序审理的行政案件，人民法院可以用口头通知、电话、短信、传真、电子邮件等简便方式传唤当事人、通知证人、送达裁判文书以外的诉讼文书。

以简便方式送达的开庭通知，未经当事人确认或者没有其他证据证明当事人已经收到的，人民法院不得缺席判决。

第一百零四条 适用简易程序案件的举证期限由人民法院确定，也可以由当事人协商一致并经人民法院准许，但不得超过十五日。被告要求书面答辩的，人民法院可以确定合理的答辩期间。

人民法院应当将举证期限和开庭日期告知双方当事人，并向当事人说明逾期举证以及拒不到庭的法律后果，由双方当事人在笔录和开庭传票的送达回证上签名或者捺印。

当事人双方均表示同意立即开庭或者缩短举证期限、答辩期间的，人民法院可以立即开庭审理或者确定近期开庭。

第八十四条　简易程序与普通程序的转换

人民法院在审理过程中，发现案件不宜适用简易程序的，裁定转为普通程序。

❋ 关联规定

《最高人民法院关于适用〈中华人民共和国行政诉讼法〉的解释》（2018年2月6日）

第一百零五条 人民法院发现案情复杂，需要转为普通程序审理的，应当在审理期限届满前作出裁定并将合议庭组成人员及相关事项书面通知双方当事人。

案件转为普通程序审理的，审理期限自人民法院立案之日起计算。

第四节　第二审程序

第八十五条　上诉

当事人不服人民法院第一审判决的,有权在判决书送达之日起十五日内向上一级人民法院提起上诉。当事人不服人民法院第一审裁定的,有权在裁定书送达之日起十日内向上一级人民法院提起上诉。逾期不提起上诉的,人民法院的第一审判决或者裁定发生法律效力。

关联规定

1.《行政诉讼法》(2017年6月27日)

第七条　人民法院审理行政案件,依法实行合议、回避、公开审判和两审终审制度。

第二十九条　公民、法人或者其他组织同被诉行政行为有利害关系但没有提起诉讼,或者同案件处理结果有利害关系的,可以作为第三人申请参加诉讼,或者由人民法院通知参加诉讼。

人民法院判决第三人承担义务或者减损第三人权益的,第三人有权依法提起上诉。

2.《最高人民法院关于适用〈中华人民共和国行政诉讼法〉的解释》(2018年2月6日)

第一百零一条　裁定适用于下列范围:

(一)不予立案;

(二)驳回起诉;

(三)管辖异议;

(四)终结诉讼;

(五)中止诉讼;

（六）移送或者指定管辖；

（七）诉讼期间停止行政行为的执行或者驳回停止执行的申请；

（八）财产保全；

（九）先予执行；

（十）准许或者不准许撤诉；

（十一）补正裁判文书中的笔误；

（十二）中止或者终结执行；

（十三）提审、指令再审或者发回重审；

（十四）准许或者不准许执行行政机关的行政行为；

（十五）其他需要裁定的事项。

对第一、二、三项裁定，当事人可以上诉。

裁定书应当写明裁定结果和作出该裁定的理由。裁定书由审判人员、书记员署名，加盖人民法院印章。口头裁定的，记入笔录。

第一百零七条 第一审人民法院作出判决和裁定后，当事人均提起上诉的，上诉各方均为上诉人。

诉讼当事人中的一部分人提出上诉，没有提出上诉的对方当事人为被上诉人，其他当事人依原审诉讼地位列明。

第一百零八条 当事人提出上诉，应当按照其他当事人或者诉讼代表人的人数提出上诉状副本。

原审人民法院收到上诉状，应当在五日内将上诉状副本发送其他当事人，对方当事人应当在收到上诉状副本之日起十五日内提出答辩状。

原审人民法院应当在收到答辩状之日起五日内将副本发送上诉人。对方当事人不提出答辩状的，不影响人民法院审理。

原审人民法院收到上诉状、答辩状，应当在五日内连同全部案卷和证据，报送第二审人民法院；已经预收的诉讼费用，一并报送。

第八十六条　二审审理方式

人民法院对上诉案件，应当组成合议庭，开庭审理。经过阅卷、调查和询问当事人，对没有提出新的事实、证据或者理由，合议庭认为不需要开庭审理的，也可以不开庭审理。

要点提示

第二审人民法院审理上诉案件，不论是开庭审理，还是不开庭审理，都必须组成合议庭，不能由审判员一人独任审判。与第一审程序不同，第二审程序的合议庭，应当由审判员组成，不能由审判员和陪审员组成。

关联规定

《民事诉讼法》（2023年9月1日）

第一百七十六条　第二审人民法院对上诉案件应当开庭审理。经过阅卷、调查和询问当事人，对没有提出新的事实、证据或者理由，人民法院认为不需要开庭审理的，可以不开庭审理。

第二审人民法院审理上诉案件，可以在本院进行，也可以到案件发生地或者原审人民法院所在地进行。

第八十七条　二审审查范围

人民法院审理上诉案件，应当对原审人民法院的判决、裁定和被诉行政行为进行全面审查。

要点提示

全面审查是行政诉讼与民事诉讼的重要区别。民事诉讼实行上诉什么审什么的规则，要求法院在上诉请求范围内作出裁判的。

⚙ 关联规定

《民事诉讼法》（2023 年 9 月 1 日）

第一百七十五条　第二审人民法院应当对上诉请求的有关事实和适用法律进行审查。

第八十八条　二审审限

人民法院审理上诉案件，应当在收到上诉状之日起三个月内作出终审判决。有特殊情况需要延长的，由高级人民法院批准，高级人民法院审理上诉案件需要延长的，由最高人民法院批准。

⚙ 要点提示

与民事诉讼对判决的上诉案件的审理期限从立案之日起计算不同，行政诉讼对判决的上诉案件的审理期限应当从收到上诉状之日起计算。这样规定，更有利于提高审判效率，更能满足行政管理追求效率的要求，更有利于及时保护上诉人的合法权益。

⚙ 关联规定

《民事诉讼法》（2023 年 9 月 1 日）

第一百八十三条　人民法院审理对判决的上诉案件，应当在第二审立案之日起三个月内审结。有特殊情况需要延长的，由本院院长批准。

人民法院审理对裁定的上诉案件，应当在第二审立案之日起三十日内作出终审裁定。

第八十九条　二审裁判

人民法院审理上诉案件，按照下列情形，分别处理：

（一）原判决、裁定认定事实清楚，适用法律、法规正确的，判决或者裁定驳回上诉，维持原判决、裁定；

（二）原判决、裁定认定事实错误或者适用法律、法规错误的，依法改判、撤销或者变更；

（三）原判决认定基本事实不清、证据不足的，发回原审人民法院重审，或者查清事实后改判；

（四）原判决遗漏当事人或者违法缺席判决等严重违反法定程序的，裁定撤销原判决，发回原审人民法院重审。

原审人民法院对发回重审的案件作出判决后，当事人提起上诉的，第二审人民法院不得再次发回重审。

人民法院审理上诉案件，需要改变原审判决的，应当同时对被诉行政行为作出判决。

关联规定

《最高人民法院关于适用〈中华人民共和国行政诉讼法〉的解释》（2018年2月6日）

第一百零九条　第二审人民法院经审理认为原审人民法院不予立案或者驳回起诉的裁定确有错误且当事人的起诉符合起诉条件的，应当裁定撤销原审人民法院的裁定，指令原审人民法院依法立案或者继续审理。

第二审人民法院裁定发回原审人民法院重新审理的行政案件，原审人民法院应当另行组成合议庭进行审理。

原审判决遗漏了必须参加诉讼的当事人或者诉讼请求的，第二审人民法院应当裁定撤销原审判决，发回重审。

原审判决遗漏行政赔偿请求，第二审人民法院经审查认为依法不应当予以赔偿的，应当判决驳回行政赔偿请求。

原审判决遗漏行政赔偿请求，第二审人民法院经审理认为依法应当予以赔偿的，在确认被诉行政行为违法的同时，可以就行政赔偿问题进行调解；调解不成的，应当就行政赔偿部分发回重审。

当事人在第二审期间提出行政赔偿请求的，第二审人民法院可以进行调解；调解不成的，应当告知当事人另行起诉。

第一百二十三条 人民法院审理二审案件和再审案件，对原审法院立案、不予立案或者驳回起诉错误的，应当分别情况作如下处理：

（一）第一审人民法院作出实体判决后，第二审人民法院认为不应当立案的，在撤销第一审人民法院判决的同时，可以迳行驳回起诉；

（二）第二审人民法院维持第一审人民法院不予立案裁定错误的，再审法院应当撤销第一审、第二审人民法院裁定，指令第一审人民法院受理；

（三）第二审人民法院维持第一审人民法院驳回起诉裁定错误的，再审法院应当撤销第一审、第二审人民法院裁定，指令第一审人民法院审理。

◎ 典型案例

张道文、陶仁等诉四川省简阳市人民政府侵犯客运人力三轮车经营权案[①]

◎ **关键词**

行政　行政许可　期限　告知义务　行政程序　确认　违法判决

◎ **裁判要点**

1. 行政许可具有法定期限，行政机关在作出行政许可时，应当明确告知行政许可的期限，行政相对人也有权利知道行政许可的期限。

2. 行政相对人仅以行政机关未告知期限为由，主张行政许可没有期限限制的，人民法院不予支持。

3. 行政机关在作出行政许可时没有告知期限，事后以期限届满为由终止行政相对人行政许可权益的，属于行政程序违法，人民法院应当依法判

---

① 最高人民法院指导案例88号。

决撤销被诉行政行为。但如果判决撤销被诉行政行为，将会给社会公共利益和行政管理秩序带来明显不利影响的，人民法院应当判决确认被诉行政行为违法。

◎ **相关法条**

《中华人民共和国行政诉讼法》第89条第1款第2项

◎ **基本案情**

1994年12月12日，四川省简阳市人民政府（以下简称"简阳市政府"）以通告的形式，对本市区范围内客运人力三轮车实行限额管理。1996年8月，简阳市政府对人力客运老年车改型为人力客运三轮车（240辆）的经营者每人收取了有偿使用费3500元。1996年11月，简阳市政府对原有的161辆客运人力三轮车经营者每人收取了有偿使用费2000元。从1996年11月开始，简阳市政府开始实行经营权的有偿使用，有关部门也对限额的401辆客运人力三轮车收取了相关的规费。1999年7月15日、7月28日，简阳市政府针对有偿使用期限已届满两年的客运人力三轮车，发布《关于整顿城区小型车辆营运秩序的公告》（以下简称《公告》）和《关于整顿城区小型车辆营运秩序的补充公告》（以下简称《补充公告》）。其中，《公告》要求"原已具有合法证照的客运人力三轮车经营者必须在1999年7月19日至7月20日到市交警大队办公室重新登记"，《补充公告》要求"经审查，取得经营权的登记者，每辆车按8000元的标准（符合《公告》第六条规定的每辆车按7200元的标准）交纳经营权有偿使用费"。张道文、陶仁等182名客运人力三轮车经营者认为简阳市政府作出的《公告》第六条和《补充公告》第二条的规定形成重复收费，侵犯其合法经营权，向四川省简阳市人民法院提起行政诉讼，要求判决撤销简阳市政府作出的上述《公告》和《补充公告》。

◎ **裁判结果**

1999年11月9日，四川省简阳市人民法院依照《中华人民共和国行政诉讼法》第五十四条第一项之规定，以（1999）简阳行初字第36号判决维持市政府1999年7月15日、1999年7月28日作出的行政行为。张道文、陶仁等不服提起上诉。2000年3月2日，四川省资阳地区中级人民法院以（2000）资行终字第 6 号行政判决驳回上诉，维持原判。2001 年 6 月 13 日，四川省高级人民法院以（2001）川行监字第 1 号行政裁定指令四川省资阳市（原资阳地区）中级人民法院进行再审。2001 年 11 月 3 日，四川省资阳市中级人民法院以（2001）资行再终字第 1 号判决撤销原一审、二审判决，驳回原审原告的诉讼请求。张道文、陶仁等不服，向四川省高级人民法院提出申诉。2002 年 7 月 11 日，四川省高级人民法院作出（2002）川行监字第 4 号驳回再审申请通知书。张道文、陶仁等不服，向最高人民法院申请再审。2016 年 3 月 23 日，最高人民法院裁定提审本案。2017 年 5 月 3 日，最高人民法院作出（2016）最高法行再 81 号行政判决：一、撤销四川省资阳市中级人民法院（2001）资行再终字第 1 号判决；二、确认四川省简阳市人民政府作出的《关于整顿城区小型车辆营运秩序的公告》和《关于整顿城区小型车辆营运秩序的补充公告》违法。

◎ 裁判理由

最高人民法院认为，本案涉及到以下三个主要问题：

关于被诉行政行为的合法性问题。从法律适用上看，《四川省道路运输管理条例》第 4 条规定"各级交通行政主管部门负责本行政区域内营业性车辆类型的调整、数量的投放"和第 24 条规定"经县级以上人民政府批准，客运经营权可以实行有偿使用。"四川省交通厅制定的《四川省小型车辆客运管理规定》（川交运〔1994〕359 号）第八条规定："各市、地、州运管部门对小型客运车辆实行额度管理时，经当地政府批准可采用营运证有偿使用的办法，但有偿使用期限一次不得超过两年。"可见，四川省地方性法规已经明确对客运经营权可以实行有偿使用。四川省交通厅制定的规范性文件虽然早于地方性法规，但该规范性文件对营运证实行有期限有偿使用与地方性法规并不冲突。基于行政执法和行政管理需要，客运经营权也需要设定一定的期限。从被诉的行政程序上看，程序明显不当。被诉行政行为的内容是对原已具有合法证照的客运人力三轮车经营者实行重新登记，经审查合格者支付有偿使用费，逾期未登记者自动弃权的措施。该被诉行为是对既有的已经取得合法证照的客运人力三轮车经营者收取有偿使用费，而上述客运人力三轮车经营者的权利是在 1996 年通过经营权许可取得的。前后两个行政行为之间存在承继和连接关系。对于1996年的经营权许可行为，行政机关作出行政许可等授益性行政行为时，应当明确告知行政许可的期限。行政机关在作出行政许可时，行政相对人也有权知晓行政许可的期限。行政机关在1996年实施人力客运三轮车经营权许可之时，未告知张道文、陶仁等人人力客运三轮车两年的经营权有偿使用期限。张道文、陶仁等人并不知道其经营权有偿使用的期限。简阳市政府1996年的经营权许可在程序上存在明显不当，直接导致与其存在前后承继关系的本案被诉行政行为的程序明显不当。

关于客运人力三轮车经营权的期限问题。申请人主张，因简阳市政府在1996年实施人力客运三轮车经营权许可时未告知许可期限，据此认为经营许可是无期限的。最高人民法院认为，简阳市政府实施人力客运三轮车经营权许可，目的在于规范人力客运三轮车经营秩序。人力客运三轮车是涉及到公共利益的公共资源配置方式，设定一定的期限是必要的。客观上，四川省交通厅制定的《四川省小型车辆客运管理规定》（川交运〔1994〕359号）也明确了许可期限。简阳市政府没有告知许可期限，存在程序上的瑕疵，但申请人仅以此认为行政许可没有期限限制，最高人民法院不予支持。

关于张道文、陶仁等人实际享受"惠民"政策的问题。简阳市政府根据当地实际存在的道路严重超负荷、空气和噪声污染严重、"脏、乱、差"、"挤、堵、窄"等问题进行整治，符合城市管理的需要，符合人民群众的意愿，其正当性应予肯定。简阳市政府为了解决因本案诉讼遗留的信访问题，先后作出两次"惠民"行动，为实质性化解本案争议作出了积极的努力，其后续行为也应予以肯定。本院对张道文、陶仁等人接受退市营运的运力配置方案并作出承诺的事实予以确认。但是，行政机关在作出行政行为时必须恪守依法行政的原则，确保行政权力依照法定程序行使。

最高人民法院认为，简阳市政府作出《公告》和《补充公告》在行政程序上存在瑕疵，属于明显不当。但是，虑及本案被诉行政行为作出之后，简阳市城区交通秩序得到好转，城市道路运行能力得到提高，城区市容市貌持续改善，以及通过两次"惠民"行动，绝大多数原 401 辆三轮车已经分批次完成置换，如果判决撤销被诉行政行为，将会给行政管理秩序和社会公共利益带来明显不利影响。最高人民法院根据《最高人民法院关于执行〈中华人民共和国行政诉讼法〉若干问题的解释》第五十八条有关情况判决的规定确认被诉行政行为违法。

第五节　审判监督程序

第九十条　当事人申请再审

当事人对已经发生法律效力的判决、裁定，认为确有错误的，可以向上一级人民法院申请再审，但判决、裁定不停止执行。

关联规定

1.《最高人民法院关于办理行政申请再审案件若干问题的规定》（2021 年 3 月 25 日）

第一条　当事人不服高级人民法院已经发生法律效力的判决、裁定，依照行政诉讼法第九十条的规定向最高人民法院申请再审的，最高人民法院应当依法审查，分别情况予以处理。

2.《最高人民法院关于适用〈中华人民共和国行政诉讼法〉的解释》（2018 年 2 月 6 日）

第一百一十条　当事人向上一级人民法院申请再审，应当在判决、裁定或者调解书发生法律效力后六个月内提出。有下列情形之一的，自知道或者应当知道之日起六个月内提出：

（一）有新的证据，足以推翻原判决、裁定的；

（二）原判决、裁定认定事实的主要证据是伪造的；

（三）据以作出原判决、裁定的法律文书被撤销或者变更的；

（四）审判人员审理该案件时有贪污受贿、徇私舞弊、枉法裁判行为的。

第一百一十八条 按照审判监督程序决定再审的案件，裁定中止原判决、裁定、调解书的执行，但支付抚恤金、最低生活保障费或者社会保险待遇的案件，可以不中止执行。

上级人民法院决定提审或者指令下级人民法院再审的，应当作出裁定，裁定应当写明中止原判决的执行；情况紧急的，可以将中止执行的裁定口头通知负责执行的人民法院或者作出生效判决、裁定的人民法院，但应当在口头通知后十日内发出裁定书。

第一百一十九条 人民法院按照审判监督程序再审的案件，发生法律效力的判决、裁定是由第一审法院作出的，按照第一审程序审理，所作的判决、裁定，当事人可以上诉；发生法律效力的判决、裁定是由第二审法院作出的，按照第二审程序审理，所作的判决、裁定，是发生法律效力的判决、裁定；上级人民法院按照审判监督程序提审的，按照第二审程序审理，所作的判决、裁定是发生法律效力的判决、裁定。

人民法院审理再审案件，应当另行组成合议庭。

第一百二十条 人民法院审理再审案件应当围绕再审请求和被诉行政行为合法性进行。当事人的再审请求超出原审诉讼请求，符合另案诉讼条件的，告知当事人可以另行起诉。

被申请人及原审其他当事人在庭审辩论结束前提出的再审请求，符合本解释规定的申请期限的，人民法院应当一并审理。

人民法院经再审，发现已经发生法律效力的判决、裁定损害国家利益、社会公共利益、他人合法权益的，应当一并审理。

第一百二十一条 再审审理期间，有下列情形之一的，裁定终结再审程序：

（一）再审申请人在再审期间撤回再审请求，人民法院准许的；

（二）再审申请人经传票传唤，无正当理由拒不到庭的，或者未经法庭许可中途退庭，按撤回再审请求处理的；

（三）人民检察院撤回抗诉的；

（四）其他应当终结再审程序的情形。

因人民检察院提出抗诉裁定再审的案件，申请抗诉的当事人有前款规定的情形，且不损害国家利益、社会公共利益或者他人合法权益的，人民法院裁定终结再审程序。

再审程序终结后，人民法院裁定中止执行的原生效判决自动恢复执行。

第一百二十二条　人民法院审理再审案件，认为原生效判决、裁定确有错误，在撤销原生效判决或者裁定的同时，可以对生效判决、裁定的内容作出相应裁判，也可以裁定撤销生效判决或者裁定，发回作出生效判决、裁定的人民法院重新审理。

第九十一条　再审事由

当事人的申请符合下列情形之一的，人民法院应当再审：

（一）不予立案或者驳回起诉确有错误的；

（二）有新的证据，足以推翻原判决、裁定的；

（三）原判决、裁定认定事实的主要证据不足、未经质证或者系伪造的；

（四）原判决、裁定适用法律、法规确有错误的；

（五）违反法律规定的诉讼程序，可能影响公正审判的；

（六）原判决、裁定遗漏诉讼请求的；

（七）据以作出原判决、裁定的法律文书被撤销或者变更的；

（八）审判人员在审理该案件时有贪污受贿、徇私舞弊、枉法裁判行为的。

❖ 关联规定

1. 《民事诉讼法》（2023年9月1日）

第四十三条　人民法院在审理过程中，发现案件不宜由审判员一人独任审理的,应当裁定转由合议庭审理。

当事人认为案件由审判员一人独任审理违反法律规定的,可以向人民法院提出异议。人民法院对当事人提出的异议应当审查,异议成立的,裁定转由合议庭审理;异议不成立的,裁定驳回。

第四十六条 审判人员应当依法秉公办案。

审判人员不得接受当事人及其诉讼代理人请客送礼。

审判人员有贪污受贿,徇私舞弊,枉法裁判行为的,应当追究法律责任;构成犯罪的,依法追究刑事责任。

第一百四十一条 法庭调查按照下列顺序进行:

(一)当事人陈述;

(二)告知证人的权利义务,证人作证,宣读未到庭的证人证言;

(三)出示书证、物证、视听资料和电子数据;

(四)宣读鉴定意见;

(五)宣读勘验笔录。

第二百零一十一条 当事人的申请符合下列情形之一的,人民法院应当再审:

(一)有新的证据,足以推翻原判决、裁定的;

(二)原判决、裁定认定的基本事实缺乏证据证明的;

(三)原判决、裁定认定事实的主要证据是伪造的;

(四)原判决、裁定认定事实的主要证据未经质证的;

(五)对审理案件需要的主要证据,当事人因客观原因不能自行收集,书面申请人民法院调查收集,人民法院未调查收集的;

(六)原判决、裁定适用法律确有错误的;

(七)审判组织的组成不合法或者依法应当回避的审判人员没有回避的;

(八)无诉讼行为能力人未经法定代理人代为诉讼或者应当参加诉讼的当事人,因不能归责于本人或者其诉讼代理人的事由,未参加诉讼的;

(九)违反法律规定,剥夺当事人辩论权利的;

(十)未经传票传唤,缺席判决的;

（十一）原判决、裁定遗漏或者超出诉讼请求的；

（十二）据以作出原判决、裁定的法律文书被撤销或者变更的；

（十三）审判人员审理该案件时有贪污受贿，徇私舞弊，枉法裁判行为的。

2.《最高人民法院关于适用〈中华人民共和国行政诉讼法〉的解释》（2018年2月6日）

第一百一十条 当事人向上一级人民法院申请再审，应当在判决、裁定或者调解书发生法律效力后六个月内提出。有下列情形之一的，自知道或者应当知道之日起六个月内提出：

（一）有新的证据，足以推翻原判决、裁定的；

（二）原判决、裁定认定事实的主要证据是伪造的；

（三）据以作出原判决、裁定的法律文书被撤销或者变更的；

（四）审判人员审理该案件时有贪污受贿、徇私舞弊、枉法裁判行为的。

第一百一十七条 有下列情形之一的，当事人可以向人民检察院申请抗诉或者检察建议：

（一）人民法院驳回再审申请的；

（二）人民法院逾期未对再审申请作出裁定的；

（三）再审判决、裁定有明显错误的。

人民法院基于抗诉或者检察建议作出再审判决、裁定后，当事人申请再审的，人民法院不予立案。

3.《最高人民法院关于办理行政申请再审案件若干问题的规定》（2021年3月25日）

第二条 下列行政申请再审案件中，原判决、裁定适用法律、法规确有错误的，最高人民法院应当裁定再审：

（一）在全国具有普遍法律适用指导意义的案件；

（二）在全国范围内或者省、自治区、直辖市有重大影响的案件；

（三）跨省、自治区、直辖市的案件；

（四）重大涉外或者涉及香港特别行政区、澳门特别行政区、台湾地区的案件；

（五）涉及重大国家利益、社会公共利益的案件；

（六）经高级人民法院审判委员会讨论决定的案件；

（七）最高人民法院认为应当再审的其他案件。

典型案例

胡宝刚、郑伶徇私舞弊不移交刑事案件案①

◎ **关键词**

诉讼监督　徇私舞弊不移交刑事案件罪

◎ **要旨**

诉讼监督，是人民检察院依法履行法律监督的重要内容。实践中，检察机关和办案人员应当坚持办案与监督并重，建立健全行政执法与刑事司法有效衔接的工作机制，善于在办案中发现各种职务犯罪线索；对于行政执法人员徇私舞弊，不移送有关刑事案件构成犯罪的，应当依法追究刑事责任。

◎ **相关立法**

《中华人民共和国刑法》第四百零二条

◎ **基本案情**

被告人胡宝刚，男，1956年出生，原系天津市工商行政管理局河西分局公平交易科科长。

被告人郑伶，男，1957年出生，原系天津市工商行政管理局河西分局公平交易科科员。

被告人胡宝刚在担任天津市工商行政管理局河西分局（以下简称工商河西分局）公平交易科科长期间，于2006年1月11日上午，带领被告人郑伶等该科工作人员对群众举报的天津华夏神龙科贸发展有限公司（以下简称"神龙公司"）涉嫌非法传销问题进行现场检查，当场扣押财务报表

---

① 最高人民检察院检例第7号。

及宣传资料若干，并于当日询问该公司法定代表人李蓬，李蓬承认其公司营业额为 114 万余元（与所扣押财务报表上数额一致），后由被告人郑伶具体负责办理该案。2006 年 3 月 16 日，被告人胡宝刚、郑伶在案件调查终结报告及处罚决定书中，认定神龙公司的行为属于非法传销行为，却隐瞒该案涉及经营数额巨大的事实，为牟取小集体罚款提成的利益，提出行政罚款的处罚意见。被告人胡宝刚在局长办公会上汇报该案时亦隐瞒涉及经营数额巨大的事实。2006 年 4 月 11 日，工商河西分局同意被告人胡宝刚、郑伶的处理意见，对当事人作出"责令停止违法行为，罚款 50 万元"的行政处罚，后李蓬分数次将 50 万元罚款交给工商河西分局。被告人胡宝刚、郑伶所在的公平交易科因此案得到 2.5 万元罚款提成。

李蓬在分期缴纳工商罚款期间，又成立河西、和平、南开分公司，由王福荫担任河西分公司负责人，继续进行变相传销活动，并造成被害人华某某等人经济损失共计 40 万余元人民币。公安机关接被害人举报后，查明李蓬进行传销活动非法经营数额共计 2277 万余元人民币（工商查处时为 1600 多万元）。天津市河西区人民检察院在审查起诉被告人李蓬、王福荫非法经营案过程中，办案人员发现胡宝刚、郑伶涉嫌徇私舞弊不移交被告人李蓬、王福荫非法经营刑事案件的犯罪线索。

◎ 诉讼过程

2010 年 1 月 13 日，胡宝刚、郑伶因涉嫌徇私舞弊不移交刑事案件罪由天津市河西区人民检察院立案侦查，并于同日被取保候审，3 月 15 日侦查终结移送审查起诉，因案情复杂，4 月 22 日依法延长审查起诉期限半个月，5 月 6 日退回补充侦查，6 月 4 日侦查终结重新移送审查起诉。2010 年 6 月 12 日，天津市河西区人民检察院以被告人胡宝刚、郑伶犯徇私舞弊不移交刑事案件罪向河西区人民法院提起公诉。2010 年 9 月 14 日，河西区人民法院作出一审判决，认为被告人胡宝刚、郑伶身为工商行政执法人员，在明知查处的非法传销行为涉及经营数额巨大，依法应当移交公安机关追究刑事责任的情况下，为牟取小集体利益，隐瞒不报违法事实涉及的金额，以罚代刑，不移交公安机关处理，致使犯罪嫌疑人在行政处罚期间，继续进行违法犯罪活动，情节严重，二被告人负有不可推卸的责任，其行为均已构成徇私舞弊不移交刑事案件罪,且系共同犯罪。依照《中华人民共和国刑法》第四百零二条、第二十五条第一款、第三十七条之规定,判决被告人胡宝刚、郑伶犯徇私舞弊不移交刑事案件罪。一审判决后,被告人胡宝刚、郑伶在法定期限内均没有上诉,检察机关也没有提出抗诉,一审判决发生法律效力。

第九十二条 人民法院依职权再审

各级人民法院院长对本院已经发生法律效力的判决、裁定,发现有本法第九十一条规定情形之一,或者发现调解违反自愿原则或者调解书内容违法,认为需要再审的,应当提交审判委员会讨论决定。

最高人民法院对地方各级人民法院已经发生法律效力的判决、裁定,上级人民法院对下级人民法院已经发生法律效力的判决、裁定,发现有本法第九十一条规定情形之一,或者发现调解违反自愿原则或者调解书内容违法的,有权提审或者指令下级人民法院再审。

❄ 关联规定

1.《宪法》(2018年3月11日)

第一百三十二条 最高人民法院是最高审判机关。

最高人民法院监督地方各级人民法院和专门人民法院的审判工作,上级人民法院监督下级人民法院的审判工作。

2.《人民法院组织法》(2018年10月26日)

第十三条 地方各级人民法院分为高级人民法院、中级人民法院和基层人民法院。

3.《民事诉讼法》（2023 年 9 月 1 日）

第九十六条　人民法院审理民事案件，根据当事人自愿的原则，在事实清楚的基础上，分清是非，进行调解。

第九十七条　人民法院进行调解，可以由审判员一人主持，也可以由合议庭主持，并尽可能就地进行。

人民法院进行调解，可以用简便方式通知当事人、证人到庭。

第九十九条　调解达成协议，必须双方自愿，不得强迫。调解协议的内容不得违反法律规定。

第一百条　调解达成协议，人民法院应当制作调解书。调解书应当写明诉讼请求、案件的事实和调解结果。

调解书由审判人员、书记员署名，加盖人民法院印章，送达双方当事人。

调解书经双方当事人签收后，即具有法律效力。

第二百零九条　各级人民法院院长对本院已经发生法律效力的判决、裁定、调解书，发现确有错误，认为需要再审的，应当提交审判委员会讨论决定。

最高人民法院对地方各级人民法院已经发生法律效力的判决、裁定、调解书，上级人民法院对下级人民法院已经发生法律效力的判决、裁定、调解书，发现确有错误的，有权提审或者指令下级人民法院再审。

4.《最高人民法院关于办理行政申请再审案件若干问题的规定》（2021 年 3 月 25 日）

第三条　行政申请再审案件有下列情形之一的，最高人民法院可以决定由作出生效判决、裁定的高级人民法院审查：

（一）案件基本事实不清、诉讼程序违法、遗漏诉讼请求的；

（二）再审申请人或者第三人人数众多的；

（三）由高级人民法院审查更适宜实质性化解行政争议的；

（四）最高人民法院认为可以由高级人民法院审查的其他情形。

第九十三条 抗诉和检察建议

最高人民检察院对各级人民法院已经发生法律效力的判决、裁定，上级人民检察院对下级人民法院已经发生法律效力的判决、裁定，发现有本法第九十一条规定情形之一，或者发现调解书损害国家利益、社会公共利益的，应当提出抗诉。

地方各级人民检察院对同级人民法院已经发生法律效力的判决、裁定，发现有本法第九十一条规定情形之一，或者发现调解书损害国家利益、社会公共利益的，可以向同级人民法院提出检察建议，并报上级人民检察院备案；也可以提请上级人民检察院向同级人民法院提出抗诉。

各级人民检察院对审判监督程序以外的其他审判程序中审判人员的违法行为，有权向同级人民法院提出检察建议。

关联规定

1.《人民检察院组织法》（2018年10月26日）

第十八条 人民检察院根据检察工作需要，设必要的业务机构。检察官员额较少的设区的市级人民检察院和基层人民检察院，可以设综合业务机构。

2.《民事诉讼法》（2023年9月1日）

第二百一十二条 当事人对已经发生法律效力的调解书，提出证据证明调解违反自愿原则或者调解协议的内容违反法律的，可以申请再审。经人民法院审查属实的，应当再审。

第二百一十三条 当事人对已经发生法律效力的解除婚姻关系的判决、调解书，不得申请再审。

第二百一十五条 人民法院应当自收到再审申请书之日起三个月内审查，符合本法规定的，裁定再审；不符合本法规定的，裁定驳回申请。有特殊情况需要延长的，由本院院长批准。

因当事人申请裁定再审的案件由中级人民法院以上的人民法院审理，但当事人依照本法第二百一十条的规定选择向基层人民法院申请再审的除外。最高人民法院、高级人民法院裁定再审的案件，由本院再审或者交其他人民法院再审，也可以交原审人民法院再审。

第二百一十九条　最高人民检察院对各级人民法院已经发生法律效力的判决、裁定，上级人民检察院对下级人民法院已经发生法律效力的判决、裁定，发现有本法第二百一十一条规定情形之一的，或者发现调解书损害国家利益、社会公共利益的，应当提出抗诉。

地方各级人民检察院对同级人民法院已经发生法律效力的判决、裁定，发现有本法第二百一十一条规定情形之一的，或者发现调解书损害国家利益、社会公共利益的，可以向同级人民法院提出检察建议，并报上级人民检察院备案；也可以提请上级人民检察院向同级人民法院提出抗诉。

各级人民检察院对审判监督程序以外的其他审判程序中审判人员的违法行为，有权向同级人民法院提出检察建议。

第二百二十条　有下列情形之一的，当事人可以向人民检察院申请检察建议或者抗诉：

（一）人民法院驳回再审申请的；

（二）人民法院逾期未对再审申请作出裁定的；

（三）再审判决、裁定有明显错误的。

人民检察院对当事人的申请应当在三个月内进行审查，作出提出或者不予提出检察建议或者抗诉的决定。当事人不得再次向人民检察院申请检察建议或者抗诉。

第二百二十二条　人民检察院提出抗诉的案件，接受抗诉的人民法院应当自收到抗诉书之日起三十日内作出再审的裁定；有本法第二百一十一条第一项至第五项规定情形之一的，可以交下一级人民法院再审，但经该下一级人民法院再审的除外。

3.《关于对民事审判活动与行政诉讼实行法律监督的若干意见（试行）》
（2011年3月10日）

第四条 当事人在一审判决、裁定生效前向人民检察院申请抗诉的，人民检察院应当告知其依照法律规定提出上诉。当事人对可以上诉的一审判决、裁定在发生法律效力后提出申诉的，应当说明未提出上诉的理由；没有正当理由的，不予受理。

第五条 最高人民检察院对各级人民法院已经发生法律效力的民事判决、裁定，上级人民检察院对下级人民法院已经发生法律效力的民事判决、裁定，经过立案审查，发现有《中华人民共和国民事诉讼法》第一百七十九条规定情形之一，符合抗诉条件的，应当依照《中华人民共和国民事诉讼法》第一百八十七条之规定，向同级人民法院提出抗诉。

人民检察院发现人民法院已经发生法律效力的行政判决和不予受理、驳回起诉、管辖权异议等行政裁定，有《中华人民共和国行政诉讼法》第六十四条规定情形的，应当提出抗诉。

第七条 地方各级人民检察院对符合本意见第五条、第六条规定情形的判决、裁定、调解，经检察委员会决定，可以向同级人民法院提出再审检察建议。

人民法院收到再审检察建议后，应当在三个月内进行审查并将审查结果书面回复人民检察院。人民法院认为需要再审的，应当通知当事人。人民检察院认为人民法院不予再审的决定不当的，应当提请上级人民检察院提出抗诉。

第十条 人民检察院提出检察建议的，人民法院应当在一个月内作出处理并将处理情况书面回复人民检察院。

人民检察院对人民法院的回复意见有异议的，可以通过上一级人民检察院向上一级人民法院提出。上一级人民法院认为人民检察院的意见正确的，应当监督下级人民法院及时纠正。

4.《最高人民法院关于适用〈中华人民共和国行政诉讼法〉的解释》
（2018年2月6日）

第一百一十七条 有下列情形之一的，当事人可以向人民检察院申请抗诉或者检察建议：

（一）人民法院驳回再审申请的；

（二）人民法院逾期未对再审申请作出裁定的；

（三）再审判决、裁定有明显错误的。

人民法院基于抗诉或者检察建议作出再审判决、裁定后，当事人申请再审的，人民法院不予立案。

第一百二十四条 人民检察院提出抗诉的案件，接受抗诉的人民法院应当自收到抗诉书之日起三十日内作出再审的裁定；有行政诉讼法第九十一条第二、三项规定情形之一的，可以指令下一级人民法院再审，但经该下一级人民法院再审过的除外。

人民法院在审查抗诉材料期间，当事人之间已经达成和解协议的，人民法院可以建议人民检察院撤回抗诉。

第一百二十五条 人民检察院提出抗诉的案件，人民法院再审开庭时，应当在开庭三日前通知人民检察院派员出庭。

第一百二十六条 人民法院收到再审检察建议后，应当组成合议庭，在三个月内进行审查，发现原判决、裁定、调解书确有错误，需要再审的，依照行政诉讼法第九十二条规定裁定再审，并通知当事人；经审查，决定不予再审的，应当书面回复人民检察院。

第一百二十七条 人民法院审理因人民检察院抗诉或者检察建议裁定再审的案件，不受此前已经作出的驳回当事人再审申请裁定的限制。

典型案例

吉林省检察机关督促履行环境保护监管职责行政公益诉讼案[①]

◎ 关键词

行政公益诉讼　生态环境保护　监督管理职责　抗诉

◎ 要旨

《中华人民共和国行政诉讼法》第二十五条第四款中的"监督管理职

[①] 最高人民检察院检例第162号。

责",不仅包括行政机关对违法行为的行政处罚职责,也包括行政机关为避免公益损害持续或扩大,依据法律、法规、规章等规定,运用公共权力、使用公共资金等对受损公益进行恢复等综合性治理职责。上级检察机关对于确有错误的生效公益诉讼裁判,应当依法提出抗诉。

◎ **基本案情**

松花江作为吉林省的母亲河,串联起吉林省境内80%的河湖系统,相关流域生态系统保护十分重要。吉林省德惠市朝阳乡辖区内某荒地垃圾就地堆放,形成两处大规模垃圾堆放场,截至2017年已存在10余年。该垃圾堆放场位于松花江两岸堤防之间,占地面积巨大,主要为破旧衣物、餐厨垃圾、农作物秸秆、塑料袋等生活垃圾和农业固体废物,也包括部分砖瓦、石块、混凝土等建筑垃圾。该垃圾堆放场未作防渗漏、防扬散及无害化处理,常年散发刺鼻气味,影响松花江水质安全和行洪安全。

◎ **检察机关履职过程**

(一)行政公益诉讼诉前程序

吉林省德惠市人民检察院(以下简称德惠市院)在开展"服务幸福德惠,保障民生民利"检察专项活动中发现该案件线索,经初步调查认为,垃圾堆放场污染环境,影响行洪安全,损害社会公共利益,遂于2017年3月31日对该线索立案调查。

经聘请专业机构对垃圾堆放场进行测绘,两处垃圾堆放场总占地面积为2148.86平方米,垃圾总容量为6051.5立方米。经委托环保专家进行鉴别,垃圾堆放场堆存物属于典型的农村生活垃圾,垃圾堆放处未见防渗漏等污染防治设施,垃圾产生的渗滤液可能对地表水及地下水造成污染,散发的含有硫、氨等的恶臭气体污染空气。环保专家及德惠市环境保护局出具意见,建议对堆存垃圾尽快做无害化处置。

德惠市院认为,根据《中华人民共和国环境保护法》《中华人民共和国固体废物污染环境防治法》以及住房城乡建设部、中央农办等10部门《关于全面推进农村垃圾治理的指导意见》(建村〔2015〕170号)等相关规定,德惠市朝阳乡人民政府(以下简称朝阳乡政府)对本行政区域环境保护负有监督管理职责,对违法堆放的垃圾有责任进行清运处理。2017年

4月18日，德惠市院向朝阳乡政府发出检察建议，督促其对违法堆放的垃圾进行处理。因本案同时涉及河道安全，德惠市院同步向德惠市水利局制发检察建议，督促其依法履行河道管理职责，对擅自倾倒、堆放垃圾的行为依法进行处罚，恢复河道原状。德惠市水利局收到检察建议后，对案件现场进行了勘查并调取垃圾存放位置的平面图，确认两处垃圾堆放场均处于松花江两岸堤防之间，影响流域水体及河道行洪安全，属于松花江河道管理范围，遂派员到朝阳乡进行检查督导，并责令朝阳乡政府及时组织垃圾清理。

2017年5月12日，朝阳乡政府书面回复称对检察建议反映的问题高度重视，已制定垃圾堆放场整治方案。6月5日至6月23日，德惠市院对整改情况跟进调查发现，垃圾堆放场边缘地带陆续有新增的垃圾出现，朝阳乡政府在未采取防渗漏等无害化处理措施的情况下，雇佣人员、机械用沙土对堆放的垃圾进行掩埋处理，环境污染未得到有效整治，公益持续受损。

（二）提起行政公益诉讼

2017年6月27日，德惠市院向德惠市人民法院提起行政公益诉讼，请求：1. 确认被告朝阳乡政府对垃圾堆放处理不履行监管职责违法；2. 判令朝阳乡政府立即依法履行职责，对违法形成的垃圾堆放场进行处理，恢复原有的生态环境。朝阳乡政府辩称，垃圾堆放场属于松花江河道管理范围，监管主体是水利行政机关，其依法不应承担对涉案垃圾堆放场的监管职责。

2017年12月26日，德惠市人民法院作出一审行政裁定认为，本案垃圾是德惠市朝阳乡区域的生活垃圾，该垃圾堆放场位于松花江国堤内，属于松花江河道管理范围，其监管职责应当由有关行政主管部门行使，朝阳乡政府只对该事项负有管理职责，不是本案的适格被告，裁定驳回德惠市院的起诉。

2018年1月4日，德惠市院提出上诉认为，一审裁定在认定朝阳乡政府有管理职责的前提下，认定其不是适格被告，于法无据。长春市中级人民法院二审审理认为：行政机关对生态环境行政管理职责包含两方面的含义：一是运用公共权力使用公共资金，组织相关部门对生态环境进行治理；二是运用公共权力对破坏生态环境的违法行为进行监督管理。《中华人民共和国行政诉讼法》第二十五条第四款规定的"监督管理职责"应当不包括行政机关"运用公共权力使用公共资金，组织相关部门对生态环境进行治理"的管理职责。朝阳乡政府不是履行"对破坏生态环境的违法行为进行制止和处罚的监督管理职责"的责任主体。检察机关引用的法律法规及相关文件仅宏观规定了乡镇政府负责辖区内的环境保护工作，但没有具体明确如何负责。因此，朝阳乡政府是否履行清理垃圾的职责不受行政诉讼法调整；朝阳乡政府不是履行对破坏生态环境的违法行为进行制止和处罚的监督管理职责的责任主体。2018年4月20日，长春市中级人民法院做出二审裁定，驳回检察机关上诉，维持原裁定。

（三）提出抗诉

吉林省人民检察院经审查，于2018年6月25日向吉林省高级人民法院提出抗诉，抗诉理由为二审裁定适用法律错误：一是现行行政诉讼法律体系对"监督管理职责"未做任何限定和划分，而二审法院将行政机关的法定监管职责区分为治理职责和对违法行为的监管职责，二审裁定提出的"目前行政诉讼有权调整的行政行为应当限定在行政机关运用公共权力对破坏生态环境的违法行为进行监督管理的范围内"，是对"监督管理职责"进行限缩解释，与立法原意不符；二是将行政机关的职责区分为治理职责和对违法行为的监管职责，没有法律依据，属于适用法律错误；三是法律、行政法规、地方性法规以及从省级到县级关于生态环境保护工作职责的文件，都明确规定了乡镇人民政府对于辖区环境卫生的监管职责，朝阳乡政府对其乡镇辖区存在的生活垃圾处理负有监管职责。

2019年5月29日，吉林省高级人民法院对本案组织了听证，吉林省人民检察院和德惠市院、朝阳乡政府共同参加了听证会。同年12月30日，吉林省高级人民法院经审理作出再审裁定认为：本案争议的焦点是朝阳乡政府对其辖区范围内环境卫生是否负有监督管理职责。环境是典型的公共产品，环境卫生的"监督管理职责"具有一定的复杂性，并非某一行政部门或某级人民政府独有的行政职责。因此，对于垃圾堆放等破坏辖区范围内环境卫生的行为，乡级人民政府应当依法履行"监督管理职责"。本案中，案涉垃圾堆放地点位于朝阳乡辖区，朝阳乡政府具有"监督管理职责"，德惠市院提起的公益诉讼符合《中华人民共和国行政诉讼法》规定的起诉条件，本案应予实体审理。法律、法规、规章或其他规范性文件是行政机关职责或行政作为义务的主要来源，这其中无论是明确式规定，或者是概括式规定，都属于行政机关的法定职责范畴，二审沿用"私益诉讼"思路审理"公益诉讼"案件，忽略了环境保护的特殊性，对乡级人民政府环境保护"监督管理职责"作出限缩解释，确有不妥，本院予以纠正。裁定：支持吉林省人民检察院的抗诉意见，撤销一审、二审裁定，指定德惠市人民法院重新审理。

2020年9月18日，德惠市人民法院重新组成合议庭审理本案。在此期间，朝阳乡政府对案涉垃圾堆放场进行了清理，经吉林省、长春市、德惠市三级人民检察院共同现场确认，垃圾确已彻底清理，但因朝阳乡政府对其履职尽责标准仍然存在不同认识，德惠市院决定撤回第二项关于要求朝阳乡政府依法履职的诉讼请求，保留第一项确认违法的诉讼请求。2020年12月28日，德惠市人民法院作出行政判决认为，对于垃圾堆放等破坏辖区内环境卫生的行为，乡级人民政府应当依法履行"监督管理职责"，本案符合法定起诉条件。朝阳乡政府对辖区内的环境具有监管职责，在收到检察建议后未及时履行监管职责进行治理，虽然现在已治理完毕，但德惠市院请求确认朝阳乡政府原行政行为违法，于法有据。判决：确认朝阳乡政府原不依法履行生活垃圾处理职责违法。朝阳乡政府未提出上诉，该判决已生效。

◎ **指导意义**

（一）正确理解行政机关的"监督管理职责"。《中华人民共和国行政诉讼法》第二十五条第四款规定的"监督管理职责"，不仅包括行政机关对违法行为的行政处罚职责，也包括行政机关为避免公益损害持续或扩大，依据法律、法规、行政规章和规范性文件相关授权，运用公共权力、使用公共资金等对受损公益进行修复等综合性治理职责。检察机关提起行政公益诉讼，其目的是通过督促行政机关依法履行监督管理职责来维护国家利益和社会公共利益。行政公益诉讼应当聚焦受损的公共利益，督促行政机关按照法律、法规、行政规章以及其他规范性文件的授权，对违法行为进行监管，对受损公益督促修复；在无法查明违法主体等特殊情形下，自行组织修复，发挥其综合性管理职责。《中华人民共和国地方各级人民代表大会和地方各级人民政府组织法》《中华人民共和国环境保护法》等法律赋予基层人民政府对辖区环境的综合性管理职责，对于历史形成的农村垃圾堆放场，基层人民政府应当主动依法履职进行环境整治，而不能将自身履职标准仅仅限缩于对违法行为的行政处罚。

（二）检察机关提起行政公益诉讼后，行政机关认为其不负有相应履职义务，即使对受损公益完成修复或治理的，检察机关仍可以诉请判决确认违法。《最高人民法院关于适用〈中华人民共和国行政诉讼法〉的解释》第八十一条对于行政机关在诉讼过程中履行作为义务下适用确认违法的情形作了规定。《最高人民法院、最高人民检察院关于检察公益诉讼案件适用法律若干问题的解释》第二十四条规定："在行政公益诉讼案件审理过程中，被告纠正违法行为或者依法履行职责而使人民检察院的诉讼请求全部实现，人民检察院撤回起诉的，人民法院应当裁定准许；人民检察院变更诉讼请求，请求确认原行政行为违法的，人民法院应当判决确认违法。"进一步明确了行政公益诉讼中确认违法的适用情形。据此，在行政公益诉讼案件审理过程中，行政机关认可检察机关起诉意见并依法全面履行职责，诉讼请求全部实现的，检察机关可以撤回起诉。但若行政机关对其法定职责及其行为违法性认识违背法律规定，即使依照诉讼请求被动履行了职责，检察机关仍可以诉请判决确认违法，由人民法院通过裁判明确行政机关的行为性质，促进形成行政执法与司法共识。

◎ 相关规定

《中华人民共和国行政诉讼法》（2017年修正）第十三条、第二十五条第四款、第九十一条、第九十三条第一款、第二款

《中华人民共和国地方各级人民代表大会和地方各级人民政府组织法》（2015年修正）第六十一条（现为2022年修正后的第七十六条）

《中华人民共和国环境保护法》（2014年修订）第六条第二款、第十

九条、第二十八条第一款、第三十三条第二款、第三十七条、第五十一条

《中华人民共和国固体废物污染环境防治法》（2016年修正）第三十九条、第四十九条（现为2020修订后的第四十八条、第五十九条）

《村庄和集镇规划建设管理条例》（1993年施行）第六条第三款、第三十九条

《最高人民法院、最高人民检察院关于检察公益诉讼案件适用法律若干问题的解释》（2018年施行）第二十一条、第二十四条（现为2020年修正后的第二十一条、第二十四条）

最高人民法院关于适用〈中华人民共和国行政诉讼法〉的解释》（2018年施行）第八十一条

《人民检察院公益诉讼办案规则》（2021年施行）第九条、第六十四条

《吉林省环境保护条例》第十五条（2004年修正）（现为2021年实施的《吉林省生态环境保护条例》第五条第三款）

第八章　执　　行

第九十四条　生效裁判和调解书的执行

当事人必须履行人民法院发生法律效力的判决、裁定、调解书。

❈ 关联规定

1.《民事诉讼法》（2023年9月1日）

第九十七条　人民法院进行调解，可以由审判员一人主持，也可以由合议庭主持，并尽可能就地进行。

人民法院进行调解，可以用简便方式通知当事人、证人到庭。

第一百条　调解达成协议，人民法院应当制作调解书。调解书应当写明诉讼请求、案件的事实和调解结果。

调解书由审判人员、书记员署名，加盖人民法院印章，送达双方当事人。调解书经双方当事人签收后，即具有法律效力。

第一百五十七条　裁定适用于下列范围：

（一）不予受理；

（二）对管辖权有异议的；

（三）驳回起诉；

（四）保全和先予执行；

（五）准许或者不准许撤诉；

（六）中止或者终结诉讼；

（七）补正判决书中的笔误；

（八）中止或者终结执行；

（九）撤销或者不予执行仲裁裁决；

（十）不予执行公证机关赋予强制执行效力的债权文书；

（十一）其他需要裁定解决的事项。

对前款第一项至第三项裁定，可以上诉。

裁定书应当写明裁定结果和作出该裁定的理由。裁定书由审判人员、书记员署名，加盖人民法院印章。口头裁定的，记入笔录。

2.《最高人民法院关于适用〈中华人民共和国行政诉讼法〉的解释》（2018年2月6日）

第一百五十二条　对发生法律效力的行政判决书、行政裁定书、行政赔偿判决书和行政调解书，负有义务的一方当事人拒绝履行的，对方当事人可以依法申请人民法院强制执行。

人民法院判决行政机关履行行政赔偿、行政补偿或者其他行政给付义务，行政机关拒不履行的，对方当事人可以依法向法院申请强制执行。

第一百五十三条　申请执行的期限为二年。申请执行时效的中止、中断，适用法律有关规定。

申请执行的期限从法律文书规定的履行期间最后一日起计算；法律文书规定分期履行的，从规定的每次履行期间的最后一日起计算；法律文中没有规定履行期限的，从该法律文书送达当事人之日起计算。

逾期申请的，除有正当理由外，人民法院不予受理。

第一百五十四条 发生法律效力的行政判决书、行政裁定书、行政赔偿判决书和行政调解书，由第一审人民法院执行。

第一审人民法院认为情况特殊，需要由第二审人民法院执行的，可以报请第二审人民法院执行；第二审人民法院可以决定由其执行，也可以决定由第一审人民法院执行。

第九十五条　申请强制执行和执行管辖

公民、法人或者其他组织拒绝履行判决、裁定、调解书的，行政机关或者第三人可以向第一审人民法院申请强制执行，或者由行政机关依法强制执行。

❂ 关联规定

《最高人民法院关于适用〈中华人民共和国行政诉讼法〉的解释》（2018年2月6日）

第一百五十六条 没有强制执行权的行政机关申请人民法院强制执行其行政行为，应当自被执行人的法定起诉期限届满之日起三个月内提出。逾期申请的，除有正当理由外，人民法院不予受理。

第一百五十七条 行政机关申请人民法院强制执行其行政行为的，由申请人所在地的基层人民法院受理；执行对象为不动产的，由不动产所在地的基层人民法院受理。

基层人民法院认为执行确有困难的，可以报请上级人民法院执行；上级人民法院可以决定由其执行，也可以决定由下级人民法院执行。

第一百五十八条 行政机关根据法律的授权对平等主体之间民事争议作出裁决后，当事人在法定期限内不起诉又不履行，作出裁决的行政机关在申请执行的期限内未申请人民法院强制执行的，生效行政裁决确定的权利人或者其继承人、权利承受人在六个月内可以申请人民法院强制执行。

享有权利的公民、法人或者其他组织申请人民法院强制执行生效行政裁决，参照行政机关申请人民法院强制执行行政行为的规定。

第一百五十九条 行政机关或者行政行为确定的权利人申请人民法院强制执行前，有充分理由认为被执行人可能逃避执行的，可以申请人民法院采取财产保全措施。后者申请强制执行的，应当提供相应的财产担保。

第一百六十条 人民法院受理行政机关申请执行其行政行为的案件后，应当在七日内由行政审判庭对行政行为的合法性进行审查，并作出是否准予执行的裁定。

人民法院在作出裁定前发现行政行为明显违法并损害被执行人合法权益的，应当听取被执行人和行政机关的意见，并自受理之日起三十日内作出是否准予执行的裁定。

需要采取强制执行措施的，由本院负责强制执行非诉行政行为的机构执行。

第一百六十一条 被申请执行的行政行为有下列情形之一的，人民法院应当裁定不准予执行：

（一）实施主体不具有行政主体资格的；
（二）明显缺乏事实根据的；
（三）明显缺乏法律、法规依据的；
（四）其他明显违法并损害被执行人合法权益的情形。

行政机关对不准予执行的裁定有异议，在十五日内向上一级人民法院申请复议的，上一级人民法院应当在收到复议申请之日起三十日内作出裁定。

第九十六条 对行政机关拒绝履行的执行措施

行政机关拒绝履行判决、裁定、调解书的，第一审人民法院可以采取下列措施：

（一）对应当归还的罚款或者应当给付的款额，通知银行从该行政机关的账户内划拨；

（二）在规定期限内不履行的，从期满之日起，对该行政机关负责人按日处五十元至一百元的罚款；

（三）将行政机关拒绝履行的情况予以公告；

（四）向监察机关或者该行政机关的上一级行政机关提出司法建议。接受司法建议的机关，根据有关规定进行处理，并将处理情况告知人民法院；

（五）拒不履行判决、裁定、调解书，社会影响恶劣的，可以对该行政机关直接负责的主管人员和其他直接责任人员予以拘留；情节严重，构成犯罪的，依法追究刑事责任。

关联规定

1.《民事诉讼法》（2023年9月1日）

第一百一十一条　当事人对保全或者先予执行的裁定不服的，可以申请复议一次。复议期间不停止裁定的执行。

第一百一十四条　诉讼参与人或者其他人有下列行为之一的，人民法院可以根据情节轻重予以罚款、拘留；构成犯罪的，依法追究刑事责任：

（一）伪造、毁灭重要证据，妨碍人民法院审理案件的；

（二）以暴力、威胁、贿买方法阻止证人作证或者指使、贿买、胁迫他人作伪证的；

（三）隐藏、转移、变卖、毁损已被查封、扣押的财产，或者已被清点并责令其保管的财产，转移已被冻结的财产的；

（四）对司法工作人员、诉讼参加人、证人、翻译人员、鉴定人、勘验人、协助执行的人，进行侮辱、诽谤、诬陷、殴打或者打击报复的；

（五）以暴力、威胁或者其他方法阻碍司法工作人员执行职务的；

（六）拒不履行人民法院已经发生法律效力的判决、裁定的。

人民法院对有前款规定的行为之一的单位，可以对其主要负责人或者直接责任人员予以罚款、拘留；构成犯罪的，依法追究刑事责任。

2.《刑法》（2020 年 12 月 26 日）

第三百一十三条　对人民法院的判决、裁定有能力执行而拒不执行，情节严重的，处三年以下有期徒刑、拘役或者罚金；情节特别严重的，处三年以上七年以下有期徒刑，并处罚金。

单位犯前款罪的，对单位判处罚金，并对其直接负责的主管人员和其他直接责任人员，依照前款的规定处罚。

第九十七条　非诉执行

公民、法人或者其他组织对行政行为在法定期限内不提起诉讼又不履行的，行政机关可以申请人民法院强制执行，或者依法强制执行。

❀ 要点提示

本条需要说明的是，具有直接强制执行权的行政机关依法强制执行，无须等到当事人申请行政复议或者提起诉讼的法定期限届满之日才能强制执行。当事人没有在行政决定确定的期限内履行义务，行政机关又催告当事人履行义务，而当事人又没有在催告书确定的期限内履行义务的，具有直接强制执行权的行政机关就可以依法强制执行。在强制执行后，当事人没有超过申请行政复议期限或者起诉期限的，仍然有权申请行政复议或者提起行政诉讼。

❀ 关联规定

1.《行政强制法》（2011 年 6 月 30 日）

第三十四条　行政机关依法作出行政决定后，当事人在行政机关决定的期限内不履行义务的，具有行政强制执行权的行政机关依照本章规定强制执行。

第五十三条　当事人在法定期限内不申请行政复议或者提起行政诉讼，又不履行行政决定的，没有行政强制执行权的行政机关可以自期限届满之日起三个月内，依照本章规定申请人民法院强制执行。

第五十八条　人民法院发现有下列情形之一的，在作出裁定前可以听取被执行人和行政机关的意见：

（一）明显缺乏事实根据的；

（二）明显缺乏法律、法规依据的；

（三）其他明显违法并损害被执行人合法权益的。

人民法院应当自受理之日起三十日内作出是否执行的裁定。裁定不予执行的，应当说明理由，并在五日内将不予执行的裁定送达行政机关。

行政机关对人民法院不予执行的裁定有异议的，可以自收到裁定之日起十五日内向上一级人民法院申请复议，上一级人民法院应当自收到复议申请之日起三十日内作出是否执行的裁定。

2.《最高人民法院关于适用〈中华人民共和国行政诉讼法〉的解释》

（2018年2月6日）

第一百五十五条　行政机关根据行政诉讼法第九十七条的规定申请执行其行政行为，应当具备以下条件：

（一）行政行为依法可以由人民法院执行；

（二）行政行为已经生效并具有可执行内容；

（三）申请人是作出该行政行为的行政机关或者法律、法规、规章授权的组织；

（四）被申请人是该行政行为所确定的义务人；

（五）被申请人在行政行为确定的期限内或者行政机关催告期限内未履行义务；

（六）申请人在法定期限内提出申请；

（七）被申请执行的行政案件属于受理执行申请的人民法院管辖。

行政机关申请人民法院执行，应当提交行政强制法第五十五条规定的相关材料。

人民法院对符合条件的申请，应当在五日内立案受理，并通知申请人；对不符合条件的申请，应当裁定不予受理。行政机关对不予受理裁定有异议,在十五日内向上一级人民法院申请复议的,上一级人民法院应当在收到复议申请之日起十五日内作出裁定。

❋ 典型案例

湖北省某县水利局申请强制执行肖某河道违法建设处罚决定监督案[①]

◎ **关键词**

行政非诉执行监督　河道违法建设　强制拆除

◎ **要旨**

办理行政非诉执行监督案件,应当查明行政机关对相关事项是否具有直接强制执行权,对具有直接强制执行权的行政机关向人民法院申请强制执行,人民法院不应当受理而受理的,应当依法进行监督。人民检察院在履行行政非诉执行监督职责中,发现行政机关的行政行为存在违法或不当履职情形的,可以向行政机关提出检察建议。

◎ **基本案情**

2011年9月,湖北省某县村民肖某未经许可,擅自在某水库库区(河道)管理范围内316国道某大桥下建房(房基)5间,占地面积289.8平方米。2011年11月3日,某县水利局根据《中华人民共和国水法》第六十五条作出《行政处罚决定书》,要求肖某立即停止在桥下建房的违法行为,限7日内拆除所建房屋,恢复原貌;罚款5万元;并告知肖某不服处罚决定申请复议和提起诉讼的期限,注明期满不申请复议、不起诉又不履行处罚决定,将依法申请人民法院强制执行。肖某在规定的期限内未履行该处罚决定,亦未申请复议或提起行政诉讼。2012年3月29日,县水利局向法院申请强制执行。2012年4月23日,县人民法院作出行政裁定书,裁定准予执行行政处罚决定,责令肖某履行处罚决定书确定的义务。但肖某未停止违法建设,截至2017年4月,肖某已在河道区域违法建成四层房屋,建筑面积约520平方米。

[①] 最高人民检察院检例第59号。

◎ **检察机关监督情况**

线索发现。县人民检察院于 2017 年 4 月通过某日报《"踢皮球"执法现象何时休？》的报道发现案件线索，依职权启动监督程序。检察机关经调查发现，肖某在河道内违法建设的行为持续多年，违反了国家河道管理规定，违法建筑物严重影响行洪、防洪安全。水利局和法院对违法建筑物未被强制拆除的原因则各执一词。法院认为，对违反水法的建筑物，水利局是法律明确授予强制执行权的行政机关，法院不能作为该案强制执行主体。但水利局认为，其没有强制执行手段，应当由法院强制执行。

监督意见。检察机关审查认为：法律没有赋予水利局采取查封、扣押、冻结、划拨财产等强制执行措施的权力，对于不缴纳罚款的，水利局可以向法院申请强制执行；但根据行政强制法和水法等相关规定，水利局对于河道违法建筑物具有强行拆除的权力，不应当向法院申请强制执行。因此，水利局向法院申请执行行政处罚决定中的拆除违法建筑物部分，法院不应当受理而受理并裁定准予执行，违反法律规定。县人民检察院于 2017 年 5 月向县水利局提出检察建议，建议其依法强制拆除违法建筑物；同年 8 月向县人民法院提出检察建议，建议其依法履职、规范行政非诉执行案件受理等工作。

监督结果。县水利局收到检察建议后，立即向当地党委政府报告。在县委、县政府的大力支持下，河道违法建筑物被依法拆除。县人民法院收到检察建议后，回复表示今后要加强案件审查，对行政机关具有强制执行权而向法院申请强制执行的案件裁定不予受理。

◎ **指导意义**

1. 人民检察院办理行政非诉执行监督案件，应当依法查明行政机关对相关事项是否具有直接强制执行权。我国行政强制法规定的行政强制执行，包括行政机关直接强制执行和行政机关申请人民法院强制执行两种类型。法律赋予某些行政机关以直接强制执行权的主要目的是提高行政效率，及时执行行政决定。如果行政机关有直接强制执行权，又向人民法院申请执行，不但浪费司法资源，而且容易引起相互推诿，降低行政效率。人民检察院办理行政非诉执行监督案件，应当查明行政机关是否具有直接强制执行权,对具有直接强制执行权的行政机关向人民法院申请强制执行,人民法院不应当受理而受理的,应当依法进行监督。《中华人民共和国水法》第六十五条第一款规定,"在河道管理范围内建设妨碍行洪的建筑物、构筑物,或者从事影响河势稳定、危害河岸堤防安全和其他妨碍河道行洪的活动的,由县级以上人民政府水行政主管部门或者流域管理机构依据职权,责令停止违法行为,限期拆除违法建筑物、构筑物,恢复原状;逾期不拆除、不恢复原状的,强行拆除……"根据上述规定,对河道管理范围内妨碍行洪的建筑物、构筑物,水行政主管部门具有直接强行拆除的权力。但在本案中,水利局本应直接强制执行,却向人民法院申请执行,人民法院不应当受理而受理、不应当裁定准予执行而裁定准予执行,致使两个单位相互推诿,河道安全隐患长期得不到消除,人民检察院依法提出检察建议,促进了问题的解决。

2. 人民检察院在履行行政非诉执行监督职责中,发现行政机关的行政行为存在违法或不当履职情形的,可以向行政机关提出检察建议。《人民检察院检察建议工作规定》第十一条规定,"人民检察院在办理案件中发现社会治理工作存在下列情形之一的,可以向有关单位和部门提出改进工作、完善治理的检察建议:……(四)相关单位或者部门不依法及时履行职责,致使个人或者组织合法权益受到损害或者存在损害危险,需要及时整改消除的;……"根据上述规定,检察机关发现行政机关向人民法院提出强制执行申请存在不当,怠于履行法定职责的,应当向行政机关提出检察建议。对由于行政机关违法行为致使损害持续存在甚至继续扩大的,应当更加重视,优先快速办理,促进行政执行效率提高,及时消除损害、减少损失,维护人民群众的合法权益。本案中,检察机关针对水利局怠于履职行为,依法提出检察建议,促使河道违法建筑物被拆除,保障了行洪、泄洪安全,保护了当地人民群众的生命财产安全。

◎ 相关规定

《中华人民共和国行政诉讼法》第二十五条、第九十七条、第一百零一条

《中华人民共和国民事诉讼法》第二百三十五条

《中华人民共和国行政强制法》第四条、第十三条、第三十四条、第四十四条、第五十三条

《中华人民共和国水法》第三十七条、第六十五条

《人民检察院行政诉讼监督规则（试行）》第二十九条

《人民检察院检察建议工作规定》第十一条

第九章　涉外行政诉讼

第九十八条　涉外行政诉讼的法律适用原则

外国人、无国籍人、外国组织在中华人民共和国进行行政诉讼，适用本法。法律另有规定的除外。

要点提示

本条规定的涉外行政诉讼，是指含有涉外因素的行政诉讼，也就是外国人、无国籍人、外国组织认为我国国家行政机关及其工作人员所作的行政行为侵犯其合法权益，依法向人民法院提起行政诉讼，由人民法院对行政行为进行审查并作出裁判的活动。

关联规定

1.《民事诉讼法》（2023 年 9 月 1 日）

第二百七十二条　对享有外交特权与豁免的外国人、外国组织或者国际组织提起的民事诉讼，应当依照中华人民共和国有关法律和中华人民共和国缔结或者参加的国际条约的规定办理。

第二百七十四条　外国人、无国籍人、外国企业和组织在人民法院起诉、应诉，需要委托律师代理诉讼的，必须委托中华人民共和国的律师。

第二百七十五条　在中华人民共和国领域内没有住所的外国人、无国籍人、外国企业和组织委托中华人民共和国律师或者其他人代理诉讼，

从中华人民共和国领域外寄交或者托交的授权委托书，应当经所在国公证机关证明，并经中华人民共和国驻该国使领馆认证，或者履行中华人民共和国与该所在国订立的有关条约中规定的证明手续后，才具有效力。

2.《外交特权与豁免条例》（1986年9月5日）

第十二条 外交代表人身不受侵犯，不受逮捕或者拘留。中国有关机关应当采取适当措施，防止外交代表的人身自由和尊严受到侵犯。

第十三条 外交代表的寓所不受侵犯，并受保护。

外交代表的文书和信件不受侵犯。外交代表的财产不受侵犯，但第十四条另有规定的除外。

第十四条 外交代表享有刑事管辖豁免。

外交代表享有民事管辖豁免和行政管辖豁免，但下列各项除外：

（一）外交代表以私人身份进行的遗产继承的诉讼；

（二）外交代表违反第二十五条第三项规定在中国境内从事公务范围以外的职业或者商业活动的诉讼。

外交代表免受强制执行，但对前款所列情况，强制执行对其人身和寓所不构成侵犯的，不在此限。

外交代表没有以证人身份作证的义务。

第九十九条　同等与对等原则

外国人、无国籍人、外国组织在中华人民共和国进行行政诉讼，同中华人民共和国公民、组织有同等的诉讼权利和义务。

外国法院对中华人民共和国公民、组织的行政诉讼权利加以限制的，人民法院对该国公民、组织的行政诉讼权利，实行对等原则。

关联规定

《民事诉讼法》（2023 年 9 月 1 日）

第五条　外国人、无国籍人、外国企业和组织在人民法院起诉、应诉，同中华人民共和国公民、法人和其他组织有同等的诉讼权利义务。

外国法院对中华人民共和国公民、法人和其他组织的民事诉讼权利加以限制的，中华人民共和国人民法院对该国公民、企业和组织的民事诉讼权利，实行对等原则。

第一百条　中国律师代理

外国人、无国籍人、外国组织在中华人民共和国进行行政诉讼，委托律师代理诉讼的，应当委托中华人民共和国律师机构的律师。

要点提示

本条规定仅在需要委托律师代理诉讼的情况下，必须委托中国律师，并不排斥外国当事人委托其本国公民或者其他国家的公民作为诉讼代理人；也不排斥外国驻华使领馆官员，受本国公民的委托，以个人名义而非官方名义担任该国当事人的诉讼代理人；更不排斥外国当事人委托中国公民作为诉讼代理人。

关联规定

《外国律师事务所驻华代表机构管理条例》（2001 年 12 月 22 日）

第十五条　代表机构及其代表，只能从事不包括中国法律事务的下列活动：

（一）向当事人提供该外国律师事务所律师已获准从事律师执业业务的国家法律的咨询，以及有关国际条约、国际惯例的咨询；

（二）接受当事人或者中国律师事务所的委托，办理在该外国律师事务所律师已获准从事律师执业业务的国家的法律事务；

（三）代表外国当事人，委托中国律师事务所办理中国法律事务；

（四）通过订立合同与中国律师事务所保持长期的委托关系办理法律事务；

（五）提供有关中国法律环境影响的信息。

代表机构按照与中国律师事务所达成的协议约定，可以直接向受委托的中国律师事务所的律师提出要求。

代表机构及其代表不得从事本条第一款、第二款规定以外的其他法律服务活动或者其他营利活动。

第十章　附　　则

第一百零一条　适用民事诉讼法规定

人民法院审理行政案件，关于期间、送达、财产保全、开庭审理、调解、中止诉讼、终结诉讼、简易程序、执行等，以及人民检察院对行政案件受理、审理、裁判、执行的监督，本法没有规定的，适用《中华人民共和国民事诉讼法》的相关规定。

❂ 关联规定

《民事诉讼法》（2023年9月1日）

第二百二十条　有下列情形之一的，当事人可以向人民检察院申请检察建议或者抗诉：

（一）人民法院驳回再审申请的；

（二）人民法院逾期未对再审申请作出裁定的；

（三）再审判决、裁定有明显错误的。

人民检察院对当事人的申请应当在三个月内进行审查，作出提出或者不予提出检察建议或者抗诉的决定。当事人不得再次向人民检察院申请检察建议或者抗诉。

第二百二十一条 人民检察院因履行法律监督职责提出检察建议或者抗诉的需要，可以向当事人或者案外人调查核实有关情况。

第二百二十二条 人民检察院提出抗诉的案件，接受抗诉的人民法院应当自收到抗诉书之日起三十日内作出再审的裁定；有本法第二百一十一条第一项至第五项规定情形之一的，可以交下一级人民法院再审，但经该下一级人民法院再审的除外。

第二百二十三条 人民检察院决定对人民法院的判决、裁定、调解书提出抗诉的，应当制作抗诉书。

第二百二十四条 人民检察院提出抗诉的案件，人民法院再审时，应当通知人民检察院派员出席法庭。

第一百零二条 诉讼费用

人民法院审理行政案件，应当收取诉讼费用。诉讼费用由败诉方承担，双方都有责任的由双方分担。收取诉讼费用的具体办法另行规定。

❖ 关联规定

1.《诉讼费用交纳办法》（2006年12月19日）

第二条 当事人进行民事诉讼、行政诉讼，应当依照本办法交纳诉讼费用。

本办法规定可以不交纳或者免予交纳诉讼费用的除外。

第三条 在诉讼过程中不得违反本办法规定的范围和标准向当事人收取费用。

第四条 国家对交纳诉讼费用确有困难的当事人提供司法救助，保障其依法行使诉讼权利，维护其合法权益。

第五条 外国人、无国籍人、外国企业或者组织在人民法院进行诉讼，适用本办法。

外国法院对中华人民共和国公民、法人或者其他组织，与其本国公民、法人或者其他组织在诉讼费用交纳上实行差别对待的，按照对等原则处理。

第六条 当事人应当向人民法院交纳的诉讼费用包括：

（一）案件受理费；

（二）申请费；

（三）证人、鉴定人、翻译人员、理算人员在人民法院指定日期出庭发生的交通费、住宿费、生活费和误工补贴。

第七条 案件受理费包括：

（一）第一审案件受理费；

（二）第二审案件受理费；

（三）再审案件中，依照本办法规定需要交纳的案件受理费。

第八条 下列案件不交纳案件受理费：

（一）依照民事诉讼法规定的特别程序审理的案件；

（二）裁定不予受理、驳回起诉、驳回上诉的案件；

（三）对不予受理、驳回起诉和管辖权异议裁定不服，提起上诉的案件；

（四）行政赔偿案件。

第九条 根据民事诉讼法和行政诉讼法规定的审判监督程序审理的案件，当事人不交纳案件受理费。但是，下列情形除外：

（一）当事人有新的证据，足以推翻原判决、裁定，向人民法院申请再审，人民法院经审查决定再审的案件；

（二）当事人对人民法院第一审判决或者裁定未提出上诉，第一审判决、裁定或者调解书发生法律效力后又申请再审，人民法院经审查决定再审的案件。

第十条 当事人依法向人民法院申请下列事项，应当交纳申请费：

（一）申请执行人民法院发生法律效力的判决、裁定、调解书，仲裁机构依法作出的裁决和调解书，公证机构依法赋予强制执行效力的债权文书；

（二）申请保全措施；

（三）申请支付令；

（四）申请公示催告；

（五）申请撤销仲裁裁决或者认定仲裁协议效力；

（六）申请破产；

（七）申请海事强制令、共同海损理算、设立海事赔偿责任限制基金、海事债权登记、船舶优先权催告；

（八）申请承认和执行外国法院判决、裁定和国外仲裁机构裁决。

第十一条　证人、鉴定人、翻译人员、理算人员在人民法院指定日期出庭发生的交通费、住宿费、生活费和误工补贴，由人民法院按照国家规定标准代为收取。

当事人复制案件卷宗材料和法律文书应当按实际成本向人民法院交纳工本费。

第十二条　诉讼过程中因鉴定、公告、勘验、翻译、评估、拍卖、变卖、仓储、保管、运输、船舶监管等发生的依法应当由当事人负担的费用，人民法院根据谁主张、谁负担的原则，决定由当事人直接支付给有关机构或者单位，人民法院不得代收代付。

人民法院依照民事诉讼法第十一条第三款规定提供当地民族通用语言、文字翻译的，不收取费用。

2.《最高人民法院关于适用〈中华人民共和国行政诉讼法〉的解释》
（2018年2月6日）

第一百四十四条　人民法院一并审理相关民事争议，应当按行政案件、民事案件的标准分别收取诉讼费用。

第一百零三条　施行日期

本法自1990年10月1日起施行。

图书在版编目（CIP）数据

行政复议法、行政诉讼法关联适用全书／法规应用研究中心编．—北京：中国法制出版社，2023.9
（关联适用全书系列）
ISBN 978-7-5216-3834-9

Ⅰ.①行… Ⅱ.①法… Ⅲ.①行政复议法-法律适用-中国②行政诉讼法-法律适用-中国 Ⅳ.①D922.115②D925.305

中国国家版本馆 CIP 数据核字（2023）第 156572 号

责任编辑：韩璐玮（hanluwei666@163.com） 封面设计：周黎明

行政复议法、行政诉讼法关联适用全书
XINGZHENG FUYIFA、XINGZHENG SUSONGFA GUANLIAN SHIYONG QUANSHU

编者/法规应用研究中心
经销/新华书店
印刷/三河市紫恒印装有限公司
开本/710 毫米×1000 毫米　16 开　　　　　　　印张/ 23.25　字数/ 305 千
版次/2023 年 9 月第 1 版　　　　　　　　　　　 2023 年 9 月第 1 次印刷

中国法制出版社出版
书号 ISBN 978-7-5216-3834-9　　　　　　　　　　定价：68.00 元

北京市西城区西便门西里甲 16 号西便门办公区
邮政编码：100053　　　　　　　　　　　　　　传真：010-63141600
网址：http://www.zgfzs.com　　　　　　　　　编辑部电话：010-63141791
市场营销部电话：010-63141612　　　　　　　　印务部电话：010-63141606

（如有印装质量问题，请与本社印务部联系。）